"十四五"时期国家重点出版物出版专项规划项目
智能汽车关键技术丛书

智能汽车控制工程

郭洪艳　刘　俊　著

机械工业出版社

智能汽车是一个集中运用先进传感手段（激光雷达、相机、毫米波雷达等）、先进控制算法、高算力芯片、高效执行器等技术的高新技术综合体。智能汽车控制从本质上讲是一个多输入、多输出、输入输出关系复杂多变、不确定多干扰源的复杂非线性系统的控制过程。通过对智能汽车控制技术的研究和开发，可以延伸扩展驾驶员的控制、视觉和感官功能，提高车辆的控制与驾驶水平，能极大地促进道路交通安全、畅通和高效。本书针对智能汽车控制中的主要问题进行系统介绍，主要内容包括智能车辆决策方法、智能车辆避障路径规划、智能车辆路径跟踪控制、车辆侧向稳定性控制、车辆行驶状态估计、智能车辆多车协同编队控制等。

本书可以作为高等院校车辆工程专业或其他相关专业本科生及研究生课程的专业教材，也可供从事智能汽车相关研究的工程技术人员使用和参考。

图书在版编目（CIP）数据

智能汽车控制工程 / 郭洪艳，刘俊著. —北京：
机械工业出版社，2024.7
（智能汽车关键技术丛书）
"十四五"时期国家重点出版物出版专项规划项目
ISBN 978-7-111-75774-0

Ⅰ.①智… Ⅱ.①郭… ②刘… Ⅲ.①汽车-智能
控制 Ⅳ.①U463

中国国家版本馆 CIP 数据核字（2024）第 092555 号

机械工业出版社（北京市百万庄大街 22 号　邮政编码 100037）
策划编辑：孙　鹏　　　　　　　　　责任编辑：孙　鹏　徐　霆
责任校对：杨　霞　王小童　景　飞　　封面设计：鞠　杨
责任印制：邸　敏
中煤（北京）印务有限公司印刷
2024 年 9 月第 1 版第 1 次印刷
169mm×239mm · 17 印张 · 294 千字
标准书号：ISBN 978-7-111-75774-0
定价：150.00 元

电话服务　　　　　　　　　　网络服务
客服电话：010-88361066　　　机　工　官　网：www.cmpbook.com
　　　　　010-88379833　　　机　工　官　博：weibo.com/cmp1952
　　　　　010-68326294　　　金　书　网：www.golden-book.com
封底无防伪标均为盗版　　机工教育服务网：www.cmpedu.com

前　言

随着科技的不断进步，汽车工业正经历着一场前所未有的大变革。汽车不再仅仅是一种机械交通工具，而是逐渐演变为一种智能、自主、互联的交通终端。自动驾驶、电动汽车、智能交通系统等新兴技术正在重塑着我们对汽车的认知，也重新定义了未来出行的方式。这场变革不仅将深刻影响我们的交通方式，还将改变我们的城市规划、能源消耗和环境保护策略。在这一变革的浪潮中，汽车控制工程的角色愈发关键，它扮演着引领技术前沿、推动创新、确保交通安全的重要使命。

本书的主要目标在于深度挖掘现代汽车控制工程的核心理念和前沿技术，内容全面涵盖智能车辆控制的各个方面，包括但不限于智能车辆决策方法、智能车辆避障路径规划、智能车辆路径跟踪控制、车辆行驶状态估计等多个重要领域。汽车控制工程是一个卓越发展的领域，其涉及的知识和技术已经超越了传统的机械工程，扩展至计算机科学、人工智能、传感器技术等多个领域。本书将带领读者深入探索这一广阔领域，为读者提供必要的工具和见解，以适应不断变化的汽车科技格局。

本书的每一章都为读者提供了理论知识和实际案例，以帮助他们更深入地理解和应用所学的内容。我们将通过清晰的解释和实例分析，为读者提供具体而实用的工具，使他们能够在实际工作中应用所获得的知识。此外，本书还关注未来汽车技术的发展趋势，力求为读者展示这个领域的最新动态，探讨自动驾驶技术、智能交通系统的发展以及与互联网和人工智能的融合等关键技术。本书将为读者展现未来汽车行业的机会和挑战，使他们能够更好地应对这个充满活力和创新的领域。

在这个充满机遇的时代，汽车控制工程的专业知识将成为塑造未来汽车的关键因素。现代汽车控制工程不仅仅关乎汽车本身，更关系到社会、经济和环境的可持续发展。随着全球城市化进程的不断推进，交通拥堵、空气污染和交通事故等问题变得日益突出，需要寻求创新的解决方案。本书旨在帮助读者掌握部分关键的技术和策略以应对这些挑战，推动未来出行方式的革命性改变。我们深知，汽车控制工程领域是一个充满竞争和机遇的领域，我们期待着与广大读者一起分享这个领域的知识和见解。尽管我们的贡献可能微不足道，但我们坚信，集众人之力，或许能够为建设更美好的交通未来贡献一份微薄的力量。

最后，我们要由衷感谢所有为本书的编写和出版做出贡献的人员。他们的辛勤工作和专业知识为本书的出版提供了坚实的基础，没有他们的无私奉献，本书将无法面世。我们也要感谢那些一直支持和关注汽车技术进步的读者，正是有了读者的热情支持，我们才有了不断前行的动力，读者是推动汽车工程领域不断进步的中流砥柱，我们将始终心怀感激。愿本书能够成为您的可靠指南，帮助您在汽车控制工程领域取得成功。最重要的是，如果各位读者能够积极参与未来的汽车技术革命，汽车工程领域将充满创新和无限的可能性，对推动行业的发展产生深远的影响。

无论您是工程师、研究人员、学生，还是对汽车技术充满热情的读者，让我们一起勇敢面对未来，探索未来出行的精彩世界！

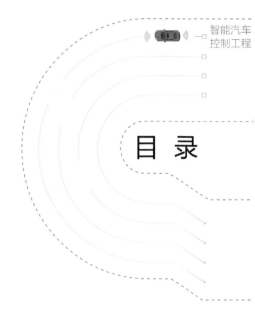

目 录

前言

第 7 章
智能车辆多车协同编队控制

第1章
绪论

1.1 智能车辆决策方法

智能车辆决策的输入主要包括智能车辆环境感知模块感知到的车道信息、信号灯限速标志等交通信息、周围障碍物当前状态及预测的状态。其输出是合理的、安全的驾驶行为，如左右换道、路口左转右转、车道保持、加减速、跟车、超车等。在智能驾驶系统中，决策的作用相当于处理各种外部信息的驾驶员"大脑"：接收驾驶员的感官所收集到的各种车外交通环境，结合驾驶员自身经验和偏好，快速评估各种行为的优劣，并选出驾驶员认为最合适的驾驶行为[1]。

智能车辆决策可以替代驾驶员的思考过程，做出更安全合理的决策，减少交通事故的发生，对保护生命安全和减少财产损失具有重要意义。虽然驾驶员通常都具有优秀的对危险的判断能力，但在实际驾驶中，这种危险判断能力会受各种因素的影响而无法完全发挥出来：首先新手驾驶员可能因经验不足或受到惊吓等，无法及时做出安全的决策；其次路怒的行为将会使驾驶风格变得异常激进，从而影响驾驶员对危险的判断导致危险的发生；除此之外，研究表明在国外疲劳驾驶、酒后驾驶、驾驶员分神各占到了 20% 以上的交通事故成因[2]。智能车辆决策既不会受到主观情绪影响，也不会产生疲劳和分神，可有效替代驾驶员执行驾驶任务，既安全又节省人力。

车辆决策具有约束多样、评价标准不明确、最优性、外部环境随机性强的特点。首先在约束方面，当驾驶员驾驶车辆时，需要遵守信号灯、限速、车道、行车安全等各种各样的约束，而智能驾驶系统代替驾驶员大脑后，这些约束需要从依赖驾驶员转变为车辆自主遵守。其次，在决策的评价方面，同一场景下，风格偏好不同的驾驶员，会做出不同的决策，而在这些决策中，决策的安全性是客观的,对于决策最优的评价是存在个人主观因素的。再次,驾驶决策是在多种可选行为中,权衡安全、效率、舒适等多方面的因素选优的过程。决策与控制系统的不同之处在于,控制系统主要是对目标值的精准跟踪,而决策是从可选的行为中选择最优的过程。最后,驾驶决策中包含了来自外部交通参与者的随机性,驾驶决策需要时刻与周围车辆、行人保持安全的距离,以避免事故的发生,但这些交通参与者未来会采取的行动是难以准确预测的。例如,轨迹预测方法给出的预测结果是存在误差的,这个误差通常以概率分布的形式来描述,驾驶决策需要具备在动态随机的行车环境中保证安全的能力。

智能车辆决策算法可根据决策算法的输入和输出的类型分类。智能车辆决策的输入根据信息是否为传感器原始信号,可分为传感器原始信号输入和经过处理的环境输入两类。以传感器原始信号为输入的决策算法的输入信息通常包括激光雷达的雷达点云、摄像头的图像信息,数据的信息量丰富但数据维度较高,是以原始传感信号为输入的端到端的决策方法。文献 [3] 提出了一种以车载视觉信息为输入的基于长短期记忆网络(Long Short-Term Memory, LSTM)的智能车辆决策方法。文献 [4] 基于传感信号和车辆运动姿态,设计了卷积神经网络(Convolutional Neural Networks, CNN)网络以实现车辆的横纵向决策方法。

经过处理的环境输入的决策方法通常依据摄像头、激光雷达、惯性组合导航系统的目标感知、定位算法的结果作为决策的输入,输入信号的维度较低,具有明确的含义。文献 [5] 以感知结果为输入,基于贝叶斯网络和分层状态机方法,设计了高速公路场景下针对部分可观环境的智能车辆决策方法。文献 [6] 针对智能网联车辆的感知信息,设计了基于强化学习的匝道出入口决策方法。以经过处理的环境信号为输入的决策算法的模块化程度较高,具有较好的可迁移性和实用性。

智能车辆决策算法的输出可分为决策意图输出和决策动作输出。意图输出主要为离散的驾驶行为,如左换道、右换道、车道保持等。文献 [7] 以左换道、右换道、车道保持为动作输出,设计了一种基于进化学习的决策方法。文献 [8] 在输出中增加了准备换道的动作,并设计了一种基于 LSTM 和条件随机场模型的类人驾驶决策方法。以意图作为输出的决策方法的输出相对简单,实际中通常结合下层路径规划模块生成车辆的参考路径。

决策动作输出直接以方向盘转角、纵向加速度或加速/制动踏板等车辆操纵量为决策输出,涵盖了智能车辆决策规划、控制模块的功能。文献 [9] 建立了车辆之间的交互关系,提出了一种基于博弈论的智能车辆的方向盘转角决策方法。文献［10］以原始图像为输入，使用 CNN 网络模型实现了端到端的智能车辆决策方法。以动作输出的决策方法的输出更贴近实际车辆操纵行为，灵活性相比于决策意图输出更高，更容易适用于各种行驶环境。

1.2 智能车辆规划方法

智能车辆运动规划是指根据行车环境信息，规划智能车辆未来一段时间内的运动。运动规划可以分为路径规划和轨迹规划。路径规划是指以某种指标最优为目的，规划出一条连接起点与期望终点的无碰撞路线；轨迹规划则是将规划出来的行车路径显式或者隐式地与时间联系到一起[11]，可以理解为规划行车路径的同时要求在规定的时刻到达指定地点。由此可见轨迹规划相比路径规划，对于智能车辆的运动控制提出了更高的要求。

路径规划从宏观和微观的角度可分为全局路径规划和局部路径规划。全局路径规划是以满足路径最短、时间最短、油耗最低等某种或某些目的，在一些已知的地图信息与交通信息等的约束条件下，规划出从起点到终点的最优和可行路径；局部路径规划是根据车辆周围动态环境的状态，在局部的环境中规划出满足车辆运动学与动力学约束和舒适性指标的无碰撞路径。全局路径规划是局部路径规划的前提与基础，局部路径规划是全局路径规划的补充与优化。

现阶段智能车辆避障路径规划大致可以分为传统方法、智能仿生算法、基于数值优化的算法以及基于学习的方法等类型。传统的路径规划算法主要包括人工势场法、模糊逻辑算法、几何法。人工势场（Artificial Potential Field，APF）是 Khatib 于 1986 年提出的一种虚拟力场，利用目标引力与周围障碍物斥力所产生的合力控制智能车的运动轨迹[12]。模糊逻辑算法主要以驾驶员的驾驶经验为导向，设计模糊隶属度函数，并根据传感器实时信息，通过查表的方式规划路径[13]。几何法主要是按照安全性、舒适性等性能指标进行曲线的拟合，基于预先构造的曲线类型，进行参数的求解，从而获取相应的规划路径。文献［14］基于 B 样条曲线理论考虑了泊车过程中存在的可能性碰撞点与自车参数约束，设计了满足曲率要求的泊车轨迹。智能仿生算法主要包括蚁群算法、遗传算法。蚁群算法[15]是由意大利学者 Dorigo 等人于 1991 年首先提出的一种启发式算法，其核心思想是通过迭代的方式模拟蚂蚁觅食行为，以路径长短为依据在遍历过的路径中留下不同浓度的信息素，以此寻找信息素浓度高的最短路径。遗传算法[16]的思想来源于生物遗传学，将优化函数的可能解以编码形式表示为含有基因的个体，对遗传算子进行变异、选择和交叉等操作，从而在演化的过程中寻找最优路径。基于数值优化的算法主要是利用目标函数和约束对规划问题进行描述，通过数值优化对其进行求解。文献［17］以安全、舒适和高交通效率为优化目标，将变道时间和变道距离规划问题转换为动态约束优化问题。文献［18］基于全局参考路径提出一种局部轨迹规划与跟踪控制方案，以安全性和舒适性为优化目标，采用模型预测方法生成最优轨迹并进行跟踪。随着车载计算单元计算能力的提升，基于学习的方法在路径规划中的使用愈发广泛，主要有基于深度学习与基于强化学习的方法。深度学习是指从大量含有标签的驾驶行为数据中学习环境与规划之间的映射关系。文献［19］提出一种基于LSTM的运动规划模型，实现端到端的汽车转向角一体化规划控制。强化学习是通过与环境的交互获取动作的奖励，从而选择最优的路径。文献［20］融合强化学习与深度学习，利用CNN LSTM从摄像机原始图像提取状态信息，并采用深度Q学习完成对加速度以及前轮转角的规划。

1.3 智能车辆路径跟踪控制

智能车辆路径跟踪控制的本质是依据车辆当前的状态以及路径规划模块规划出的参考路径对车辆的运动进行控制，使得车辆能准确快速地跟踪上期望路径[21]。作为智能车辆系统的控制模块，路径跟踪控制是实现智能车辆安全高效行驶的必要条件，也是智能驾驶技术的重要组成部分。因此，研究路径跟踪控制对实现智能车辆的智能行驶具有重要意义。

（1）根据反馈信息的不同，路径跟踪控制研究的分类

1）基于车辆当前位置与期望路径之间侧向距离偏差与方位偏差的位置偏差反馈控制系统。文献［22］以当前路径信息作为反馈、以未来路径信息作为预瞄，设计了预瞄加反馈的控制器，预瞄距离和智能车速度根据预瞄路径的弯曲程度自动调整。文献［23］提出了一种基于车辆位姿误差模型的积分误差Back-stepping控制方法。这些都是以车辆前方或当前位置与道路的位置偏差作为输入，通过各种反馈控制方法设计车辆运动学反馈控制系统，车辆的动力学特性没有考虑在内。

2）通过期望路径产生描述车辆运动的期望动力学物理量，然后通过车辆状态反馈进行跟踪控制。这类控制方法主要是根据期望路径计算出描述车辆跟踪

目标路径的车辆自身物理量，如车辆横摆角速度、侧向加速度等，然后设计反馈控制系统跟踪这些物理量。文献［24］基于车辆期望横摆角速度进行了路径跟踪横向控制；而文献［25］则根据"最优曲率模型"，提出了基于侧向加速度的方法。由于车辆在行驶过程中侧向加速度与横摆角速度共同影响着车辆的横向运动状态，纵向车速的影响也需要考虑在内。

（2）根据控制算法的不同，路径跟踪控制研究的分类

1）PID 控制。PID 控制主要是对车辆反馈的车辆位姿等信息做偏差处理，并通过比例、积分、微分进行线性组合构成控制量。文献［26］采用航向误差反馈控制，通过运动学关系确定期望航向误差，然后基于车辆道路动力学模型按行驶速度设计了分段固定增益 PID 算法。文献［27］提出了基于串级 PID 的侧向控制方法，其中外环回路根据侧向位移误差得到期望横摆角速度，内环回路通过 PI 控制实现横摆角速度跟踪，并通过极点配置调整控制器参数保证了系统渐进稳定。PID 控制算法无需建立精确模型，简单易实现，但参数调整比较困难，往往需要结合经验试凑，工作量极大。目前许多学者将现代智能化算法如模糊控制[28]、强化学习[29]等算法与 PID 算法进行结合，从而简化控制器参数调整过程。

2）线性二次型调节器（Linear Quadratic Regulator，LQR）。LQR 是一种多目标最优控制，能够使系统在被控时间内，寻求最优控制率减小目标函数以达到最优控制效果。文献［30］考虑轮胎非线性特性设计了后轮权系数 LQR 控制器，能够有效解决针对高速工况智能车辆转向超调问题。文献［31］提出了一种基于李雅普诺夫原理的非线性控制策略，利用迭代算法不断调整非线性控制器参数，最终基于 LQR – LMI 优化算法确定控制器最佳参数。LQR 本质上是针对线性系统的无约束优化方法，求解时假设控制量不受约束并且依赖于较为精确的数学模型，在参数时变和外部扰动存在时无法保证系统的鲁棒性，因而在非线性特征显著的极限工况下跟踪控制精度会降低[32-33]。另外，全状态反馈中所需的质心侧偏角不易获取，依赖于高精度的状态估计算法或高成本的传感器，如 RT3003 等。

3）滑模控制。滑模控制又称滑模变结构控制，是一种典型的非线性反馈控制方法，具有较强的抗扰动能力。文献［34］针对智能车辆在高速公路换道避让的路径跟踪问题，融合车辆运动学和线性二自由度动力学模型建立了包含加性不确定性的线性离散控制模型，并设计了一种基于干扰观测器的离散滑模路

径跟踪控制方法，增强了系统的鲁棒性。文献［35］针对智能车辆低速泊车车速不稳导致的跟踪精度低的问题，提出了一种基于车辆动力学跟踪误差模型的反演滑模自适应控制策略，该策略通过反演法推导车辆运动学控制率，并结合自适应控制方法跟踪车速，有效降低了跟踪误差。文献［36］针对智能车辆在低附着系数路面上易发生打滑的现象，提出了一种基于神经网络的终端滑模控制方法，该方法可以根据所需的性能估计和补偿不确定的摩擦力，仿真验证该方法具有较强的抗干扰能力。

4）模型预测控制（Model Predictive Control，MPC）。MPC 是一种实时的闭环优化控制方法，该算法可以反复在线进行，能够不断获取当前最优控制量，且可以通过建立目标函数来满足车辆执行机构、侧滑和动力学等多约束条件。文献［37］针对粗糙且不稳定路面引起的轮胎打滑问题，设计了一种能够对未知但有界干扰做出反应的自适应模型预测控制方法。该方法可在有界不确定性扰动的情况下，通过自适应控制率动态调节控制输出，保证了控制方法的精度。文献［38］为了减小弯曲路径对轨迹跟踪性能的影响，设计了一种考虑路径曲率扰动的自适应模型预测控制方法，该方法以计划的非均匀运动轨迹作为目标进行跟踪，结果表明其跟踪效果优于传统 MPC。文献［39］将车辆外部环境势场加入 MPC 的目标函数中，将路径规划和跟踪描述成一个多约束非线性优化问题，仿真结果表明改进后的控制器跟踪性能更好、求解速度更快。

1.4 智能车辆侧向稳定性控制

车辆侧向稳定性控制是指在车辆行驶过程中，通过控制车辆的侧向运动，使其保持稳定，防止侧滑、侧翻等不稳定现象的发生，提高行驶安全性[40-41]。随着车辆数量的增加和交通道路的拥堵，车辆侧向稳定性控制的重要性越来越突出。在这样的背景下，研究车辆侧向稳定性控制的方法和技术，具有重要的理论和应用意义。

车辆侧向稳定性控制涉及多个学科领域，如机械工程、控制理论、信号处理等，对其进行深入研究可以推动这些学科领域的发展和交叉[42]。同时，对车辆侧向稳定性控制的研究还可以为车辆动力学、车辆安全性等领域的研究提供理论支持和技术指导。车辆侧向稳定性控制的研究对提高车辆的安全性和操控性能具有重要的应用价值。在车辆行驶过程中，如果车辆发生侧翻或失控，将会对驾驶员和车辆造成严重的安全隐患，通过研究车辆侧向稳定性控制的方法和技术，可以有效地降低车辆侧翻和失控的风险，提高车辆的安全性和驾驶员的行驶信心[43]。同时，车辆侧向稳定性控制的研究还可以为新能源汽车的发展和应用提供支持，促进汽车工业的可持续发展。

在过去的几十年中，研究人员已经开发出了许多车辆侧向稳定性控制系统，例如电子稳定控制系统、主动转向系统、主动悬架系统、转矩矢量控制系统等[44-45]。其中，电子稳定控制系统是一种基于车辆动态控制的安全系统，可以通过控制车辆的制动系统、发动机管理系统、传动系统等来降低车辆的侧翻和失控风险。电子稳定控制系统广泛应用于现代汽车中，已经成为车辆安全性的重要标志之一。而主动转向系统是一种通过改变车辆的前轮或后轮转向角度来控制车辆稳定性的系统，可以在车辆失控或过度转向时自动控制转向角度，避免车辆侧翻或失控。主动悬架系统则是一种通过改变车辆悬架系统的刚度、阻尼和高度等参数来控制车辆稳定性的系统，可以在车辆通过不同路况时自动调整悬架系统的参数，保持车辆的稳定性和悬架舒适性。这些系统能够通过传感器收集到的数据对车辆进行实时监测和控制，使车辆能够更好地保持稳定性[46]。

尽管这些系统已经被广泛应用于车辆的侧向稳定性控制，但是这些方法也存在一些限制和不足[47]。例如，主动转向系统和转矩矢量控制系统需要较高的控制精度，主动悬架系统则需要较高的系统成本和能耗；在雪地或湿滑路面行驶时，这些系统的控制能力会受到很大的限制，因为路面摩擦系数变化较大。

为了进一步提高车辆侧向稳定性控制系统的性能和效率，研究人员正在探索新的控制算法和技术。例如，基于模型预测控制（MPC）算法的控制系统可以通过对车辆动力学模型进行预测，实现更为准确和高效的控制。此外，研究人员还在探索车辆侧向稳定性控制与其他智能化技术的结合，如人工智能、云计算等，以进一步提高车辆的安全。

目前，车辆侧向稳定性控制的研究已经取得了一定的进展，但仍存在一些挑战和问题[48-49]，具体表现在以下几个方面。

（1）模型建立和仿真方法的不确定性

车辆侧向稳定性控制的研究需要建立精确的数学模型，并进行仿真分析。然而，车辆模型的复杂性和实际道路条件的多变性，使得模型建立和仿真分析的结果存在一定的不确定性，限制了研究的深入发展。

（2）传感器和控制算法的精度和稳定性

车辆侧向稳定性控制需要依赖多种传感器进行数据采集和处理，同时需要采用复杂的控制算法进行实时控制。然而,传感器的精度和稳定性以及控制算法的可靠性和实时性仍然存在挑战,限制了车辆侧向稳定性控制的实际应用。

(3) 多变的外界环境和驾驶员行为的影响

车辆侧向稳定性控制涉及复杂的外界环境和驾驶员的行为,例如不同路面状况、天气条件、驾驶员的驾驶风格、车辆的负载情况等,这些因素的多变性和不确定性也给车辆侧向稳定性控制带来了挑战。如何充分考虑这些因素,并进行有效的控制和应对,是当前研究的热点和难点之一。

(4) 实际应用的可行性和成本问题

虽然车辆侧向稳定性控制在理论上已经取得了一定的成果,但是其实际应用还面临着一些挑战。例如,如何将车辆侧向稳定性控制技术应用到不同类型的车辆上,如轿车、货车、客车等,需要进行进一步的研究和探索。此外,车辆侧向稳定性控制的成本也是一个重要的考虑因素。如何降低车辆侧向稳定性控制的成本,并使其在实际应用中具有可行性,也是当前研究亟待解决的问题。

综上所述,车辆侧向稳定性控制是一个复杂而重要的研究领域。随着汽车工业的发展和人们对安全性要求的不断提高,车辆侧向稳定性控制系统的研究将越来越受到关注。在未来的研究中,我们需要进一步探索新的控制算法和技术,优化控制系统的性能和效率,并与智能化技术结合,以进一步提高车辆的安全性。

1.5 车辆行驶状态估计

随着智能驾驶的快速发展,开发了各种高级驾驶辅助系统 (Advanced Driving Assistance System, ADAS) 和车辆稳定控制系统,如防抱死制动系统 (Anti-lock Braking System, ABS)、牵引力控制系统 (Traction Control System, TCS)、车身电子稳定系统 (Electronic Stability Program, ESP) 等[50]。智能车辆在行驶过程中,需要精确感知自身以及外部状态,并在合适的时机启动主动安全控制系统,以降低事故发生率。对这些汽车稳定控制系统所需的参数进行准确的感知,具有极为重要的意义。

在主动安全控制所需的相关参数中,部分车辆状态信息由车载传感器直接测量,由于车辆行驶环境较为复杂,这些传感器的精度相对较低,无法满足车辆主动安全控制系统的要求[51];部分车辆状态信息难以直接获取或者需要额外安装价值不菲的传感器获取，如质心侧偏角、横摆角速度、路面附着系数等。此外，考虑到量产车辆的成本，部分传感器的装备成本过高，如惯性导航传感器（Inertial Navigation Sensors，INS）、全球定位系统（Global Positioning System，GPS）和全球卫星导航系统（Global Navigation Satellite System，GNSS）[52]。上述问题成为获取精确完整的车辆状态信息的瓶颈，极大地限制了车辆主动安全系统、ADAS 与车辆故障诊断系统的发展。为获得更准确可靠的车辆状态信息，一种合理的方法是对车辆状态进行估计。

车辆状态估计包括车身状态估计与轮胎 - 路面相互作用估计。车身状态参数是指行驶时能够表征车辆自身状态的相关动力学或运动学参数，如质心侧偏角、纵向车速即横摆角速度等。轮胎 - 路面相互作用估计主要包括轮胎纵向力、轮胎侧向力、路面附着系数等。车辆状态参数作为所有控制系统参数输入的前端，实时准确地获取车辆状态信息是实现精确控制的关键因素之一，可通过量产车辆上现有传感器信息并结合相关估计算法获取。估计方法的类型可以分为两种，即模型驱动和数据驱动[53]。

模型驱动的车辆状态估计方法，分为运动学模型[54]与动力学模型[55-56]两种。基于运动学模型的方法只考虑物体的运动，不考虑力和力矩，基于运动学模型设计的观测器具有极佳的鲁棒性。文献［54］将轮胎状态整合到车辆运动学模型中，使用时变观测器获取车辆的纵向速度与侧向速度。基于运动学模型的车辆状态估计涉及传感器的数值积分，运动学模型方法严重依赖传感器精度，当长时间积分时，噪声进行累加会导致较大的估计误差，近年来基于运动学模型的方法应用较少，基于动力学模型设计的车辆状态估计方法更为常见。基于动力学模型所设计的常用估计算法有卡尔曼滤波算法及其扩展算法、龙伯格观测器、鲁棒观测器、滑模观测器、模糊观测器以及基于李雅普诺夫理论推导的非线性观测器。观测器算法的核心是如何获得反馈增益，使得实际测量值能够更好地修正预测带来的误差。文献［55］基于车辆非线性动力学模型使用扩展卡尔曼滤波对车辆的横摆角速度、质心侧偏角和纵向速度等状态参数进行估计。文献［56］在七自由度非线性车辆动力学模型基础上使用无迹卡尔曼滤波算法估计车辆质心侧偏角、车辆纵侧向加速度、横摆角速度等。但动力学模型方法对模型本身的精度要求较高，对模型参数的变化较为敏感，可通过自适应参数或者鲁棒设计来改善观测器的估计效果。这些估计算法所基于的动力学模型依然会忽略一些难以被直接量化的参数，导致构建的车辆动力学模型均处于理想状态，并不能很好地反映实际车辆运行过程中状态的变化。因此，模型参数与算法初始噪声参数的不确定性或某一传感器的误差而导致的估计结果不准确是基于模型驱动的状态估计方法需要改善的方向之一。

基于数据驱动的车辆状态估计方法主要是指基于神经网络的车辆状态估计方法，基于数据样本得到的神经网络不存在模型参数设置或算法相关参数设置等问题，能够正确反映非线性系统相关特性，能够接近估计量的真实值[57]。文献 [58] 基于三种工况的车辆状态数据作为训练样本，利用 ANN 神经网络构建车身状态参数与车身侧倾角之间的映射关系，完成对侧倾角数值的估计。通过使用适当的训练集和验证集完成神经网络的训练，实现对车辆状态参数的高精度估计。然而，车辆所行驶的环境复杂多变，所收集的训练样本无法覆盖每个驾驶环境中车辆状态参数的变化情况，会使神经网络出现过拟合的结果，无法形成较强的泛化能力，使得神经网络非线性映射的能力减弱[59]。

在车辆行驶状态估计系统时，需要考虑到轮胎特性对估计结果的影响，轮胎作为车身与路面的唯一连接部件，起着支撑车身负荷和为车辆行驶提供驱动力的关键作用，以及缓冲减振等作用。车辆在行驶过程中除了空气阻力和自身重力之外，几乎所有的力和力矩都是通过轮胎与路面间的相互作用产生的。可根据一定的假设条件合理简化并建立适用于车辆耦合动力学分析与控制系统设计的轮胎模型[52,56]。现有的轮胎模型可以按照建模方式的不同大致分为理论模型、经验模型、半经验模型、自适应模型和计算机模型。常见的轮胎模型为魔术公式轮胎模型、Dugoff 轮胎模型、刷子模型、UniTire 模型。

1.6 智能车辆多车协同编队控制

陆地货运交通的发展对经济建设具有显著影响，而公路运输约占所有陆地货运方式的 60%，其重要性不言而喻[60]。公路运输在快速发展的过程中也加大了对化石能源的消耗，对环境保护与节能减排的工作造成了巨大压力，2018 年中国石油消耗总量约为 6.25 亿 t，同比增长 7%，其中进口量为 4.62 亿 t，居世界第二[61]，其中交通运输占到各类能源总消耗的 4.5%，但目前我国在用于公路运输的化石能源利用率上却远不及发达国家的水平，单位消耗量是美国的1.1 倍、欧洲的 1.25 倍、日本的 1.2 倍[62]。

重型运载车辆在公路运输建设中占有不可忽视的地位，2018 年其保有量总数仅占全部机动车数量的 7.8%，但是货运车辆所产生的氮氧化物及颗粒物废气排放分别占到了总量的 57.3% 和 77.8%[63]，运载车辆总数的不断增加和低水平的燃料利用率加剧了对环境的破坏和对能源的消耗。据工信部统计数据，截止到 2017 年，国内重型运载车辆（>3.5t）保有量为 2341 万辆，总数不足机动车总数的 10%，但其能源消耗却占据了机动车总燃油消耗的 49.2%[64]。因此，提升高速公路交通运输能源利用效率、减少能源消耗，对于未来中国的道路交通建设具有重要意义。

5G 通信、物联网、车联网、自动驾驶等技术的高速发展推进了智能交通的信息化进程，建设智能交通系统的目的在于通过建立车与人、车与车信息交换，以实现监控交通、保障行驶安全、提升出行舒适度。而近几年来 5G 等通信技术的高速发展加速了这一建设进程，使得智能交通系统落地建设成为可能[65-66]。

车联网、5G 通信等技术的快速发展实现了人 – 车 – 路之间更有效的信息交换，推动了道路交通系统的现代化建设。智能交通的高速发展为减少运载车辆的燃油消耗、提升经济性这一问题提供了新的解决思路，众多学者、工程师以及研究机构展开了积极探索。随着 V2V（Vehicle to Vehicle）、V2X（Vehicle to Everything）等智能交通技术的快速发展以及世界各国对环境保护的强烈需求，高速公路重型货车编队控制技术应运而生。隶属于美国能源部（Department of Energy，DOE）的重型货车研究工作室的研究表明，一辆满载的标准重型货车以 100 km/h 的速度行驶于高速公路时，其所消耗能源的 53% 将被用于克服空气阻力[67]。因此，降低重型货车在行驶过程中的有效空气阻力将显著降低其燃油消耗，提升燃油经济性。

在现代交通方式快速智能化的大背景下，基于车联网进行车间信息实时传输，高速公路货车编队控制行驶技术逐渐被提出。货车编队是可持续发展交通系统中一项具有广阔应用前景的技术。它是指车与车之间保持一定间距，动态组成车队行驶。利用低时延、高可靠的通信技术，编队车辆之间可以实现快速共享驾驶策略和驾驶状态信息，进行同步加速、制动等操作，从而保持预期的编队构型及稳定性。

货车编队控制通过多辆货车编队行驶，使得跟随车能进入到前方车辆的气流尾流区之内，利用领航车的气流屏蔽作用降低整体的平均空气阻力，进而达到提升整体燃油经济性的目的。瑞典皇家理工学院（KTH）的学者 Norrby 等人针对高速公路货车队列行驶的研究表明，两辆相同的标准载货车辆行驶于高速公路时，两车的车间距数值小于 25m 时，后方跟随车辆的空气阻力效率将会发生明显变化[68]。随后 KTH 的学者 Alam 等人通过高速公路实车实验证明，两辆相同车型的货车以 80km/h 的速度行驶并将车间距控制在 25m，将会使得后方跟随车所受空气阻力减低 30%，整体的燃油经济性提升 7%[69]。

货车编队控制行驶在提升了道路交通运输的燃油经济性的同时，通过规划整体合理的行驶方案，编队在长途行进过程中能有效减少一部分制动操作，使得整个行进过程更加平缓，对提升驾乘人员的舒适程度有显著效果。此外，货车编队行驶的方式也能有效提升道路的潜在容量，减少不必要的道路交通拥堵以及安全事故，缓解道路交通压力，提升道路交通利用率。随着汽车电子技术以及网联技术的不断发展，货车编队控制得到了业内越来越多的关注，针对货车编队控制研究的先进控制方法不断被提出，本书研究了货车编队控制器设计方法。

参考文献

[1] 熊璐，康宇宸，张培志，等. 无人驾驶车辆行为决策系统研究 [J]. 汽车技术，2018，49 (8)：1 - 9.

[2] 严新平，张晖，吴超仲，等. 道路交通驾驶行为研究进展及其展望 [J]. 交通信息与安全，2013，31 (1)：45 - 51.

[3] YUAN W, YANG M, LI H, et al. End-to-end learning for high-precision lane keeping via multi-state model [J]. CAAI Transactions on Intelligence Technology, 2018, 3 (4): 185 - 190.

[4] YU H, YANG S, GU W, et al. Baidu driving dataset and end-to-end reactive control model [C] //2017 IEEE Intelligent Vehicles Symposium (IV). Los Angeles, USA: IEEE, 2017: 341 - 346.

[5] NOH S, AN K. Decision-making framework for automated driving in highway environments [J]. IEEE Transactions on Intelligent Transportation Systems, 2017, 19 (1): 58 - 71.

[6] GUO J, CHENG S, LIU Y. Merging and diverging impact on mixed traffic of regular and autonomous vehicles [J]. IEEE Transactions on Intelligent Transportation Systems, 2020, 22 (3): 1639 - 1649.

[7] LI T, WU J, CHAN C Y. Evolutionary Learning in Decision Making for Tactical Lane Changing [C] //2019 IEEE Intelligent Transportation Systems Conference (ITSC). Auckland, New Zealand: IEEE, 2019: 1826 - 1831.

[8] WANG X, WU J, GU Y, et al. Human-like maneuver decision using LSTM - CRF model

for on-road self-driving ［C］//2018 21st International Conference on Intelligent Transportation Systems (ITSC). Maui, USA: IEEE, 2018: 210 – 216.

［9］ LI N, OYLER D W, ZHANG M, et al. Game theoretic modeling of driver and vehicle interactions for verification and validation of autonomous vehicle control systems ［J］. IEEE Transactions on Control Systems Technology, 2017, 26 (5): 1782 – 1797.

［10］ CHEN Z, HUANG X. End-to-end learning for lane keeping of self-driving cars ［C］//2017 IEEE Intelligent Vehicles Symposium (IV). Los Angeles, USA: IEEE, 2017: 1856 – 1860.

［11］ PANDEN B, CAP M, YONG S Z, et al. A survey of motion planning and control techniques for self-driving urban vehicles ［J］. IEEE Transactions on Intelligent Vehicles, 2016, 1 (1): 33 – 55.

［12］ SABER R O, MURRAY R M. Flocking with obstacle avoidance: Cooperation with limited communication in mobile networks ［C］//42nd IEEE International Conference on Decision and Control (IEEE Cat. No. 03CH37475). Maui, USA: IEEE, 2003, 2: 2022 – 2028.

［13］ 杜宇上. 一种基于模糊逻辑的滚动窗口路径规划方法 ［J］. 现代电子技术, 2010, 33 (13): 146 – 148.

［14］ 李红, 郭孔辉, 宋晓琳. 基于样条理论的自动垂直泊车轨迹规划 ［J］. 湖南大学学报 (自然科学版), 2012, 39 (7): 25 – 30.

［15］ DORIGO M, GAMBARDELLA L M. Ant colony system: a cooperative learning approach to the traveling salesman problem ［J］. IEEE Transactions on Evolutionary Computation, 1997, 1 (1): 53 – 66.

［16］ HOLLAND J H. Genetic algorithms and the optimal allocation of trials ［J］. SIAM Journal on Computing, 1973, 2 (2): 88 – 105.

［17］ LUO Y, XIANG Y, CAO K, et al. A dynamic automated lane change maneuver based on vehicle-to-vehicle communication ［J］. Transportation Research Part C: Emerging Technologies, 2016, 62: 87 – 102.

［18］ LI X, SUN Z, CAO D, et al. Development of a new integrated local trajectory planning and tracking control framework for autonomous ground vehicles ［J］. Mechanical Systems and Signal Processing, 2017, 87: 118 – 137.

［19］ BAI Z, CAI B, SHANGGUAN W, et al. Deep learning based motion planning for autonomous vehicle using spatiotemporal LSTM network ［C］//2018 Chinese Automation Congress (CAC). Xi'an, China: IEEE, 2018: 1610 – 1614.

［20］ CHEN L, HU X, TANG B, et al. Conditional DQN-based motion planning with fuzzy logic for autonomous driving ［J］. IEEE Transactions on Intelligent Transportation Systems, 2020, 23 (4): 2966 – 2977.

［21］DESHPANDE P, AMRUTSAMANVAR R, SUBRAMANIAN S C. Vehicle Path Generation and Tracking in Mixed Road Traffic ［J］. IFAC-PapersOnLine, 2020, 53 (1)：524 – 529.

［22］XU S, PENG H. Design, analysis, and experiments of preview path tracking control for autonomous vehicles ［J］. IEEE Transactions on Intelligent Transportation Systems, 2019, 21 (1)：48 – 58.

［23］SHAFIEI M H, EMAMI M. Design of a robust path tracking controller for an unmanned bicycle with guaranteed stability of roll dynamics ［J］. Systems Science & Control Engineering, 2019, 7 (1)：12 – 19.

［24］游峰, 王荣本, 张荣辉. 智能车辆换道与超车轨迹跟踪控制 ［J］. 农业机械学报, 2008, 52 (6)：42 – 45.

［25］WANG J, STEIBER J, SURAMPUDI B. Autonomous ground vehicle control system for high-speed and safe operation ［J］. International Journal of Vehicle Autonomous Systems, 2009, 7 (1 – 2)：18 – 35.

［26］赵治国, 周良杰, 朱强. 无人驾驶车辆路径跟踪控制预瞄距离自适应优化 ［J］. 机械工程学报, 2018, 54 (24)：166 – 173.

［27］林棻, 倪兰青, 赵又群, 等. 考虑横向稳定性的智能车辆路径跟踪控制 ［J］. 华南理工大学学报 (自然科学版), 2018, 46 (1)：78 – 84.

［28］高振海. 汽车方向预瞄式自适应 PD 控制算法 ［J］. 机械工程学报, 2004, 40 (5)：101 – 105.

［29］CHEN J W, ZHU H, ZHANG L, et al. Research on fuzzy control of path tracking for underwater vehicle based on genetic algorithm optimization ［J］. Ocean Engineering, 2018, 156：217 – 223.

［30］CARLUCHO I, PAULA M D, ACOSTA G G. An adaptive deep reinforcement learning approach for MIMO PID control of mobile robots ［J］. ISA Transactions, 2022, 102 (2)：102.

［31］郭旭东, 杨世春. 自动驾驶 4WS 车辆路径跟踪最优控制算法仿真 ［J］. 计算机仿真, 2020, 37 (4)：128 – 132, 138.

［32］ALCALA E, PUIG V, QUEVEDO J, et al. Autonomous vehicle control using a kinematic Lyapunov-based technique with LQR-LMI tuning ［J］. Control Engineering Practice, 2018, 73：1 – 12.

［33］WANG Z, SUN K, MA S, et al. Improved linear quadratic regulator lateral path tracking approach based on a real-time updated algorithm with fuzzy control and cosine similarity for autonomous vehicles ［J］. Electronics, 2022, 11 (22)：3703.

［34］张家旭, 王欣志, 赵健, 等. 汽车高速换道避让路径规划及离散滑模跟踪控制 ［J］.

吉林大学学报（工学版），2021，51（03）：1081－1090.

[35] 江绍康，江浩斌，马世典. 基于反演滑模自适应策略的自动泊车路径跟踪控制 [J]. 重庆理工大学学报（自然科学版），2020，34（10）：9－16.

[36] YUE M，WANG L，MA T. Neural network based terminal sliding mode control for WMRs affected by an augmented ground friction with slippage effect [J]. IEEE/CAA Journal of Automatica Sinica，2017，4（3）：498－506.

[37] WANG X，TAGHIA J，KATUPITIYA J. Robust model predictive control for path tracking of a tracked vehicle with a steerable trailer in the presence of slip [J]. IFAC-PapersOnLine，2016，49（16）：469－474.

[38] SHI J，SUN D，QIN D，et al. Planning the trajectory of an autonomous wheel loader and tracking its trajectory via adaptive model predictive control [J]. Robotics and Autonomous Systems，2020，131：103570.

[39] 黄丰雨. 基于模型预测控制的无人车动态路径规划与跟踪优化研究 [D]. 武汉：武汉理工大学，2019.

[40] CAI L，LIAO Z，WEI S，et al. Novel direct yaw moment control of multi-wheel hub motor driven vehicles for improving mobility and stability [J]. IEEE Transactions on Industry Applications，2023，59（1）：591－600.

[41] WANG H. Stability control of in-wheel motor drive vehicle with motor fault [J]. Proceedings of the Institution of Mechanical Engineers，Part D：Journal of Automobile Engineering，2019，233（12）：3147－3164.

[42] ALVES J V，CHINELATO C I G，ANGELICO B A. Vehicle lateral stability regions for control applications [J]. IEEE Access，2022，10：87787－87802.

[43] ZHOU X，VENHOVENS P. Calibration of vehicle dynamics and stability control model [J]. International Journal of Vehicle Systems Modelling and Testing，2016，11（4）：285－312.

[44] 陈广秋. 分布式驱动电动汽车稳定性控制研究综述 [J]. 中阿科技论坛（中英文），2021，5（10）：64－66.

[45] 丛森森，高峰，许述财. 基于动态稳定域的车辆横纵向稳定性协同控制 [J]. 汽车工程，2022，44（6）：900－908.

[46] CAI L，LIAO Z，WEI S，et al. Improvement of maneuverability and stability for eight wheel independently driven electric vehicles by direct yaw moment control [D]. Beijing：Army Academy of Armored Forces，2021.

[47] HUANG Y，CHEN Y. Vehicle lateral stability control based on shiftable stability regions and dynamic margins [J]. IEEE Transactions on Vehicular Technology，2020，69（12）：14727－14738.

[48] 吴西涛, 魏超, 翟建坤, 等. 考虑横摆稳定性的无人车轨迹跟踪控制优化研究 [J]. 机械工程学报, 2022, 58 (6): 130 – 142.

[49] YANG X, WANG Z, PENG W, et al. Coordinated control of AFS and DYC for vehicle handling and stability based on optimal guaranteed cost theory [J]. Vehicle System Dynamics, 2009, 47 (1): 57 – 79.

[50] GUO H, CAO D, CHEN H, et al. Vehicle dynamic state estimation: State of the art schemes and perspectives [J]. IEEE/CAA Journal of Automatica Sinica, 2018, 5 (2): 418 – 431.

[51] ZHANG Y, LI M, ZHANG Y, et al. An enhanced adaptive unscented kalman filter for vehicle state estimation [J]. IEEE Transactions on Instrumentation and Measurement, 2022, 71: 1 – 12.

[52] LIU Y, CUI D. Vehicle state estimation based on adaptive fading unscented kalman filter [J]. Mathematical Problems in Engineering, 2022 (4): 1 – 11.

[53] 余卓平, 高晓杰. 车辆行驶过程中的状态估计问题综述 [J]. 机械工程学报, 2009, 45 (5): 20 – 33.

[54] HASHEMI E, KHOSRAVANI S, KHAJEPOUR A, et al. Longitudinal vehicle state estimation using nonlinear and parameter-varying observers [J]. Mechatronics, 2017, 43: 28 – 39.

[55] 易鑫, 陈勇. 扩展卡尔曼滤波与遗传算法结合的车辆状态估计 [J]. 重庆理工大学学报 (自然科学版), 2022, 36 (12): 1 – 8.

[56] LIU Y J, DOU C H, SHEN F, et al. Vehicle state estimation based on unscented Kalman filtering and a genetic-particle swarm algorithm [J]. Journal of the Institution of Engineers (India): Series C, 2021, 102: 447 – 469.

[57] LIU K, KANG L, XIE D. Online state of health estimation of lithium-Ion batteries based on charging process and long short-term memory recurrent neural network [J]. Batteries, 2023, 9 (2): 94.

[58] JAVIER G G, LISARDO P G, JONATAN P R, et al. Real-time vehicle roll angle estimation based on neural networks in IoT low-cost devices [J]. Sensors, 2018, 18 (7): 2188.

[59] ZHA Y, LIU X, MA F, et al. Vehicle state estimation based on extended Kalman filter and radial basis function neural networks [J]. International Journal of Distributed Sensor Networks, 2022, 18 (6): 1177.

[60] OECD/International Transport Forum I T O F T [R]. Paris, France: OECD Publishing/ITF, 2013.

[61] 崔冬. 机动车污染防治持续深入推进 [J]. 中国物流与采购, 2018, 39 (12): 53.

［62］王希孟，吴东风，张晶. 道路运输节能减排形势分析［J］. 汽车维护与修理，2010，23（9）：44.

［63］郑丹. 国内外油气行业发展报告［R］. 北京：中国石油集团经济技术研究院，2023.

［64］党瑛，赵昊，王剑渊，等. 重型卡车领域现状与发展趋势研究［J］. 汽车实用技术，2018，268（13）：219－221.

［65］诸彤宇，王家川，陈智宏. 车联网技术初探［J］. 公路交通科技（应用技术版），2011，7（5）：266－268.

［66］田大新. 车联网专用短程通信技术［J］. 中兴通讯技术，2015，21（6）：27－30.

［67］SALARI K. DOE's effort to reduce truck aerodynamic drag through joint experiments and computations［R］. San Francisco：Lawrence Livermore National Laboratory，2009.

［68］NORRBY D. A CFD study of the aerodynamic effects of platooning trucks［D］Stockholm：KTH Royal Institute of Technology，2014.

［69］ALAM A，GATTAMI A，JOHANSSON K H. An experimental study on the fuel reduction potential of heavy duty vehicle platooning［C］//13th International IEEE Conference on Intelligent Transportation Systems（ITSC）. Funchal，Portugal：IEEE，2010：306－311.

智能汽车控制工程

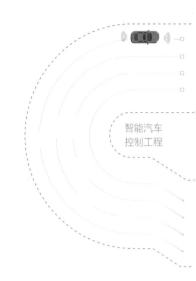

第2章
智能车辆决策方法

2.1 概述

　　智能车辆系统包括环境感知传感系统、行为决策系统、规划系统、控制执行系统等[1-3]。智能汽车行为决策算法需要代替人类驾驶员完成驾驶任务，首先应该做到的就是给出合适的驾驶指令，具体要求可以概括为：满足行驶安全性（紧急避障、防碰撞、常规行驶车道保持等）；满足场景的普适性（能够覆盖多种道路场景以及覆盖周车行为随机性强的工况）；满足驾乘人员舒适性需求（车辆整体稳定性、匀速、匀加速度等）；满足系统实时性需求（算法求解应在合理时间给出且保证步步都有合适输出）。行为决策系统还应针对不同类型驾驶员及乘客的偏好给予不同的决策结果[4]。

　　典型的无人驾驶车辆系统架构分为环境感知、决策规划和运动控制三部分[5]。决策规划模块综合考虑周围环境信息以及自车行驶状态，产生合理、安全的驾驶行为，同时控制车辆执行机构以完成驾驶任务[6]。智能车辆驾驶决策系统主要分为驾驶行为决策和运动轨迹规划两个层面，目前对于驾驶行为决策的研究主要有基于规则[7]、基于模型[8-9]和基于学习[10-11]这两种方法。

　　基于规则的决策方法是指根据常规驾驶习惯、交通法规等建立规则库，通过分析大量的驾驶数据，根据不同的驾驶情况制定对应行为决策结果的方法。在自动驾驶过程中，使用这些策略规定车辆的驾驶行为，其代表方法为有限状态机法，优点是逻辑清晰且实用性强，串联式、并联式以及混联式状态机都在驾驶决策研究中得到了应用[12-14]。

　　基于学习的驾驶决策方法主要采用机器学习、强化学习等方法，通过智能体对周围环境及驾驶策略的自主学习与探索，行为规则库通过神经网络训练得到，属于一种端到端的决策方法。其输入为摄像头获得的周围环境的图像，系统直接输出匹配的驾驶行为[15-17]。

综上所述，现有的驾驶决策方法大多是基于驾驶规则、人 – 车 – 路建模或者学习的方法展开的。基于规则和建模的方法可解释性强，但是难以遍历可能出现的各种情况；基于学习的决策方法多通过类似"黑匣子"的端到端训练或设置简单奖励函数强化学习方法实现安全的驾驶决策，虽然随着数据量级的提升可以有效保证对于场景的遍历性，但是可解释性不够强，难以证明其在某些环境尤其是极限工况、危险工况等的置信度，且尚无明确考虑到周车随机特性的决策方法。因此，本章以满足车辆安全性、行驶性、舒适性等因素为目标，针对智能车辆高速行驶场景下周车行为存在随机性的情况展开研究，旨在获得满足驾乘人员需求且有效提升路面通行效率的换道行为决策结果，以及探究算法的改进以满足车辆对于决策实时性的要求。

2.2 智能车辆类人辅助驾驶决策

随着智能车辆技术的快速发展，作为新的执行和决策者，智能车辆决策已经成为研究热点。为了在满足安全驾驶要求的基础上提高智能车辆的乘坐舒适性，希望智能车辆拥有类人变道决策的能力。因此，如何实现智能车辆像驾驶员一样的变道决策是本节关注的问题。结合模块化的智能车辆结构，构建如图 2 – 1 所示的类人变道决策规划结构。

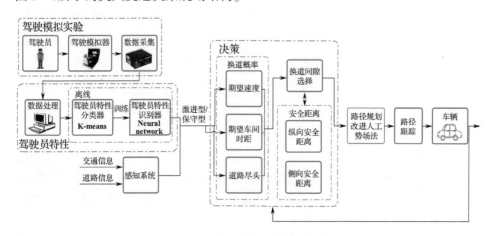

图 2-1 类人变道决策规划结构

首先，智能车辆装备了激光雷达、摄像机和惯性导航系统等传感器，这些传感器与高精度数字地图配合协同感知道路、交通、周围车辆等环境信息，所有传感信息最终在感知模块中同步和融合。其次，在驾驶模拟器上进行了大量不同工况下的驾驶实验，采集、处理数据并获得可以表征驾驶员特性的平均速度、方向盘转角标准差和方向盘转速。然后，基于 K-means 算法和神经网络算法训练和设计驾驶员特性分类器和驾驶员特性识别器，用于识别驾驶员的类型。最后，针对不同驾驶员类型，通过计算换道概率和安全距离判断是否适于变道，从而给出不同的变道路径。

2.2.1 驾驶模拟实验

驾驶员特性需要不同工况和场景去激发，并且对于不同的驾驶员类别，比如年龄、性别、驾龄等，因驾驶习惯的不同会产生不同的驾驶员特性。因此，依据性别、年龄、驾龄等因素选取不同数量的驾驶员参与驾驶实验，设计如图 2-2 所示的调查问卷初步了解驾驶员信息和驾驶特性。

编号：_____

驾驶员特性识别实验调查问卷

一、个人基本信息

  1. 姓名：_____

  2. 性别：_____

  3. 年龄：_____

  4. 是否有驾照：_____

  5. 驾龄：_____

二、驾驶习惯

  1. 前方有车速度明显小于本车速度时，优先考虑减速跟随还是优先考虑变道超车？

    □ 减速跟随   □ 变道超车

  2. 接近交叉口时刚好碰上绿灯变成黄灯，是选择加速通过，还是减速停车？

    □ 加速通过   □ 减速停车

图 2-2 驾驶员调查问卷

考虑到对新鲜事物的适应性和准许考取驾照的年龄，对整体年龄范围做出限定，不小于 18 岁，不高于 40 岁。考虑中国的男性驾驶员所占比例比女性多，所以选择2:1的男女比例。寻找21名驾驶员进行驾驶模拟实验，将其中17名驾驶员的实验数据作为训练集样本，剩下的4名驾驶员的实验数据作为测试集样本，驾驶员样本见表2-1。采集的实验数据主要包括：实验时间t_d，制动踏板位移S_b，加速踏板位移S_a，方向盘转角δ_f，横摆角速度ω，侧向速度v_y，车速v，纵向加速度a_x，侧向加速度a_y，纵向位置x_0，侧向位置y_0。

表2-1　驾驶员样本

性别	18~24岁人数（占比）		25~30岁人数（占比）		31~40岁人数（占比）	
	训练集	测试集	训练集	测试集	训练集	测试集
男	4(23.53%)	0(0%)	6(35.29%)	3(75%)	0(0%)	1(25%)
女	3(17.65%)	0(0%)	2(11.76%)	0(0%)	2(11.76%)	0(0%)
总计	7(41.18%)	0(0%)	8(47.05%)	3(75%)	2(11.76%)	1(25%)

为了充分激发驾驶员的转向特性，设计包含9段转弯环节的车道，其路径如图2-3所示。本次实验共需处理21人的189组数据。在正式开始实验之前，要求实验人员填写如图2-2所示的信息采集表。实验人员先进行一圈试驾，在这个过程中让驾驶员感受和适应驾驶模拟器和交通环境，第二圈开始正式实验，采集驾驶员的操作和车辆状态信息。

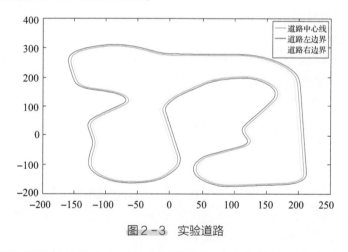

图2-3　实验道路

处理驾驶员数据并提取出可以表征驾驶员转向特性的三个参数，首先是方向盘转速v_δ，即驾驶员转动方向盘的速度，有的驾驶员倾向于急转弯，有的驾驶员则倾向于慢转弯。然后是方向盘转角标准差σ_δ，主要是考虑到有的驾驶员可以在很短的时间里找到合适的转向角，而对于一些驾驶员就需要长时间多次调整方向盘转角才能找到合适的转向角。最后，转向时的平均车速 v_{avg} 可以表征每一位驾驶员对转弯时车速的不同需求。选取上述三个数据作为表征驾驶员驾驶特性的参数。

$$v_{\delta} = \frac{\delta_{max}}{t_{max}} \qquad (2-1)$$

$$\sigma_{\delta} = \sqrt{\frac{1}{n_d} \sum_{i=1}^{n_d} (\delta_i - \bar{\delta})^2} \qquad (2-2)$$

$$v_{avg} = \frac{1}{n_d} \sum_{i=1}^{n_d} v_i \qquad (2-3)$$

式中，v_{δ} 为方向盘转速；δ_{max} 为在一次转向过程中方向盘转角的最大值；t_{max} 为从开始转向到方向盘转角首次到达最大值所用的时间；σ_{δ} 为方向盘转角标准差；n_d 为数据个数；δ_i 为容量为 n_d 的数据组中的每一个方向盘转角；$\bar{\delta}$ 为容量为 n_d 的数据组中的方向盘转角的平均值；v_{avg} 为一次转向过程中的平均车速；v_i 为容量为 n_d 的数据组中的每一个车速。对式（2-1）～式（2-3）进行归一化处理。

$$N_{v_{\delta}}(i) = \frac{v_{\delta}(i) - \min(v_{\delta})}{\max(v_{\delta}) - \min(v_{\delta})} \qquad (2-4)$$

$$N_{\sigma_{\delta}}(i) = \frac{\sigma_{\delta}(i) - \min(\sigma_{\delta})}{\max(\sigma_{\delta}) - \min(\sigma_{\delta})} \qquad (2-5)$$

$$N_{v_{avg}}(i) = \frac{v_{avg}(i) - \min(v_{avg})}{\max(v_{avg}) - \min(v_{avg})} \qquad (2-6)$$

式中，$N_{v_{\delta}}(i)$ 为归一化后的方向盘转速；$N_{\sigma_{\delta}}(i)$ 为归一化后的方向盘转角标准差；$N_{v_{avg}}(i)$ 为归一化后的平均车速。

2.2.2　驾驶员特性辨识

为了准确辨识驾驶员特性，要对驾驶员特性进行有效合理的分类。常见的分类方法有两种，分别是基于模糊逻辑算法设计的驾驶员特性分类器和基于机器学习中的聚类或分类方法设计的驾驶员特性分类器。但是模糊逻辑算法在设计驾驶员特性分类器时有自身的缺陷，需要对各种类别有先验经验，而先验经验存在人为因素导致的误差，会对后续的驾驶员特性识别过程产生影响。因此，选用不需要先验经验且没有数据维度限制的 K-means 算法设计驾驶员特性分类器。

由于本次实验主要是为了区分激进型和保守型驾驶员，因此有 2 个聚类中心，聚类的输入为 17 名驾驶员的 153 组数据，每组数据都包含三个特征值，v_δ，σ_δ，v_{avg}，聚类的输出为驾驶员特性，$y_k = idx$，激进型驾驶员 $idx = 1$，保守型驾驶员 $idx = 2$。

以 X 为数据集矩阵，以 C 为聚类中心矩阵，选取欧式距离公式作为衡量表征驾驶员转向特性相似性的度量；以式（2-7）所示的函数模型为优化目标，当连续两次迭代后计算的优化目标的差值小于阈值时停止迭代。将 153 组聚类输入的聚类输出组成新的训练集，即 $u_k = [v_\delta, \ \sigma_\delta, \ v_{avg}, \ idx]^{\mathrm{T}}$。

$$J_k = \min \sum_{i=1}^{n_k} \left(\Gamma_{c1} \parallel X(i) - C_1 \parallel^2 + \Gamma_{c2} \parallel X(i) - C_2 \parallel^2 \right) \qquad (2-7)$$

驾驶员特性识别的方法主要有四种，分别是基于隐性马尔可夫算法（HMM）的驾驶员特性识别方法、基于高斯混合模型算法（GMM）的驾驶员特性识别方法、基于模糊逻辑算法的驾驶员特性识别方法和基于神经网络算法的驾驶员特性识别方法。BP 神经网络是目前使用最多的神经网络模型，模型简单，实用性强，因此选择 BP 神经网络算法设计驾驶员特性识别器。BP 神经网络是一种按照反向传播误差来进行训练的多层前馈网络，基本的优化方法是梯度下降法，利用梯度搜索的方法，实现网络的仿真输出值和期望值的误差均方差为最小（图 2-4）。

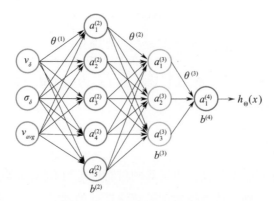

图 2-4　BP 神经网络结构图

将基于 K-means 算法设计的驾驶员特性分类器分类标记后的 17 位驾驶员的 153 组数据作为训练集，每组数据中的三个参数，即 $m_i = 3$，分别是方向盘转速 v_δ、方向盘转角标准差 σ_δ 和转向时的平均车速 v_{avg}，将其作为 BP 神经网络的输入层。由于主要将驾驶员类型分为激进型驾驶员和保守型驾驶员，因此 BP 神经网络的输出层在上述驾驶员类型中选择，即 $m_o = 1$。考虑到系统可能存在的非线性、不连续性，以及驾驶员特性的复杂难处理程度，故在 BP 神经网络的隐层设计上，选择了双隐层的设计方法。隐层神经元选取与输入层特征样本数量和输出层分布情况有很大的关系，同时隐层神经元个数的选择也会直接影响到训练效果、时间和模型精度。经过多次调试后选择第一隐层神经元个数为 5 个，第二隐层神经元个数为 3 个。具体的 BP 神经网络结构如图 2 - 4 所示。

对于第一隐层和第二隐层都选择双曲正切 S 型传输函数作为激活函数，见式（2 - 8）。而对于训练函数则选用 Levenberg - Marquardt 函数，将学习速率设定为 0.01，最大迭代次数为 5000 次，均方误差设定为 1×10^{-6}。输出层的函数见式（2 - 9）。

$$g\left(u_k\right) = \frac{2}{(1 + e^{-2u_k})} - 1 \tag{2-8}$$

$$H_\Theta(u_k) = u_k \tag{2-9}$$

在正向传播时，输入层的三个神经元经过加权计算后，向第一隐层的五个神经元传输，第一隐层中每个神经元的计算过程分别见式（2 - 10）~式（2 - 14）。

$$a_1^{(2)} = g(v_\delta \theta_{11}^{(1)} + \sigma_\delta \theta_{12}^{(1)} + v_{avg} \theta_{13}^{(1)} + b_1^{(2)}) \tag{2-10}$$

$$a_2^{(2)} = g(v_\delta \theta_{21}^{(1)} + \sigma_\delta \theta_{22}^{(1)} + v_{avg} \theta_{23}^{(1)} + b_2^{(2)}) \tag{2-11}$$

$$a_3^{(3)} = g(v_\delta \theta_{31}^{(1)} + \sigma_\delta \theta_{32}^{(1)} + v_{avg} \theta_{33}^{(1)} + b_3^{(2)}) \tag{2-12}$$

$$a_4^{(2)} = g(v_\delta \theta_{41}^{(1)} + \sigma_\delta \theta_{42}^{(1)} + v_{avg} \theta_{43}^{(1)} + b_4^{(2)}) \tag{2-13}$$

$$a_5^{(2)} = g(v_\delta \theta_{51}^{(1)} + \sigma_\delta \theta_{52}^{(1)} + v_{avg} \theta_{53}^{(1)} + b_5^{(2)}) \tag{2-14}$$

第一隐层在经过继续加权计算后，向第二隐层的三个神经元传输，第二隐层中每个神经元的计算过程分别见式（2 - 15）~式（2 - 17）。

$$a_1^{(3)} = g(a_1^{(2)} \theta_{11}^{(2)} + a_2^{(2)} \theta_{12}^{(2)} + a_3^{(2)} \theta_{13}^{(2)} + a_4^{(2)} \theta_{14}^{(2)} + a_5^{(2)} \theta_{15}^{(2)} + b_1^{(3)}) \tag{2-15}$$

$$a_2^{(3)} = g(a_1^{(2)} \theta_{21}^{(2)} + a_2^{(2)} \theta_{22}^{(2)} + a_3^{(2)} \theta_{23}^{(2)} + a_4^{(2)} \theta_{24}^{(2)} + a_5^{(2)} \theta_{25}^{(2)} + b_2^{(3)}) \tag{2-16}$$

$$a_3^{(3)} = g(a_1^{(2)} \theta_{31}^{(2)} + a_2^{(2)} \theta_{32}^{(2)} + a_3^{(2)} \theta_{33}^{(2)} + a_4^{(2)} \theta_{34}^{(2)} + a_5^{(2)} \theta_{35}^{(2)} + b_3^{(3)}) \tag{2-17}$$

第二隐层经过继续加权计算后，向输出层的唯一神经元传输，输出层中神经元的计算过程见式（2 - 18）。

$$a_1^{(4)} = h_\Theta(a_1^{(3)} \theta_{11}^{(3)} + a_2^{(3)} \theta_{12}^{(3)} + a_3^{(3)} \theta_{13}^{(3)} + b_1^{(4)}) \tag{2-18}$$

2.2.3　高速公路变道类人决策

在高速公路场景下，大部分车辆以固定速度匀速行驶，由于不同的驾驶员对速度和车间时距的要求不同，会产生超车和变道的行为，因此设计高速公路变道类人决策方法。图 2-5 所示为高速公路变道和超车的常见场景。S_1、S_2 和 S_3 为周围其他车辆，E 为智能车本身。

针对车辆是否有变道请求，应考虑以下三点：①速度优势，例如，当车辆当前车速小于期望车速时，驾驶员希望加速到期望车速并超越低速车辆；②车辆间隙，例如，计算相邻车道的平均车道间隙，间隙越大越适合变道；③强制变道，例如，当车辆到达道路尽头时，必须强制变道。

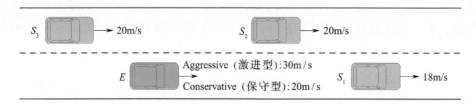

图 2-5 高速公路场景图

考虑到驾驶员在变道过程中，主要包括两个部分，一是判断车辆的变道意愿，二是判断是否有合适的空间让车辆完成变道。判断车辆的变道意愿时采用速度期望值 U_{lv}、间隙期望值 U_{ltg} 和尽头期望值 U_{ld} 为变道指标，建立车道总期望值函数：

$$U_l = w_1 \frac{U_{lv}}{N_{lv}} + w_2 \frac{U_{ltg}}{N_{ltg}} + w_3 \frac{U_{ld}}{N_{ld}} \qquad (2-19)$$

式中，w_1、w_2 和 w_3 是三个变道指标的权重系数。变道指标见式（2-20）~ 式（2-22），对应的正则因子见式（2-23）~ 式（2-25）。根据道路的平均车速 $v_{l\mu}$ 越接近驾驶员的期望车速 v_{xdes}，驾驶员的换道需求越高，建立速度期望值 U_{lv}；考虑到换道间隙与车间间隔成正比，通过比较相邻车道的平均时间间隔车头时距 $tg_{l\mu}$，选择更接近期望时间间隔车头时距 tg_{des} 的车道作为换道目标车道，建立间隙期望值 U_{ltg}；考虑到相邻车道可能有道路末端，道路尽头的距离 d_{min} 越长，效率越高，建立尽头期望值 U_{ld}。

$$U_{lv} = -\left| \frac{d_{max}}{v_{xdes}} - \frac{d_{max}}{\max\ (\gamma,\ v_{l\mu})} \right| \qquad (2-20)$$

$$U_{ltg} = \min\ (\alpha tg_{des},\ tg_{l\mu}) \qquad (2-21)$$

$$U_{ld} = \frac{\min\ (d_{max},\ d_{min})}{v_{xdes}} \qquad (2-22)$$

$$N_{lv} = \left| \frac{d_{max}}{v_{xdes}} - \frac{d_{max}}{\gamma} \right| \qquad (2-23)$$

$$N_{ltg} = \alpha t g_{des} \tag{2-24}$$

$$N_{ld} = \frac{d_{max}}{v_{xdes}} \tag{2-25}$$

针对不同类型的驾驶员，选取不同的期望车速 v_{xdes}、车间时距权重系数 α，对于激进型驾驶员选择 30m/s、$\alpha = 1$，而对于保守型驾驶员会选择 20m/s、$\alpha = 2$。d_{max} 为道路最大可行距离，γ 是使分母不为零的常数。

结合式（2-19），当邻车道的总期望值大于本车道的总期望值时，车辆会产生向邻车道变道的意愿，此时需要判断是否有合适的空间让车辆完成变道。变道间隙选择策略如图 2-6 所示。

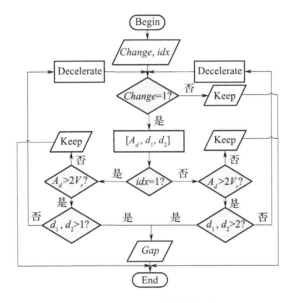

图 2-6　变道间隙选择策略流程图

当产生换道意图时，令 $Change = 1$，因为不同的驾驶员有着不同的驾驶习惯，$idx = 1$ 代表激进型驾驶员，向左传递信号，$idx = 0$ 代表保守型驾驶员，向右传递信号；计算是否存在足够的纵向变道间隙 A_d 实现变道、变道过程中前车到本车质心的距离 d_1 和后车到本车质心的距离 d_2：

$$A_d > 2v_r \tag{2-26}$$

$$d_1 = \sqrt{\left(t_c v_{xS1} + x_{0S1} + \frac{L}{2} - t_c v_x\right)^2 + \left(t_c v_{yS1} + y_{0S1} + \frac{W}{2} - t_c v_y\right)^2} \tag{2-27}$$

$$d_2 = \sqrt{\left(t_c v_{xS2} + x_{0S2} + \frac{L}{2} - t_c v_x\right)^2 + \left(t_c v_{yS2} + y_{0S2} + \frac{W}{2} - t_c v_y\right)^2} \tag{2-28}$$

式中，v_r 为相对车速；t_c 为变道时间；v_{xS1}、v_{yS1}、v_{xS2} 和 v_{yS2} 为 S_1 车和 S_2 车的横纵向车速；x_{0S1}、y_{0S1}、x_{0S2} 和 y_{0S2} 为 S_1 车和 S_2 车在变道起始时的位置。

2.2.4　仿真实例

利用 2.2.1 节获得的 17 位驾驶员的 153 组训练集数据以及 4 位驾驶员的 36 组测试集数据，对 2.2.2 节设计的驾驶员特性分类器和驾驶员特性识别器进行训练和验证，并根据训练和验证结果进行分析。

聚类结果如图 2-7 所示，绿色的点代表激进型的数据样本，蓝色点代表保守型的数据样本，两个五角星代表两个类别的聚类中心。聚类中心 C_1 和 C_2 分别为 $[0.1728, 0.1729, 0.6311]^T$ 和 $[0.1030, 0.1389, 0.3306]^T$。从显示的结果来看，驾驶员特性分类器为驾驶员贴上了标签，成功将驾驶员分为激进型和保守型两类。

从图 2-7 显示的结果来看，驾驶员特性分类器很好地为驾驶员贴上了标签，成功地将驾驶员分为激进型和保守型两类，并且成功地将驾驶员特性参数方向盘转速 v_δ、方向盘转角标准差 σ_δ 和转向时的平均车速 v_{avg} 大的驾驶员分类为激进型驾驶员，而驾驶员特性参数方向盘转速 v_δ、方向盘转角标准差 σ_δ 和转向时的平均车速 v_{avg} 小的驾驶员分类为保守型驾驶员。所以，本次实验的分类结果达到了预期的要求，认为是好的结果。

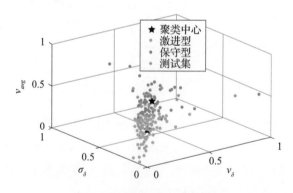

图 2-7　K-means 聚类结果

将基于 K-means 算法设计的驾驶员特性分类器分类标记后的驾驶员特性参数，即方向盘转速 v_δ、方向盘转角标准差 σ_δ 和转向时的平均车速 v_{avg} 及驾驶员类型，共 17 名驾驶员的 153 组数据，作为基于 BP 神经网络设计的驾驶员特性识别器的训练集，去训练驾驶员特性识别器模型。训练性能和训练过程分别如

图 2 - 8 和图 2 - 9 所示。

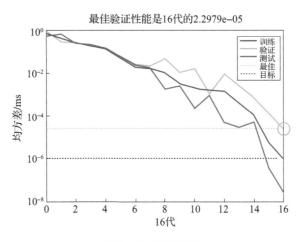

图 2 - 8　训练性能

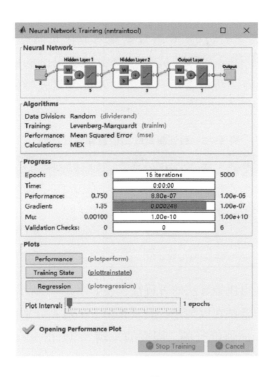

图 2 - 9　训练过程

经过训练后的 BP 神经网络模型的权值见式（2 - 29）~式（2 - 31），每个神经元的偏差见式（2 - 32）~式（2 - 34）。

$$\theta^{(1)} = \begin{bmatrix} 1.2013 & 1.6218 & 1.2583 \\ -0.0306 & 0.2261 & 3.6069 \\ -2.4022 & -0.1400 & -0.3603 \\ 2.6634 & 1.2172 & 2.2973 \\ -0.0129 & -1.5433 & 5.0139 \end{bmatrix} \tag{2-29}$$

$$\theta^{(2)} = \begin{bmatrix} 1.1928 & -0.3440 & 0.3914 & -0.8069 & -0.3716 \\ -0.9523 & 3.0897 & -0.3407 & 3.6033 & 4.3865 \\ -0.7574 & 0.1550 & -1.4950 & 0.7422 & -0.0831 \end{bmatrix}$$
$$\tag{2-30}$$

$$\theta^{(3)} = \begin{bmatrix} -0.7857 & 5.0422 & 0.8290 \end{bmatrix} \tag{2-31}$$

$$b^{(2)} = \begin{bmatrix} -2.4343 & 0.2468 & -0.2453 & 2.5962 & -1.0204 \end{bmatrix}^{\mathrm{T}} \tag{2-32}$$

$$b^{(3)} = \begin{bmatrix} -2.0462 & -0.0586 & -1.8793 \end{bmatrix}^{\mathrm{T}} \tag{2-33}$$

$$b^{(4)} = 0.7464 \tag{2-34}$$

用验证集中 4 名驾驶员的 36 组数据集对驾驶员特性识别器进行验证，验证集的驾驶员基本信息和驾驶员特性识别器辨识出的四名驾驶员的驾驶类型见表 2-2。从测试结果看出，四名驾驶员的驾驶特性可以正确地辨识出来。

表 2-2 验证集驾驶员信息和驾驶特性

序号	性别	驾龄	年龄	驾驶员类型	保守型样本数	激进型样本数	辨识类型
1	男	1	25	激进型	3 (33.3%)	6 (66.7%)	激进型
2	男	0.5	29	保守型	7 (77.8%)	2 (22.2%)	保守型
3	男	5	33	激进型	0 (0%)	9 (100%)	激进型
4	男	2	27	保守型	5 (55.6%)	4 (44.4%)	保守型

为了验证类人变道决策算法的可行性，在如图 2-5 所示的场景下进行仿真验证。假设所有的车辆都在以匀速行驶。其中，车辆 E 分别以 20m/s（保守型）和 30m/s（激进型）的速度行驶。周围的车辆 S_1 以 18 m/s 的速度向右行驶。相邻车道上的 S_2 和 S_3 周围车辆均以 20 m/s 的速度向右行驶。分别在不同的平均间隙和平均速度下计算保守型和激进型的变道概率。

表 2-3、表 2-4 中最后一行的 0.59 和 0.47 分别为保守型和激进型的本车道总期望值 U_0。下面以表 2-3 为例介绍表中值的含义，第二行第二列的值为 0.63/0.03。前面的 0.63 为邻车道的总期望值 U_l，0.03 为邻车道的总期望值 U_l

与本车道总期望值 U_0 之差。差异越大，变道的可能性就越大。可以看出，在相同工况下激进型的本车道总期望值更低，变道积极性越高；再观察邻车道的总期望值，从两个表可以看出来，对于同一种情况下，激进型邻车道的总期望值要大于保守型邻车道的总期望值，在相同的条件下激进型比保守型更倾向变道；对于同一类型的驾驶员，当平均车速越接近期望车速时，变道概率就越高；当邻车道平均速度高于期望速度的时候，比低于期望速度时，更不期待变道；当平均间隙更接近期望间隙时，变道概率越高，当超过变道间隙时，变道概率不再增长。

表 2 - 3　保守型变道概率

t/v	10	15	20	25	30
1	0.63/0.03	0.96/0.37	1.13/0.53	0.16/ - 0.13	0.01/ - 0.58
1.5	0.69/0.10	1.02/0.43	1.19/0.60	0.52/ - 0.07	0.08/ - 0.52
2	0.75/0.16	1.08/0.49	1.25/0.66	0.58/ - 0.01	0.14/ - 0.45
2.5	0.81/0.22	1.15/0.55	1.31/0.72	0.65/0.05	0.20/ - 0.39
3	0.88/0.28	1.21/0.62	1.38/0.78	0.71/0.12	0.26/ - 0.33
U_0			0.59		

表 2 - 4　激进型变道概率

t/v	10	15	20	25	30
1	0.85/0.38	1.05/0.58	1.15/0.68	1.21/ - 0.74	1.25/0.78
1.5	0.98/0.50	1.18/0.70	1.28/0.80	1.34/0.86	1.38/0.90
2	1.10/0.63	1.30/0.83	1.40/0.93	1.46/0.99	1.50/1.03
2.5	1.10/0.63	1.30/0.83	1.40/0.93	1.46/0.99	1.50/1.03
3	1.10/0.63	1.30/0.83	1.40/0.93	1.46/0.99	1.50/1.03
U_0			0.47		

结合变道时车道间隙，采用人工势场法对图 2 - 5 中的车辆进行路径规划，得到不同类型驾驶员的行驶路径。图 2 - 10 为激进型驾驶员的变道路径示意图，图 2 - 11 为保守型驾驶员的变道路径示意图。其中，浅蓝色的线是 S_1 车的行驶路径，深蓝色的线是 S_2 车的行驶路径，绿色的线是 E 车的行驶路径，红色的线是目标点移动形成的线，黑色的线是车道线。

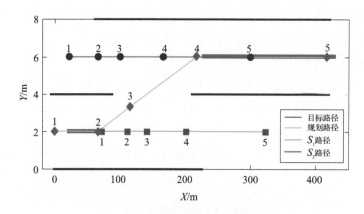

图2-10 激进型驾驶员变道路径

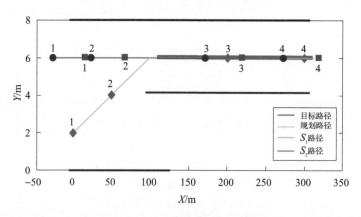

图2-11 保守型驾驶员变道路径

当驾驶员有变道的意图时，在计算出适当的间隙后，就会发生变道行为。激进型驾驶员有较高的预期速度，并选择相邻车道前面的间隙来变换车道，以获得较高的交通效率。保守型驾驶员选择相邻车道后面的间隙来变换车道，以确保安全驾驶。因此，本节提出的类人决策可以根据驾驶员的特点做出相应的正确行为决策。

2.3 智能车辆自主行为决策

在自动驾驶车辆中，机器代替人完成相应的驾驶任务，最核心的内容就是要像人类驾驶员一样做出安全合理的自主决策，尤其是当智能车辆同时作为执行者和决策者时，在周车行为、位姿等随机变化的情况下做出适当的换道避障或者自由换道决策，是一个值得关注的问题。

本节首先对周车随机性描述和智能车辆驾驶行为决策进行了分析，针对现有研究中存在的没有考虑到周车随机性、换道过程建模难或者基于学习的方法可解释性不强的问题，分析换道场景，基于换道需求选取换道决策影响因素，将周车随机性以及车辆运动学建模在强化学习奖励函数中以增强其可解释性，提出了一种周车随机性条件下基于强化学习的可解释换道决策方法。

2.3.1　换道决策模型

智能车辆在多种情况下都需要采取换道行为以实现速度保持、避障、行驶利他等功能。本小节主要分析智能车辆在日常行驶中可能遇到的换道场景以分析换道行为决策的系统需求，另外对车辆进行运动学建模、对道路进行坐标转换，将车辆换道决策任务构建成马尔可夫决策过程下的强化学习智能体模型。

（1）智能车辆换道场景分析

为了提升所设计的换道决策模块对于换道场景的遍历广度，需要分析车辆行驶过程中可能遇到的相关场景并对其中的车间关系、车路关系进行分析。对于人类驾驶员，在高速公路驾驶过程中一般更倾向于在固定车道内沿车道前进方向完成驾驶目标，但在一些情况下人类驾驶员可能会产生换道意愿：①车辆行驶区域内出现障碍物需要进行避障/避险操作；②特定位置出现匝道汇流、分流的情况或遇到道路结构原因导致的车道数量减少（或增加）；③为了更高的通行效率或安全性，人类驾驶员会在前方车辆速度较慢时选择通过换道的方式进行超车，或前方出现大型车辆的情况下主观选择换道避让；④基于交通规则和利他性选择，驾驶员完成左换道超车任务后，应及时回归原车道方便旁车通行。

依据驾驶员驾驶目的和产生换道意愿的客观因素不同，可将换道行为分为强制换道和自由换道。强制换道指的是由于周车状态和交通态势等原因要求车辆必须在某个特定的道路区间完成换道任务的情况，如前面提到的①和②两种情况；自由换道则是驾驶员或者智能车辆出于主观因素，如③和④所述的情况，这种情况不要求车辆必须或立即换道，在决策模块的研究中就可以出于减小控制量的目的尽量避免频繁换道。由于这两种情况的换道目的不同，所面临的交通场景也不尽相同，因此需要先根据具体情况进行分析。图 2-12 中罗列了几种车辆行驶过程中可能产生换道或终止换道的交通场景，为后续换道决策研究提供了理论基础。

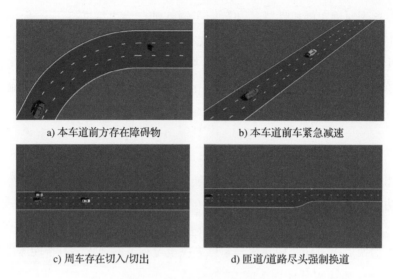

a) 本车道前方存在障碍物 b) 本车道前车紧急减速

c) 周车存在切入/切出 d) 匝道/道路尽头强制换道

图2-12 常见换道场景示意

(2) 考虑周车随机性的换道决策方案

对于智能车辆决策规划而言，忽略车辆周围环境、道路和其他交通参与者的随机性将导致智能车辆无法提前预判可能出现的交互，从而影响车辆的行驶安全性。因此在没有预测模块参与的智能驾驶系统中，应对周车的随机性进行定性分析，并在设计系统的过程中考虑周车随机性因素可能带来的影响，提前做出相应的决策。智能车辆在行驶过程中可能遇到的随机性主要包括：

1) 车辆周围交通参与者行为随机性。不同驾驶技能、驾驶风格的驾驶员会有不同的驾驶偏好，如速度取向、换道意图等。

2) 周围车辆位姿随机性。尽管车辆的运动路径是连续平滑的，但是周围车辆也在不断地进行位置和位姿的调整以完成自身的驾驶目标，所以即使是车辆所处位置相同，其速度、位姿等的不同也会对本车行驶造成影响。

3) 感知信息含有随机性。智能车辆规划决策的依据源于感知模块的精准输出，传感器随机误差带来的周围车辆测量位置、速度等出现跳变也会对决策结果及其稳定性产生影响。

基于此，如何在换道决策模块设计的过程中充分考虑周围车辆的未来状态可能性以及传感器误差对决策模块的影响，避免由于周车随机性引发的碰撞，确保换道决策的准确性、安全性和稳定性是研究中需要解决的问题。

(3) 考虑周车随机性的换道决策

对于上述的周车随机性，使用强化学习方法训练换道决策智能体可以减少随机性对行驶稳定性和安全性的影响。对于周车行为的随机性，由于强化学习的思想就是智能体通过动作决策与环境不断交互进而习得应对多种状态的动作策略；对于周车位姿的随机性，可以通过设置相应奖励函数的方式引导智能车辆对旁车偏向本车道的趋势做出反应，预判可能发生的交互以提升安全性；对于感知信息随机性，部分强化学习方法在策略选取过程中引入白噪声随机过程模拟观测量的随机性（图 2-13）。

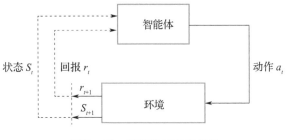

图 2-13　强化学习基本框架

使用强化学习解决智能体决策问题的前提是智能体所要完成的任务具备马尔可夫性，即系统的下一个状态 S_{t+1} 仅与当前状态 S_t 有关，而与之前的状态无关，车辆驾驶任务中的状态和动作迁移满足这一性质，因此可以使用马尔可夫相关理论对驾驶行为过程进行建模。根据状态和时间的连续或离散，可以将马尔可夫决策过程分为马尔可夫链、马尔可夫序列、可列马尔可夫过程和马尔可夫过程[18]。由于车辆的横纵向控制的驾驶行为符合状态连续、时间连续的特点，因此对于简单的强化学习问题可以使用马尔可夫决策过程（Markov Decision Process，MDP）对其进行建模，以一个五元组（S，A，P，R，γ）描述，其中，S 为有限的状态集（state），$s \in S$，s_t 表示 t 时刻的状态；A 为有限的动作集合（action），$a \in A$，a_t 表示 t 时刻的动作；P 为状态转移概率，P_{sa} 为状态 s 下执行动作 a 后，状态由 s 转变为其他任一状态的概率；R 为奖励函数（reward function），系统由一组状态及动作 s_t、a_t 转移至下一状态 s_{t+1} 时，获得的奖励值即为 $R = r(s_{t+1} \mid s_t, a_t)$；$\gamma$ 为折算因子，用来计算累积回报，$\gamma \in [0, 1]$。

求解优化问题的目标就是选择一组最佳的动作序列，使得完成相应任务后获取的加权奖励值总和达到最大，即最大期望值

$$\max E[r(s_1, a_1) + \gamma r(s_2, a_2) + \cdots + \gamma^{n-1} r(s_n, a_n)] \qquad (2-35)$$

其中，早期动作及状态对当前奖励的影响因为折算因子的存在不断衰减。一般来说，可以通过算法是否依赖模型（即能否给出明确的状态转移矩阵 $\boldsymbol{P}$）将强化学习分为基于模型和无模型两类。两类方法都遵循强化学习的基本框架，

通过不断地与环境交互获取信息更新自身策略。不同的是基于模型的强化学习通过智能体与环境交互得到环境模型，采用状态估计的方式得到状态转移矩阵，随后将强化学习问题转化为可以使用优化算法求解的已知模型问题；而无模型的强化学习则直接通过智能体与环境的交互来优化自身行为策略。

由于车辆行驶过程中状态瞬息万变，不确定性强，难以准确地给出各种状态间的状态转移概率，并且行驶过程满足时间连续、连续动作空间的特点，因此拟采用基于无模型方法的深度确定性策略梯度（DDPG）算法对智能车辆行为决策方法进行研究。

相对于传统强化学习方法，DDPG 方法利用具备强大非线性拟合能力的深度神经网络构造表征策略函数的演绎网络和表征动作价值评估函数的评价网络。DDPG 通过经验回放打破经历样本间的时序相关性，同时采用类似 DQN 的独立目标网络机制来提高策略学习收敛性。DDPG 主要包括主演绎网络、目标演绎网络、主评价网络、目标评价网络构成，其算法伪代码如图 2 – 14 所示，原理图如图 2 – 15 所示。

算法 1　DDPG 算法

初始化 critic 网络 $Q(s,\ a\ |\ \theta^Q)$，actor 网络 $\mu(s\ |\ \theta^\mu)$

用上面的两个网络初始化对应的目标网络 $Q' \leftarrow Q,\ \mu' \leftarrow \mu$

初始化 Replay Buffer：$\mathcal{R}$

for $episode = 1,\ M$ **do**

初始化噪声分布 N

$s_1 = env.\,reset(\,)$

for $t = 1,\ T$ **do**

$a_t = \mu(s_t\ |\ \theta^\mu) + N_t$

$s_{t+1},\ reward\_t,\ terminate,\ \_ = env.\,step(a_t)$

$\mathcal{R}.\,save((s_t,\ a_t,\ r_t,\ s_{t+1}))$

//训练

$(s_t,\ a_t,\ r_t,\ s_{t+1}) = \mathcal{R}.\,sample\ (N)$

$y_i = r_i + \gamma Q'\ (s_{i+1},\ \mu'\ (s_{i+1}\ |\ \theta^{\mu'})\ |\ \theta^{Q'})$

根据 critic loss 更新 critic 网络：$L = \dfrac{1}{N}\sum_i\ (y_i - Q(s_i, a_i\ |\ \theta^Q))^2$

根据 actor 的梯度更新 actor 网络：

$\nabla_{\theta^\mu} J \simeq \dfrac{1}{N}\sum_i\ \nabla_a Q(s, a\ |\ \theta^Q)\ |_{s=s_i, a=\mu(s_i)}\ \nabla_{\theta^\mu}\mu(s\ |\ \theta^\mu)\ |_{s_i}$

更新目标网络：

$\theta^{Q'} \leftarrow \tau\theta^Q + (1-\tau)\theta^{Q'}$

$\theta^{\mu'} \leftarrow \tau\theta^\mu + (1-\tau)\theta^{\mu'}$

图 2 – 14　DDPG 算法伪代码

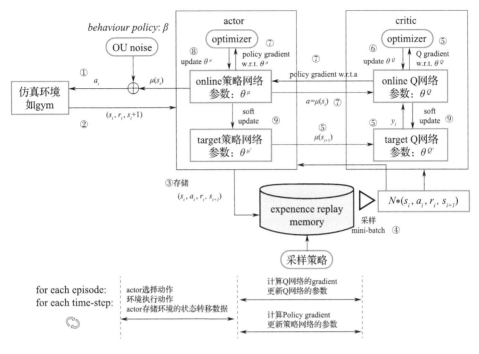

图 2-15　DDPG 算法原理图

　　基于上述换道场景分析、对周车随机性的描述以及对强化学习、DDPG 方法的介绍，采用的横纵向换道决策框架如图 2-16 所示，感知系统获知本车、

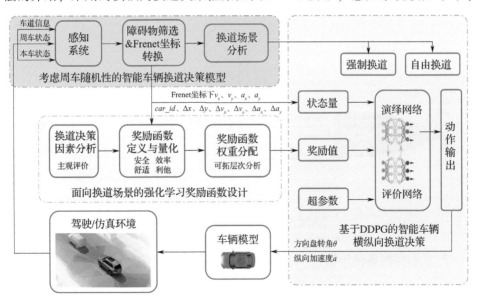

图 2-16　基于 DDPG 的横纵向换道决策框架

周车状态及车道信息，经障碍物筛选和 Frenet 坐标转换得到可用于强化学习迭代的状态量；主观分析影响换道决策的因素，并对其进行定义量化以及权重分配，最终形成引导智能体策略生成的奖励函数；通过适当选取超参数，可以使得 DDPG 智能体输出合理的驾驶决策（方向盘转角和纵向加速度），将决策结果传给软件中的车辆模型，通过其与环境的不断交互产生新的感知信息用于后续迭代。

2.3.2 决策强化学习奖励函数设计

2.3.1 节对车辆行驶过程中的换道场景进行了分析，通过对车 – 路进行建模和坐标转换，简述了车辆传感器配置及原始数据结构，可以对原始传感器数据进行后处理以作为训练智能体的状态输入，与此同时还介绍了强化学习的基础理论，最后确定选择深度确定性策略梯度方法训练智能体。本小节从决策过程基本元素入手，通过设计合理且具有一定可解释性的奖励函数，使得所训练的智能体既能做出可解释的行动，又能完成驾驶任务对于安全性、舒适性、通过性和利他性等性能的要求。

1. 换道决策评价指标选取

首先选择安全性、舒适性、效率性、利他性四个一级因素以及多个二级因素以指导奖励函数的设计，如图 2 – 17 所示。接下来将根据这些影响因素设计满足实际需求的奖励函数。

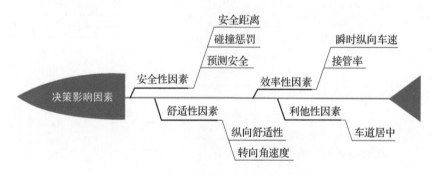

图 2 –17 换道决策评价指标选取

2. 奖励函数量化表征

（1）安全性因素

对于任何一个消费产品尤其是汽车这样的交通工具而言，保证使用者绝对的安全始终应该作为研究的首要方面，因此安全性指标在驾驶决策影响因素中具有绝对的优先级。基于换道场景下车辆运动学分析、决策的最终目标以及复杂环境下本车对周车有适当响应等三个方面，选取安全距离、碰撞惩罚和预测安全作为用于设计奖励函数的参考因素。

　　一般情况下，驾驶员在车辆行驶过程中会更多地注意到自车周围 6 个车辆的状态以方便其完成车道保持或者换道行驶任务，这 6 个车分别是本车道的前车和后车以及两侧车道的前车和后车，因此在不考虑特殊道路结构的情况下无论是单向几车道，都可以简化成为三车道模型，如图 2 - 18a 所示。在不考虑换道超车方向的情况下，由于车道和车辆运动轨迹具备对称性，可以将三车道模型进一步简化成双车道场景模型，如图 2 - 18b 所示。其中，F_L 表示左前方车辆，B_L 表示左后方车辆，F_0 表示正前方车辆，B_0 表示正后方车辆，E 表示本车，即待换道决策车辆。

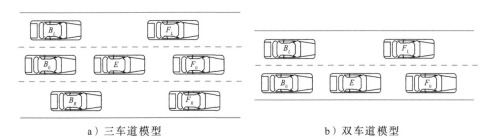

a）三车道模型　　　　　　　　　　　　b）双车道模型

图 2 - 18　三车道模型和双车道模型

　　在对车辆潜在碰撞的研究中，我们假设智能车辆 E 在运动过程中四个角分别称作 $P1$（左前角）、$P2$（左后角）、$P3$（右后角）、$P4$（右前角）点，如图 2 - 19 所示。由于车内乘员位置等会对质心位置产生影响，这里选取 $P1$ 为参考点，假设 $P1$ 点时刻的侧向位移为 $y_{later}(t)$，则通过几何关系可以近似得出另外几个点的侧向位移 $y_{P2}(t)$、$y_{P3}(t)$、$y_{P4}(t)$：

$$\begin{cases} y_{P2}(t) = y_{later}(t) - l_E \cdot \sin\theta_r(t) \\ y_{P3}(t) = y_{later}(t) - l_E \cdot \sin\theta_r(t) + w_E \cdot \cos\theta_r(t) \\ y_{P4}(t) = y_{later}(t) - w_E \cdot \cos\theta_r(t) \end{cases} \quad (2-36)$$

式中，w_E 表示智能车 E 的车身宽度；l_E 表示智能车 E 的车身长度；$\theta_r(t)$ 表示智能车的车轴与车辆行驶纵轴方向的夹角，可近似地看作智能车辆的航向角。侧向上的碰撞风险是换道决策最需要考虑的因素。

　　车辆换道过程的分段分析如图 2 - 19 所示，可以简述为：智能车辆从 t_0 时刻开始检测旁车情况，等待目标车道的换道时机；周围环境满足换道条件的时间记为 t_{adjust}，进行换道过程；假设智能车辆换道失败导致车辆到达碰撞临界点，此时间记为 $t_c + t_{adjust}$；若智能车辆成功换道，车辆侧向调节结束时间记为 $t_{later} + t_{adjust}$；直至 T 时刻，智能车辆车体完全摆正，换道过程结束。

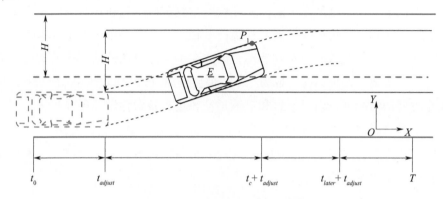

图 2-19　车辆换道过程分段分析

上述安全距离公式是基于假设碰撞点位置的分析给出的，因此默认 $t_c + t_{adjust}$ 时间之前车辆与旁车没有碰撞，$t_c + t_{adjust}$ 之后一直到 T 时刻，只有安全距离一直大于0，才意味着换道过程中不会发生碰撞，因此需要确定整个换道过程所需要的时间，为简化过程以侧向移动时间计算，记为 t_{later}。

侧向移动时间是智能车辆从开始给出侧向加速度到换道结束整个行驶的时间，由于侧向变道位移一定，因此在较长的侧向移动时间 t_{later} 里，侧向平均速度和侧向平均加速度就较小，车辆的平稳性和安全性也越高。因此需要结合假设的换道路径以及车辆的侧向力约束来计算换道过程所需的时间。为了对侧向换道时间进行估算，换道路径调节采用的是双圆弧换道，如图 2-20 所示，其中 R 为换道时所对应的圆弧半径，采用这一换道路径是因为其便于通过操纵稳定性角度分析转向特性。

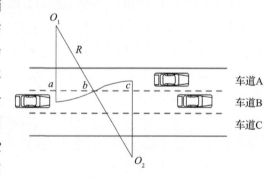

图 2-20　双圆弧换道路径示意

对于车辆稳定性因数 $K = \dfrac{m}{L^2}\left(\dfrac{a}{k_2} - \dfrac{b}{k_1}\right)$，上下同乘侧向加速度 a_y，得：

$$K = \frac{m}{a_y L^2}\left(\frac{F_{Y2}}{k_2} - \frac{F_{Y1}}{k_1}\right) \tag{2-37}$$

其中，侧向加速度 a_y 和前后轮侧偏角 $\frac{F_{Y2}}{k_2}$、$\frac{F_{Y1}}{k_1}$ 符号相反，取绝对值 α_1、α_2：

$$K = \frac{m}{a_y L^2}(\alpha_1 - \alpha_2) \tag{2-38}$$

另外，由式（2-37）得：

$$\delta = \frac{L}{R} + LKa_y = \frac{L}{R} + (\alpha_1 - \alpha_2) \tag{2-39}$$

其中，在适度转向的情况下 $(\alpha_1 - \alpha_2) = 0$，并且实验表明保持车辆稳定性的临界侧向加速度为 $0.4 gm/s^2$。

因此，在双圆弧换道场景下，车辆转弯半径 R 和安全限定内的换道过程纵向位移 D_1 可具体表述为：

$$\begin{cases} R = l_E / \sin\delta \\ D_1 = 2\sqrt{R^2 - (R - H/2)^2} \end{cases} \tag{2-40}$$

将上式进一步整理，可得轨迹纵向位移 D_1，如下式：

$$D_1 = 2\xi\sqrt{\frac{L_E}{\sin^2\delta} - \left(\frac{2L_E - H\sin\delta}{2\sin\delta}\right)^2}, \quad 1 < \xi < 1.3 \tag{2-41}$$

其中，考虑车辆实际行驶不一定完全利用最大的侧向加速度，因此引入模型校正因子 ξ 进行校正，此外 $\delta = 0.4g \cdot \frac{1 + Ku^2}{u^2/L}$，$0.4g$ 为最大侧向加速度的取值。

从纵向位移角度考虑车辆不发生碰撞的条件，得：

$$v_E(0)t_{later} + \int_{t_{adj}}^{t_{adj}+t_{lat}} \int_0^{\tau} a_E(\tau)\,\mathrm{d}\tau\mathrm{d}t > 2\xi\sqrt{\frac{L_E}{\sin^2\delta} - \left(\frac{2L_E - H\sin\delta}{2\sin\delta}\right)^2} \tag{2-42}$$

至此，就可以得到较为准确的侧向移动时间，用于各情况下安全距离的计算。

将本车道前方车辆标为 1 号目标，左车道前方车辆标为 2 号，右车道前方车辆标为 3 号，本车道后方车辆标为 4 号，左车道后方车辆标为 5 号，右车道后方车辆标为 6 号，对于每一辆目标车都有一个安全距离：

$$S_i = \begin{cases} S_i(t_{later}), \forall t \in [t_c + t_{cadjust}, T] s.t. S_i(t) > 0 \\ \min S_i(t), \exists t \in [t_c + t_{cadjust}, T] s.t. S_i(t) < 0 \end{cases} \quad (2-43)$$

上式的具体含义是，若在积分过程中安全距离公式恒大于0，则按照完整的换道过程后余下的距离裕度计算奖励值，若积分过程中存在安全距离公式小于0的情况，则以其积分过程中最小的距离值计算奖励，其物理意义是想要安全完整换道需要额外留出的距离。

在实际换道行为中，驾驶员需要重点关注的障碍车主要包括本车道和目标车道的前后车，共4辆，因此结合车辆相对车道中心线的夹角，可以确定一个基于车辆编号的关注集：

$$I = \begin{cases} \{1, 2, 4, 5\}, & \theta > 0 \\ \{1, 3, 4, 6\}, & \theta < 0 \end{cases} \quad (2-44)$$

式中，θ 为车辆航向与车道中心线夹角，向左为正，向右为负。

得到本车与各障碍车的安全距离值和重点关注目标后，可以将这几个安全距离综合考虑用于奖励函数设计，安全距离综合奖励函数可以表达成如下形式：

$$P_{dis} = \sum_{i=1}^{4} S_i, i \subset I \quad (2-45)$$

其中，若障碍车的距离 S_i 全部大于0，则对这些安全距离裕度求和作为安全距离奖励函数；若任一障碍车间的安全裕度小于0，则将全部负数项相加作为惩罚，以引导车辆与关注障碍车保持合适的安全距离。

无论何种情况，哪怕是牺牲舒适性等方面的性能，智能车辆都不能与其他车辆或障碍物发生碰撞或刮擦。由于强化学习本身就是基于智能体与环境不断交互进而习得相关技能的方法，因此在采用离线仿真形式进行训练的初期，碰撞是在所难免的，但应该给予较大的惩罚以避免车辆产生碰撞。碰撞惩罚的有效实现离不开有效的碰撞检测，Prescan 软件提供了碰撞检测模块，其输出包括碰撞检测 flag 和相互碰撞的两个物体的 id，用于奖励函数的计算和训练终止条件判断。采用的碰撞惩罚奖励函数为：

$$P_{coll} = \begin{cases} -100, & 若发生碰撞 \\ 0, & 若没有碰撞 \end{cases} \quad (2-46)$$

由于周车动态存在较强的随机性，在人类进行驾驶的过程中会通过后视镜等加强对旁车的瞭望并结合交通情况对周车的可能行为进行预测，以提前规避潜在风险。对于智能车辆，我们也希望车辆能够增强对于周围交通参与者的行为理解预测能力，现有的研究几乎覆盖了行人轨迹、周车轨迹等行为预测场景，并能够将得到的轨迹作为决策输入，以免发生碰撞事故。由于方案中不涉及周车行为预测，因此希望在奖励函数设计环节引导车辆增强对周围交通参与者行为的注意和相应的反馈。

结合人类驾驶经验容易想到，一般行驶在旁车道的前车或并排行驶车辆向本车方向产生较大转角时，人类驾驶员会认为该车有换道至本车道的可能性，因此会提前预备采取减速避让等行为，往往两车纵向距离越近，驾驶员对于旁车的注意就会越多；并且障碍车辆轨迹与本车轨迹夹角越大，两车纵向距离越小，驾驶员采取的预测安全措施就越积极。参考人类驾驶员的这一驾驶行为，拟定车辆对于旁车道车辆的预期安全奖励函数为：

$$P_{pre} = \max\left\{0,\ \Delta\theta\,\frac{\Delta v}{\Delta S}\right\} \qquad (2-47)$$

式中，$\Delta\theta$ 表示旁车航向与本车航向夹角角度，偏向本车道为正，远离本车道为负；ΔS 表示两车的纵向距离；Δv 表示本车当前速度与上一时刻决策速度的差值，这一数值越大，就代表智能车辆对周围车辆状态的反应越积极。

（2）效率性因素

智能车辆研发的目标之一是代替人类完成驾驶任务，解放人类双手，因此在行驶过程中能够以较高效率完成驾驶任务，尽量快速地通过指定路段是驾驶决策的另外一个重要目标，我们统称能实现这样效果的影响因素为效率性因素。主要从完成换道驾驶任务的时间成本考虑，结合部分有关燃油经济性的直接因素，选择瞬时纵向车速和接管率这两个因素作为表征车辆行驶效率性的因素。

瞬时纵向车速指车辆在当前决策周期的纵向车速，由于累积奖励函数的过程中会将之前决策周期的各项奖励进行折损累积，并且在舒适度因素选取上也对控制量的变化量进行了限制，因此本项奖励函数考虑瞬时车速而不是平均车速。从完成驾驶任务的角度来看，在相同的行驶任务下，即车辆面对相同的行驶路段及周车情况，行驶速度越大，所需要用到的时间就越少，车辆行驶效率就越高，就越符合人类驾驶员的选择。结合车道限速或驾乘人员设置车速，瞬时纵向车速奖励函数可具体表述为：

$$P_{vel} = v_x \cdot \frac{v_x - \max\{v_{road-},\ v_{set-}\}}{\min\{v_{road+},\ v_{set+}\} - v_x} \qquad (2-48)$$

式中，v_x 是车辆当前决策周期的纵向速度；v_{road-} 表示当前车道规定行驶最低限速（可由路面标志等获得）；v_{set-} 表示驾乘人员设置的车辆行驶预期最低速度；

v_{road+} 表示当前车道规定行驶最高限速；v_{set+} 表示驾乘人员设置的车辆行驶预期最低速度。

当瞬时纵向速度小于最低限速或大于最高限速时，该项奖励值为负；当瞬时纵向速度在区间内时，速度越大得到的奖励值越大。

对于智能汽车接管这一概念，主要是针对 L3 级别自动驾驶（人机共驾）技术来讨论的。一般来说，当智能汽车即将发生碰撞等安全风险、系统应对问题能力不足或者系统遇到设计方案运作域（Operational Design Domain，ODD）之外其他未知风险时，系统会通过报警提示等方式由人类驾驶员进行接管，因此接管率是表征智能驾驶性能的重要指标。借助这一概念用来评价换道决策系统的性能，接管率奖励函数可以具体表示如下：

$$P_{keep} = \frac{T_s^2}{T_f} \qquad (2-49)$$

式中，T_s 是本次训练迭代从开始到满足截止条件的时间，截止条件包括发生碰撞、车辆驶出路沿等理论上无法使车辆继续行驶的条件；T_f 是截至目前本轮完成的各驾驶任务中持续最长的时间。

接管率奖励函数既与本次迭代时间长短有关，也与其占最长持续时间的比例有关，在训练初期 T_f 本身较小的情况下，所设计的奖励函数也能引导车辆持续较长时间不需要人为接管。

（3）舒适性因素

智能车辆的研究最终还是要面向驾乘人员出行需要的，因此在决策规划过程中还应该注意路径平滑、横纵向速度的连续性等关系到驾乘人员乘坐体验的约束条件，最终使得决策结果更加类人，满足乘客的舒适性需求。根据上述要求，从乘坐舒适角度，结合智能车辆横纵解耦控制的特点分别从纵向和横向提出两项舒适性奖励函数指标。

类比人类驾驶员完成驾驶任务的行为，当驾驶过程中需要智能车辆进行加速或减速行为时，纵向速度、加速度以及加加速度的变换应该保持在合理的范围内并且尽量保持连续平滑，以避免纵向上的推背感及卡顿对驾乘人员舒适性产生影响。将纵向速度、加速度、加加速度集中考虑在纵向舒适性奖励函数设计中，具体为：

$$P_x = \frac{v_{mean}}{|a_{mean}|} + \text{Jerk} \qquad (2-50)$$

式中，v_{mean} 是车辆平均纵向速度；a_{mean} 是车辆平均纵向加速度，由于所设计的系统没有信息存储功能，因此基于仿真软件的迟滞环节设定记录步长为 5 步，即计算最近 5 次输出的速度和加速度，平均速度相同的情况下加速度越小奖励值越大，符合系统设计需求；$\mathrm{Jerk} = \dfrac{\mathrm{d}a}{\mathrm{d}t}$，是行业通用的纵向舒适性评价指标，可通过纵向速度或加速度差分获得。

转向角速度指的是方向盘输入转角的变化速率，会直接影响到车辆横向运动性能，过大的转向角速度会使高速运动中的车辆失稳，过快调整方向盘转角也会引起驾乘人员的生理不适。实际驾驶时，无论是驾驶员还是智能车辆，都应以合理的转向角速度调整方向盘，同时在直线行驶时也应尽量减少不必要的方向盘调整，因此将方向盘转向角速度作为横向驾驶决策舒适度影响因素，具体表示如下：

$$P_y = -\frac{\mathrm{d}\theta}{\mathrm{d}t} \tag{2-51}$$

式中，θ 为输出的方向盘转角；$\mathrm{d}t$ 为模型更新步长，是更新频率的倒数。

（4）利他性因素

路面交通的顺畅运行，既需要每辆车都能高效完成其自身的驾驶任务，也需要路面交通参与者互相配合为其他交通参与者提供便利的行驶条件。结合现实驾驶场景，车辆跨车道线行驶会对两侧车道的车辆都有影响，在辅助驾驶或智能驾驶系统研究中应尽量保持车辆沿车道中心线行驶，以避免影响旁车道车辆顺利通行。因此，基于车道宽度、车道数量以及车辆距离最右侧车道的横向距离等设计了车辆行驶利他率：

$$E(y) = \cos\phi \cdot \left[\frac{A(y) \cdot \left(\cos\left(\frac{2\pi y}{H} \right) + 1 \right)}{2} \right] \tag{2-52}$$

其中

$$A(y) = \frac{\left| \mathrm{sgn}\,(y - y_a) + \mathrm{sgn}(y - y_b) + \mathrm{sgn}(y - y_c) \right| \cdot (1 - E_m) + E_m}{2}$$

$$\tag{2-53}$$

式中，ϕ 是车辆横摆角；y 是车辆距离最右侧路沿横向距离；H 是车道宽度；y_a、y_b 和 y_c 分别为从右往左各条车道中心线距最右侧路沿的横向距离；E_m 为车道中线奖励调节参数。

在车道宽度 H 取值为 3.5m，E_m 取值为 0.9 的情况下，在道路横截面上，利他率曲线如图 2-21 所示。

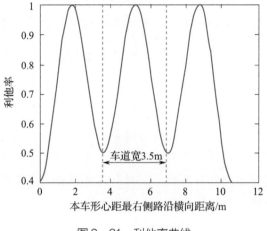

图 2-21 利他率曲线

为了考虑纵向利他率，并且调节利他率奖励函数的数量级，在利他率基础上乘以本车纵向车速，构成利他率奖励函数：

$$P_{\text{conv}} = v_x \cdot E(y) \tag{2-54}$$

2.3.3 基于 DDPG 的横纵向换道决策

本小节简要介绍智能体训练架构和环境，进行智能体建模及训练，设计无障碍弯道行驶和基于主动换道、被动换道的多种训练仿真场景，以验证算法的有效性。

（1）基于 DDPG 算法的换道决策框架

基于 DDPG 方法的换道决策框架如图 2-22 所示。

整个换道决策方案是基于 Windows 操作系统下的 Simulink 和 Prescan 软件联合仿真进行的，Prescan 提供场景搭建、车辆设置、传感配置等功能，将所设计的场景生成 Simulink 模块，设计者可根据自身需要增加数据处理等模块对系统功能进行细化。车辆根据决策结果与环境模型进行交互，Simulink 和 Prescan 给出本车状态、周车状态以及道路结构等信息作为强化学习观测量，将其作为评价网络和奖励函数的输入，评价网络不断优化自身结构以更准确地估计相应动作应获得的奖励，并通过真实奖励值进行自身校正，与此同时演绎网络根据实时奖励以及估计得来的值函数循环迭代以输出更优质的方向盘转角和加速度，最终实现车辆安全、高效地进行换道、避障等操作。

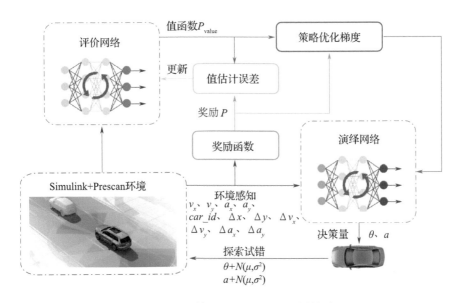

图 2-22 基于 DDPG 的换道决策框架

（2）训练环境

基于 Prescan2019 和 MATLAB2019b 联合仿真环境下开展场景设计、道路建模以及智能体训练。PreScan 是一款由荷兰 Tass International 公司自主研发的高级辅助驾驶（ADAS）测试仿真软件，除了能实现自身的独立闭环验证外，还能和 MATLAB/Simulink、CarSim 等主流动力学分析软件联合仿真。在软件操作方面，PreScan 基于定义场景的预处理器和执行场景的运行环境，能够通过拖曳式操作，方便快速地在其 GUI 界面建立自动驾驶车辆测试的模拟场景元素，如天气、黑夜、目标/障碍物、房屋建筑等现实环境。在目标车辆搭建方面，PreScan 软件采用面向特性的参数化建模方法，将自动驾驶车辆的传感器参数以及车辆动力学参数与实物参数进行对标、驾驶环境的模拟，实现对车辆的驱动、制动、转向的分析，同时，对目标障碍物和自身驾驶行为进行检测以及对未来驾驶行为进行预测等。所设计的测试和训练场景都在 Prescan Experiment Editor 中以可视化形式给出，此外所采用的 Prescan 主车的物理模型如图 2-23 所示，部分参数见表 2-5。

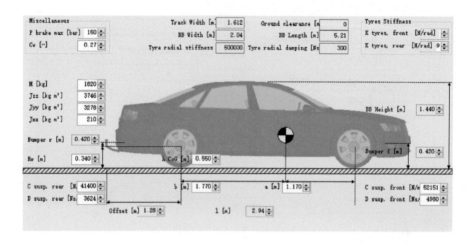

图 2-23　车辆物理模型

表 2-5　车辆模型部分参数

物理参数	数值	单位
车身质量	1820	kg
车身长度	5.21	m
车身宽度	2.04	m
轴距	2.94	m
前轴 – 质心距离	1.17	m
后轴 – 质心距离	1.77	m
前轮侧偏刚度	72653	N/rad
后轮侧偏刚度	121449	N/rad

（3）智能体构建

由于 DDPG 方法属于无模型的强化学习方法，没有明确的状态转移矩阵，因此仅需要对马尔可夫五元组中的状态、动作、奖励函数进行定义。此外，还需要定义演绎 – 评价神经网络结构以及一些可用于调参的超参数，通过调整上述内容可以优化 DDPG 智能体在换道决策过程中的表现。

对于驾驶员，完成驾驶任务需要在明确本车状态的基础上感知旁车状态以及路面情况，对于辅助驾驶系统也应如此，在感知设备齐全的情况下选择以下状态量作为观测量：

1）本车状态：绝对速度、偏航角、本车距最右侧路沿横向距离。

2）旁车状态：目标筛选所得至多 6 辆车的相对纵向距离、相对横向距离、相对纵向速度、相对纵向加速度、偏航角。

3）路面信息：研究是在 Frenet 坐标系下完成的，因此只需获得车辆在 Frenet 坐标系下和右侧路沿的关系，否则需要根据车道线行驶选择合适参数使得智能体具备过弯能力，如车道线以多项式形式给出，观测量应该考虑多项式系数。

观测量集合可以具体表述为：

$$S = \{ v_{\text{ego}}, \theta_{\text{ego}}, y_{\text{ego}}, \Delta x_1, \Delta y_1, \Delta v_{x_1}, \Delta a_{x_1}, \theta_1, \cdots, \Delta x_6, \Delta y_6, \Delta v_{x_6}, \Delta a_{x_6}, \theta_6 \}$$

$$(2-55)$$

驾驶决策环境中的动作是指驾驶决策产生的驾驶指令，是驾驶员或驾驶决策算法参与汽车操控的最关键环节，也是引起驾驶决策环境状态迁移的主要影响因素。在基于深度强化学习的驾驶决策算法中，动作是策略网络的输出和价值网络的输入之一，驾驶动作的选取直接关系到智能汽车运行状态以及驾驶决策算法的实际效果。考虑线控车辆横纵解耦控制实际情况，选择方向盘转角 θ_{steer} 和车辆纵向加速度 a_x 作为动作输出，并根据执行机构约束等做出以下限制：

$$-120° \leqslant \theta_{\text{steer}} \leqslant 120°$$
$$-5\text{m/s}^2 \leqslant a_x \leqslant 5\text{m/s}^2$$

$$(2-56)$$

奖励是驾驶环境对于智能汽车执行驾驶指令的反馈，直接反映了驾驶决策的优劣。在实际驾驶决策过程中，驾驶决策的优劣评价主要包括车辆行驶安全、舒适和效率等因素。由于任务性质的差异和驾乘人员需求的差异，不同任务和不同驾乘人员对不同的驾驶决策算法存在着不同的要求。选取奖励函数如下：

$$P = 0.434 P_{\text{dis}} + 0.110 P_{\text{pre}} + 0.090 P_{\text{vel}} + 0.044 P_{\text{keep}} +$$
$$0.126 P_x + 0.086 P_y + 0.112 P_{\text{conv}} - 100 P_{\text{coll}}$$

$$(2-57)$$

主要使用数据训练，没有图像输入，不设计卷积网络层，采用多层全连接层构建演绎网络和评价网络，如图 2-24 所示。演绎网络采用两层隐藏层，隐藏层 1 设为 400 个神经元，隐藏层 2 设为 300 个，输出层设为 2 个神经元输出动作。评价网络采用两层输入层和三层隐藏层，输入层 1 为状态 s 输入向量，输入层 2 为动作输入值，隐藏层 1 设为 400 个神经元，隐藏层 2 设为 100 个神经元，隐藏层 3 设为 300 个神经元与前两层隐藏层全连接，输出层输出 Q 值。目标网络的结构层参数相同。

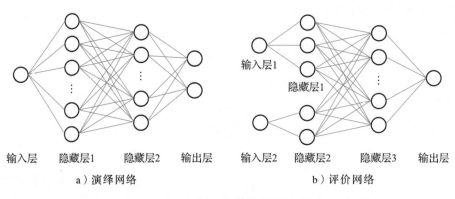

a）演绎网络　　　　　　　　　　b）评价网络

图2-24　神经网络结构

2.3.4　仿真实例

（1）场景一：本车道前方存在静止障碍物

在车辆行驶过程中，前方出现交通事故或者货物坠落等情况是较为常见的行驶异常场景，为了验证所设计的换道决策模块对于静止障碍物的避让能力，设计如图2-25所示的场景。本车以25m/s的速度行驶在三车道的中间车道，前方50m处存在一静止障碍物，需要本车向左或向右换道避障。其中，根据高速公路一般限速设置三条车道的最低和最高行驶速度，最右侧车道行驶速度为60～90km/h，中间车道行驶速度为90～110km/h，最左侧车道行驶速度为100～120km/h，不单独设置驾乘人员预期速度。

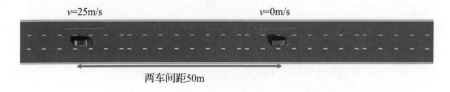

图2-25　场景一：本车道前方存在静止障碍物

本场景主要验证的是车辆在应对静止障碍物过程中的安全性指标，所设计的场景属于高车速低距离的情况，TTC只有2s，车辆应及时对障碍物做出避障行为。此外，向左或向右换道的同时应充分满足所在车道的行驶速度限制，并尽量保证换道后保持在车道中心线行驶。场景一的车辆仿真结果如图2-26所示，车辆和前方障碍物初始TTC为2s，需要尽快采取换道避障措施，因此车辆在0.5s左右的时间内采取较大方向盘转角及较大减速度方式进行换道，最低以$-97.8°$的方向盘转角、$-0.71m/s^2$的纵向加速度，在距离障碍物纵向距离为

25.29m 的时候驶过车道线。通过对训练过程中的数据分析可知，由于主车初始速度为 25m/s(90km/h)，刚刚满足中间车道的最低行驶速度，与此同时车辆需要减速并调整方向盘换到目标车道，因此将限速较低的最右侧车道作为目标车道，以尽可能在同样的速度下获取较大的纵向速度收益，这是符合系统设计初衷的。后期随着路口前方净空，车辆可以根据实际情况再次选择回到较高速度的行车道。

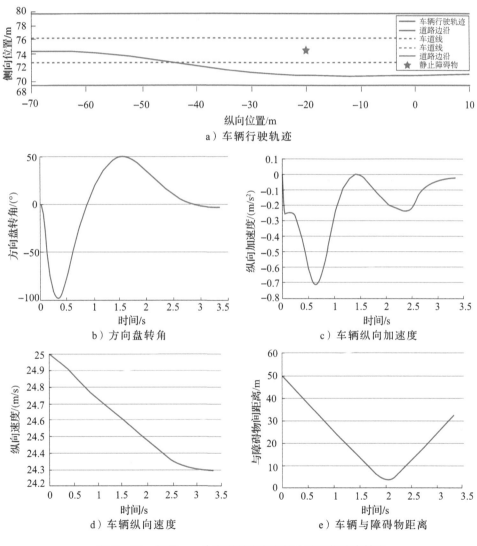

图 2-26　场景一：本车道前方存在静止障碍物仿真结果

（2）场景二：本车道前车紧急减速

周车随机性情况是引发交通事故的一个重要因素，由于法律法规及车辆运动学轨迹等原因，在周车障碍物筛选所得的 6 辆车中，本车道前车对于主车决策及运动的影响是最大的，常见的本车道前车可能出现的随机性行为是紧急减速，基于这一情况设置场景二用以训练和测试换道决策模块对于本车道前车随机行为的反应。

基于此，设计 Frenet 坐标系下的本车道前车紧急减速场景。汽车最大减速度一般为 $5 \sim 7 m/s^2$，因此设计本车道前车在车辆前方 30m 位置处以 $-5m/s^2$ 的纵向加速度进行直线减速操作，2s 后保持匀速行驶，本车初始速度同样为 20m/s，所设计的场景如图 2 - 27 所示。

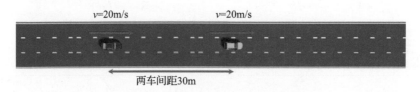

v=20m/s　　　　　　　*v*=20m/s

两车间距30m

图 2 - 27　场景二：本车道前车紧急减速

场景二的仿真结果如图 2 - 28 所示，由于初始两车间距为 30m，且前车减速度较大，因此本车在前期行驶过程以减速行驶为主，纵向加速度在 $-0.3 \sim -0.2m/s^2$ 范围内变化，符合对舒适性的要求。如图 2 - 28a 所示，绿色轨迹是障碍车行驶轨迹，蓝色轨迹是本车行驶轨迹，相应五角星为等长时间采样点时两车的位置。

本车在经历了近 30m 的减速调整之后进入换道阶段，之后利用 3.65s 完成从本车道到右侧车道的换道任务，整个换道过程是加速完成的，过程中方向盘转角最大的变化出现在 2.67 ~ 4.12s，方向盘转角变化了 59.79°，随后车辆不断进行速度提升以及位姿调整，最终以 19.4m/s 左右的速度行驶在车道中心线上。由图 2 - 28e 所示的主车和障碍车之间距离可以看出，曲线整体形状是凹曲线，在贴近极小值附近的时候没有出现尖点或者骤降，代表车辆在完成换道、与障碍车并排行驶以及超过障碍车的过程中以较为平稳的速度行驶通过。

（3）场景三：旁车道前车紧急切入

本车在车道内正常行驶过程中，旁车道前车紧急切入本车道也是常见的交通场景，这一场景也是由于周车行为存在随机性所产生的，也对本车提出了一定的强制换道或者紧急减速避让的要求。基于此，在 Prescan 软件中设计旁车道前车紧急切入场景，如图 2-29 所示，本车以 20m/s 的初始速度在车道内正常行驶，前方 20m 处右侧车道前车以 15m/s 的速度换道切入到本车道。

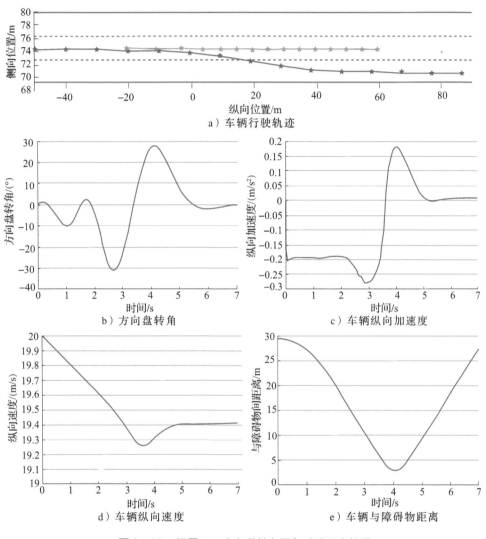

图 2-28　场景二：本车道前车紧急减速仿真结果

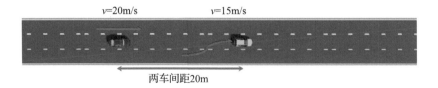

图 2-29　场景三：旁车道前车紧急切入

场景三的仿真结果如图 2-30 所示，两车初始间距为 20m，本车具备一定的换道空间，并且考虑奖励函数中对车速的奖励因素较多，因此本车采取了减速换道避让，而非一直低速跟随的策略。两车的行驶轨迹如图 2-30a 所示，绿色轨迹是障碍车行驶轨迹，蓝色轨迹是本车行驶轨迹，相应的五角星为等长时间采样点时两车的位置。本车在初始阶段选择减速维持本车道行驶，后期发现前车速度持续较小，因此采用了换道超车的策略，从换道开始纵向速度逐渐有所提升。

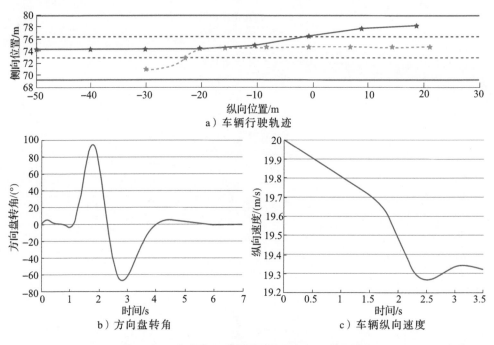

图 2-30　场景三：旁车道前车紧急切入仿真结果

从图 2-30b 可以看出，车辆在 1s 左右产生了换道意图，随后为了维持车辆行驶速度，选择以较大方向盘转角完成换道过程，过程中最大方向盘转角为 94.39°，满足实验设定的方向盘转角最大限制，换道过程完成后，车辆以较小方向盘转角和调整速度进行回正，满足舒适性要求。整个换道过程中，车辆的纵向速度以先减小再缓慢增加的过程进行，最低纵向速度为 19.26m/s。

本章小结

在智能车辆类人辅助驾驶决策中，首先针对将驾驶员特性融入驾驶决策中的问题提出了一些改进策略，通过驾驶模拟实验，分析和了解不同类型驾驶员的驾驶特性，提取合理的特征数据表征各类驾驶员，然后针对不同类型的驾驶员，分析他们的变道决策行为特征，提出了一种类人变道决策方法。

在智能车辆自主行为决策中，首先针对考虑到周车随机性、换道过程建模难或者基于学习的方法可解释性不强的问题，分析换道场景，基于换道需求选取换道决策影响因素，将周车随机性及车辆运动学建模在强化学习奖励函数中以增强其可解释性，提出了一种周车随机性条件下基于强化学习的可解释换道决策方法。

参考文献

［1］PENDLETON S D, ANDERSEN H, DU X, et al. Perception, planning, control, and coordination for autonomous vehicles ［J］. Machines, 2017, 5（1）: 6 – 60.

［2］KIM C, CHO S, SUNWOO M, et al. Crowd-sourced mapping of new feature layer for high-definition map ［J］. Sensors, 2018, 18（12）: 4172 – 4189.

［3］YANG X, XIONG L, LENG B, et al. Design, validation and comparison of path following controllers for autonomous vehicles ［J］. Sensors, 2020, 20（21）: 6052 – 6075.

［4］YIN J L, CHEN B H, LAI K R, et al. Automatic dangerous driving intensity analysis for advanced driver assistance systems from multimodal driving signals ［J］. IEEE Sensors Journal, 2018, 18（12）: 4785 – 4794.

［5］熊璐, 康宇宸, 张培志, 等. 无人驾驶车辆行为决策系统研究 ［J］. 汽车技术, 2018（8）: 1 – 9.

［6］陈佳佳. 城市环境下无人驾驶车辆决策系统研究 ［D］. 合肥: 中国科学技术大学, 2014.

［7］MO S, PEI X, WU C. Safe reinforcement learning for autonomous vehicle using monte carlo tree search ［J］. IEEE Transactions on Intelligent Transportation Systems, 2022, 23（7）: 6766 – 6773.

［8］WANG H, HUANG Y, KHAJEPOUR A, et. al. Ethical decision-making platform in autonomous vehicles with lexicographic optimization based model predictive controller ［J］. IEEE Transactions on Vehicular Technology, 2020, 69（8）: 8164 – 8175.

［9］ZHOU J, ZHENG H, WANG J, et. al. Multiobjective optimization of lane-changing strategy for intelligent vehicles in complex driving environments ［J］. IEEE Transactions on Vehicular Technology, 2020, 69（2）: 1291 – 1308.

［10］ZHU Z, ZHAO H. A survey of deep RL and IL for autonomous driving policy learning ［J］.

IEEE Transactions on Intelligent Transportation Systems, 2022, 23 (9): 14043 – 14065.

[11] LIU T, HUANG B, DENG Z, et al. Heuristics-oriented overtaking decision making for autonomous vehicles using reinforcement learning [J]. IET Electrical Systems in Transportation, 2020, 10 (4): 417 – 424.

[12] LEONARD J, HOW J, TELLER S, et al. A perception-driven autonomous urban vehicle [J]. Journal of Field Robotics, 2008, 25 (10): 727 – 774.

[13] MONTEMERLO M, BECKER J, BHAT S, et al. Junior: the stanford entry in the urban challenge [J]. Journal of Field Robotics, 2008, 25 (9): 569 – 597.

[14] 张立增. 智能汽车方向与速度综合决策的混合机理与规则建模研究 [D]. 长春: 吉林大学, 2017.

[15] CODEVILLA F, MÜLLER M, LÓPEZ A, et al. End-to-end driving via conditional imitation learning [C]. //2018 IEEE International Conference on Robotics and Automation (ICRA). New York: IEEE, 2018: 4693 – 4700.

[16] CHAE H, KANG C M, KIM B D, et al. Autonomous braking system via deep reinforcement learning [C]. //2017 IEEE 20th International Conference on Intelligent Transportation Systems (ITSC). New York: IEEE, 2017: 1 – 6.

[17] KENDALL A, HAWKE J, JANZ D, et al. Learning to drive in a day [C]. //2019 International Conference on Robotics and Automation (ICRA). New York: IEEE, 2019: 8248 – 8254.

[18] 严浙平, 杨泽文, 王璐, 等. 马尔科夫理论在无人系统中的研究现状 [J]. 中国舰船研究, 2018, 13 (6): 9 – 18.

第3章
智能车辆避障路径规划

3.1 概述

　　智能车辆运动规划是指根据行车环境信息，规划智能车辆未来一段时间内的运动。运动规划可以分为路径规划以及轨迹规划：路径规划是指以某种指标最优为目的，规划出一条连接起点与期望终点的无碰撞路线[1-3]；轨迹规划则是将规划出来的行车路径显式或者隐式地与时间联系到一起[4-5]，可以理解为规划行车路径的同时要求在规定的时刻到达指定地点。由此可见，轨迹规划相比路径规划对于智能车辆的运动控制提出了更高的要求。

　　路径规划从宏观和微观的角度可分为全局路径规划以及局部路径规划，全局路径规划是以满足路径最短、时间最短、油耗最低等某种或某些目的，在一些已知的地图信息与交通信息等约束条件下规划出从起点到终点的最优和可行路径[6-9]。局部路径规划是根据车辆周围动态环境的状态，在局部的环境中规划出满足车辆运动学与动力学约束和舒适性指标的无碰撞路径[10-13]。全局路径规划是局部路径规划的前提与基础，局部路径规划是全局路径规划的补充与优化。

　　本章所述智能车辆避障路径规划为局部路径规划，即智能车辆以终点为目标，以躲避路上固定障碍及动态行人、障碍车为目的，规划出一条可行的路径。以图 3-1 为例，用最为常见的避障超车行为来分析智能车辆避障路径规划。具体过程如下：图中主车为 H，障碍车为 O，当主车处于阶段 1 时，车辆前方无障碍，主车在当前车道以既定速度进行巡航控制；阶段 2 时，因前方存在低速行驶的障碍车，主车采取换道行为躲避障碍车继续行驶；阶段 3 时，完成换道操作后，且距离障碍车有一定距离后，主车在新车道重新进入既定速度的巡航控制状态。

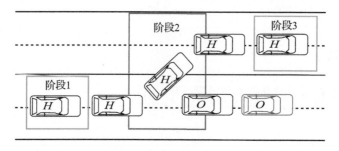

图 3-1　避障超车行为分析

　　本章以智能车辆避障路径规划为目的，首先建立了智能车辆系统的运动学与动力学模型以及车道线和障碍车的运动学模型，其次介绍了基于模型预测控制以及强化 Q 学习的两种路径规划实例。

3.2　智能车辆系统建模

　　智能车辆系统运动学与动力学模型是运动规划与控制的关键[14]。车辆运动学模型从几何学反映了空间位置与速度在时间维度的关系；车辆动力学模型是从车辆内在特性出发，描述了车辆自身内部状态在运动过程中的动态变化。充分考虑车辆系统的运动学与动力学特性，可以使得规划的路径更好地满足需求。本节主要从满足智能车辆路径规划与控制需求的角度建立车辆系统的模型。另外车道线与障碍车是主车在未来运动的主要影响因素，障碍车与主车的博弈需要对双方车辆信息进行交互，才能采取可行的动作来避免危险。由于对周围静态及动态的环境信息进行描述也要有准确的模型，本节对车道线及障碍车的运动也进行了建模。

3.2.1　车辆运动学模型

　　车辆运动学模型从车辆运动速度和车辆位移入手开始建立，用来表示车辆在每一时刻的位置与速度信息，如图 3-2 所示。为更好地描述规划问题，将智能车辆视为在平坦的道路上行驶的刚体，即将车辆的运动视为平面运动，并忽略车辆的垂向运动。

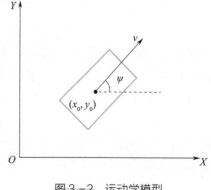

图 3-2　运动学模型

根据图 3 – 2 中几何运动关系，可以得出以下的运动学模型：

$$\begin{cases} \dot{x}_0 = v\cos(\psi) \\ \dot{y}_0 = v\sin(\psi) \\ \dot{\psi} = r \\ \dot{v} = a \end{cases} \qquad (3-1)$$

式中，x_0 为车辆质心的纵向位置，单位为 m；y_0 为车辆质心的侧向位置，单位为 m；v 为车辆质心处的速度，单位为 m/s；a 为车辆质心的纵向加速度，单位为 m/s²；r 为车辆的横摆角速度，单位为 rad/s；ψ 为车辆横摆角，单位为 rad。

以 T_s 为采样时间，采用欧拉映射法得到离散后的运动学模型：

$$\begin{cases} x_0(k+1) = v(k)\cos(\psi(k))T_s + x_0(k) \\ y_0(k+1) = v(k)\sin(\psi(k))T_s + y_0(k) \\ \psi(k+1) = r(k)T_s + \psi(k) \\ v(k+1) = a(k)T_s + v(k) \end{cases} \qquad (3-2)$$

车辆运动学模型仅考虑速度与位移的关系，忽略了车辆自身的质量及加减速所发生的形变，故单以运动学模型建立的路径规划是一种忽略车辆自身物理学特性的路线，可能导致车辆行驶的过程中发生急停急转等现象，甚至会使车辆的加速度出现频繁抖动的情况，这会使得车辆本身磨损加快，同时还会影响乘车人的舒适度。因此，增加对车辆动力学的考虑会使得规划出的路径更加切合车辆的实际运动特性。

3.2.2 车辆动力学模型

车辆动力学模型主要描述的是车辆运动与自身受力之间的关系，车辆模型的阶数越高，自然可以更好地描述车辆本身的状态，提高对车辆状态预测的准确性，从而规划出更合理的路径。但高阶车辆模型意味着运算的复杂化，这将延长规划问题求解的时长，对规划计算单元提出了比较高的要求，我们需要在模型的复杂度和车载单元的算力之间做出权衡。在运动学模型中车辆纵向与侧向的耦合关系相对简单，但在动力学模型中，由于轮胎动力学的原因使得纵向与侧向的受力强耦合，对其一体化规划难度较大，故在结合动力学模型时分别规划侧向与纵向的运动，车辆动力学模型也就分为纵向和侧向两个模型。

纵向动力学模型主要考虑车辆的速度与纵向位移的关系，对运动学模型式 (3 – 1) 进行修改，不考虑横摆角，选择纵向车速与纵向位移作为状态量，加速度作为控制量，建立如下的模型：

$$\dot{x}_v = \boldsymbol{A}_v x_v + \boldsymbol{B}_v a \qquad (3-3)$$

式中，$x_v = \begin{bmatrix} x_0 & v_x \end{bmatrix}^{\mathrm{T}}$，$v_x$ 为车辆的纵向速度，单位为 m/s；$\boldsymbol{A}_v = \begin{bmatrix} 0 & 1 \\ 0 & 0 \end{bmatrix}$；

$\boldsymbol{B}_v = \begin{bmatrix} 0 \\ 1 \end{bmatrix}$。

侧向动力学模型是车辆侧向运动控制的关键，车辆二自由度模型是经典的侧向动力学模型，忽略空气动力学、转向系统与车辆悬架俯仰运动的影响，将纵向速度视为不变量，将两个前轮合并视为前轮，两个后轮合并视为后轮，将前轮转角视为输入量，侧向位移及横摆角视为输出，故也称为"自行车模型"。根据图 3-3 中车辆受力分析及力矩分析，可以得到以下模型：

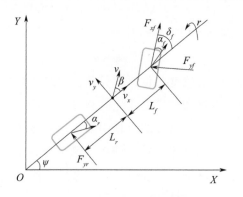

图 3-3　车辆二自由度模型

$$\begin{cases} mv_x(\dot{\beta} + r) = F_{xf}\sin\delta_f + F_{yf}\cos\delta_f + F_{yr} \\ I_z\dot{r} = L_f(F_{xf}\sin\delta_f + F_{yf}\cos\delta_f) - L_r F_{yr} \end{cases} \qquad (3-4)$$

式中，m 为车辆质量，单位为 kg；β 为质心侧偏角，单位为 rad；F_{xf} 为前轮纵向力，单位为 N；F_{yf} 为前轮侧向力，单位为 N；F_{yr} 为后轮侧向力，单位为 N；δ_f 为前轮转角，单位为 rad；I_z 为汽车绕 z 轴的转动惯量，单位为 kg·m²；L_f 为前轮到质心的距离，单位为 m；L_r 为后轮到质心的距离，单位为 m。

当车辆正常行驶在道路上时，通常情况下都处于稳定状态，也就是没有进入极限工况，此时车辆轮胎侧向力未达到饱和状态，与前轮转角存在近似线性的关系，故建立前后轮的侧向力与轮胎转角的线性关系，得到轮胎侧向力的表达式：

$$\begin{cases} F_{yf} = 2C_f\alpha_f \\ F_{yr} = 2C_r\alpha_r \end{cases} \tag{3-5}$$

式中，C_f 为车辆前轮侧偏刚度，单位为 N/rad；C_r 为车辆后轮侧偏刚度，单位为 N/rad；α_f 为车辆前轮侧偏角，单位为 rad；α_r 为车辆后轮侧偏角，单位为 rad。

进一步利用 L_f、L_r、β 和 δ_f 近似表示车辆前轮与车辆后轮的轮胎侧偏角：

$$\begin{cases} \alpha_f = \beta + \dfrac{L_f r}{v_x} - \delta_f \\[2mm] \alpha_r = \beta - \dfrac{L_r r}{v_x} \end{cases} \tag{3-6}$$

联合式（3-5）和式（3-6）并代入式（3-4）中，由于 δ_f 的值通常较小，进行小角度假设，将 $\sin\delta_f$ 近似为 0，将 $\cos\delta_f$ 近似为 1，得到最终的车辆动力学表达式：

$$\begin{cases} \dot{\beta} = \dfrac{2(C_f + C_r)}{mv_x}\beta + \left(\dfrac{2(L_f C_f - L_r C_r)}{mv_x^2} - 1\right)r - \dfrac{2C_f}{mv_x}\delta_f \\[4mm] \dot{r} = \dfrac{2(L_f C_f - L_r C_r)}{I_z}\beta + \dfrac{2(L_f^2 C_f + L_r^2 C_r)}{I_z v_x}r - \dfrac{2L_f C_f}{I_z}\delta_f \end{cases} \tag{3-7}$$

联合运动学模型式（3-1），得到侧向动力学模型：

$$\dot{x} = Ax + B\delta_f \tag{3-8}$$

式中，$x = \begin{bmatrix} y_0 & \psi & \beta & r \end{bmatrix}^\mathrm{T}$ 为状态变量。其他矩阵为：

$$A = \begin{bmatrix} 0 & v_x & v_x & 0 \\ 0 & 0 & 0 & 1 \\ 0 & 0 & \dfrac{2(C_f + C_r)}{mv_x} & \dfrac{2(L_f C_f - L_r C_r)}{mv_x^2} - 1 \\ 0 & 0 & \dfrac{2(L_f C_f - L_r C_r)}{I_z} & \dfrac{2(L_f^2 C_f + L_r^2 C_r)}{I_z v_x} \end{bmatrix}, \quad B = \begin{bmatrix} 0 \\ 0 \\ -\dfrac{2C_f}{mv_x} \\ -\dfrac{2L_f C_f}{I_z} \end{bmatrix}$$

3.2.3　车道线模型与障碍车运动学模型

车辆行驶过程中车道信息主要是通过智能车辆上的传感器识别获取，且通常是离散的一系列点，(X_{j_i}, Y_{j_i}) 表示第 j 条车道的第 i 个坐标点，为更准确表述车道线的模型，利用拉格朗日插值法将车道拟合成连续的曲线：

$$\begin{cases} f_1(x) = \sum \prod_{i \ne p} \dfrac{(x - X1_i)}{(X1_p - X1_i)} Y1_p \\[2mm] f_2(x) = \sum \prod_{i \ne p} \dfrac{(x - X2_i)}{(X2_p - X2_i)} Y2_p \quad i, p = 1,2,3,4 \\[2mm] f_3(x) = \sum \prod_{i \ne p} \dfrac{(x - X3_i)}{(X3_p - X3_i)} Y3_p \end{cases} \quad (3-9)$$

式中，$f_j(x)$ 表示连续的第 j 条车道线，当得到了连续的车道线后，便可用区间的形式表示车道区域。

在保证行车路径的同时也需要重点关注安全性与稳定性，故车辆的形状不可忽略，车辆可以视为总是沿着道路方向的矩形物体。为了简化控制的复杂度，将车道的边界向其所处车道中心线缩进二分之一车宽 W，将两条车道进行进一步划分，新的车道行驶区域包括车道内区域 L'_1、L'_2 以及车道间区域 L'_{12}。障碍车与道路的关系图如图 3-4 所示。

$$\begin{cases} L'_1 = (f_1(x) - W/2, f_2(x) + W/2) \\ L'_2 = (f_2(x) - W/2, f_3(x) + W/2) \\ L'_{12} = (f_2(x) + W/2, f_2(x) - W/2) \end{cases} \quad (3-10)$$

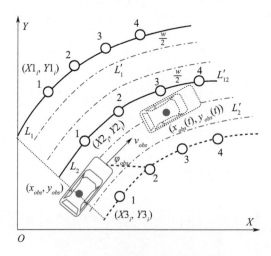

图 3-4　障碍车与道路的关系图

通过传感器获得当前时刻的障碍车状态，包括位置信息、行驶航向角信息以及速度信息。按照速度位移公式，对障碍车建立运动学模型：

$$\begin{cases} x_{obs(i)}(t) = v_{obs(i)}(t)\cos(\psi_{obs(i)}) + x_{obs(i)\_0} \\ y_{obs(i)}(t) = v_{obs(i)}(t)\sin(\psi_{obs(i)}) + y_{obs(i)\_0} \end{cases} \quad (3-11)$$

式中，$(x_{obs(i)}, y_{obs(i)})$ 为第 i 辆障碍车的位置；$v_{obs(i)}$ 为第 i 辆障碍车的速度，单位为 m/s；$\psi_{obs(i)}$ 为第 i 辆障碍车的横摆角，单位为 rad；$(x_{obs(i)\_0}, y_{obs(i)\_0})$ 为第 i 辆障碍车的初始位置。

3.3 基于模型预测的避障路径规划算法实例

3.3.1 考虑驾驶风格的避障路径规划问题描述

避障路径规划首先通过感知模块获取周围的环境信息来判断出障碍物、周车状态、车道线和道路边界等信息，然后根据自身车辆状态对未来自身及周边车辆的状态进行预测，从而规划出动作来躲避障碍物。这需要车辆实时掌握周边车辆状态、车辆与车道线之间距离以及与其他障碍物的距离，从而控制自身车辆的状态，整个过程需要感知、预测及规划控制。本节所述路径规划采取模型预测控制的方法，不仅规划出车辆行驶的路径，而且结合车辆动力学模型，规划出车辆的加速度及前轮转角等控制量，使车辆完成避障动作。图 3 – 5 为 MPC 避障路径规划控制框图。

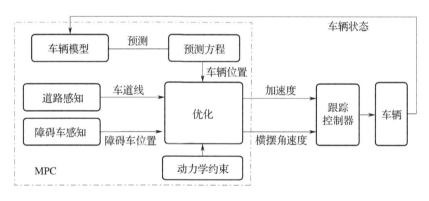

图 3 – 5　MPC 避障路径规划控制框图

首先通过感知模块获取车道线、道路边界以及障碍车的位置信息，然后通过建立的车辆模型根据当前车辆状态对车辆未来状态进行预测，采取模型预测控制方法，以主车与障碍车无碰撞，尽量保持在车道内行驶，趋向期望目标以及控制平稳为优化目标，以前轮转角和加速度为控制量，优化出的前轮转角和加速度控制量作为跟踪控制器的输入，最后跟踪控制器分别通过控制加速踏板/制动踏板和方向盘转角完成对车辆速度和前轮转角跟踪，完成对车辆的控制[15]。

传统的路径规划多是根据控制目标与需求规划路径，较少考虑驾驶员个性化需求。在面对紧急情况时，驾驶员可能会因为当前车辆的运行状态与自己预期意图不合，从而出现紧张与不安的状态；同理，旁车在面对驾驶风格突然变化的车辆时，也会出现措手不及的情况。因此，在智能汽车运动过程中，应尽可能地赋予智能车辆拟人的驾驶风格，以便智能车辆可以更好地服务人类。本节结合驾驶员风格添加速度因子，使规划出的控制量更加满足驾驶员的驾驶风格。

3.3.2　基于模糊规则的驾驶员驾驶风格辨识

驾驶员的驾驶风格千差万别，有礼貌谦让的保守型驾驶员，也有果敢易怒的激进型驾驶员。只有先准确辨识出驾驶员的风格，才可以模拟驾驶员的风格规划出可行的轨迹[16]。因此，本节介绍了一种基于模糊规则的驾驶员驾驶风格辨识方法。首先通过调查问卷对样本的驾驶风格进行预分类；接着通过驾驶模拟器采集样本驾驶过程中的车辆状态数据，以采集的数据为基础，设计一种模糊规则对驾驶风格进行重分类；最后通过重分类与预分类的对比结果，验证其准确性。

（1）驾驶风格预分类

在驾驶风格分类之前，首先要做的就是对驾驶员的驾驶数据进行采集，要保证采集范围宽广、样本丰富、方式多样，要充分考虑对年龄、性别、职业、驾龄等因素的区分。通常情况下，驾驶数据采集分为客观与主观的方式，客观的方式指通过传感器采集驾驶过程中的车辆状态数据，主观指以调查问卷的方式事先采集驾驶员的驾驶习惯。客观方式可以有效减少主观因素带来的自我认知偏差，但其相对于调查问卷方式的成本较高。

驾驶风格可分为保守型、平稳型和激进型。保守型的驾驶员通常行驶谨慎，不会频繁地加减速并且行驶速度相对较低，激进型的驾驶员则更注重速度和行驶效率，通常会频繁超车，平稳型的驾驶员则介于两者之间。

驾驶风格预分类是以调查问卷的方式，对驾驶风格进行保守型、激进型以及平稳型的分类。调查问卷包括年龄、驾龄、性别以及面对跟车时选择变道超车/减速跟随的驾驶习惯 1 和面对黄灯过路口时选择加速通过/减速停车的驾驶习惯 2。参与采集的驾驶员数量为 30 人，其中女性 7 人，男性 23 人，年龄分布从 19 岁到 38 岁，驾龄分布从 1 个月到 6 年。将驾驶员数据按照 1 ~ 30 的顺序编号，并剔除掉在重分类中不合理的数据。挑选出的调查问卷数据见表 3 - 1。

表 3 - 1　驾驶员数据

编号	性别	年龄	驾龄/年	驾驶习惯 1	驾驶习惯 2
1	女	25	6	变道超车	加速通过
2	男	24	0.3	变道超车	减速停车
3	女	28	0.1	减速跟随	减速停车
4	男	25	4	变道超车	减速停车
5	男	23	2	减速跟随	减速停车
6	女	25	3	减速跟随	减速停车
7	男	25	3	减速跟随	加速通过
8	男	29	3	减速跟随	减速停车
9	男	19	3	变道超车	加速通过
10	男	33	3	变道超车	加速通过
11	男	27	2	变道超车	减速停车
13	女	24	0.4	减速跟随	加速通过
14	男	24	0.1	变道超车	减速停车
15	男	36	5	变道超车	减速停车
16	女	25	0	减速跟随	减速停车
17	男	24	0	减速跟随	减速停车
18	男	26	0.1	变道超车	减速停车
20	男	26	0.6	变道超车	加速通过
22	男	24	1	变道超车	减速停车
23	男	23	2	变道超车	减速停车
24	男	21	1.5	变道超车	加速通过
27	男	20	0.1	减速跟随	减速停车
28	男	22	2	变道超车	加速通过

根据驾驶习惯 1 与驾驶习惯 2 进行驾驶风格的预分类，变道超车和加速通过属于激进操作 A，减速跟随和减速停车属于保守操作 B。定义两种习惯均为 A 者为激进型驾驶员，均为 B 者为保守型驾驶员，其余为平稳型驾驶员。通过数据统计可知，编号为 1，9，10，20，24，28 的驾驶员为激进型驾驶员，编号为 3，5，6，8，16，17，27 的驾驶员为保守型驾驶员，编号为 2，4，7，11，13，14，15，18，22，23 的驾驶员为平稳型驾驶员。

当完成预分类以后，便可以进行重分类。重分类主要是以客观的方式，即通过驾驶模拟器采集驾驶员在模拟驾驶过程中的车辆状态数据，按照模糊规则来分类。

（2）重分类特征提取

在模拟驾驶的过程中，采集纵向加速度、纵向车速、加速踏板开度、制动踏板开度、车辆纵向位移、方向盘转角以及车辆侧向位移等车辆状态数据，并提取出可以反映驾驶风格的特征量作为重分类的依据。驾驶模拟的行驶道路如图 3-6 所示。

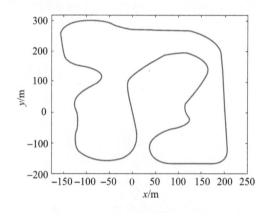

图 3-6　驾驶数据采集模拟道路

车速和加速度是区分驾驶风格的重要特征量，激进型驾驶员通常在道路允许的速度范围内以较高速度行驶，且频繁踩加速踏板超车；保守型驾驶员却往往以较低的行驶速度稳健行驶，不会频繁加减行车速度；平稳型驾驶员则介于两者之间，故选取平均速度作为驾驶风格分类特征一。

方向盘转角变化与车速的比值可以反映出驾驶员转向操作时的变化幅度，激进型驾驶员进行转向操作通常进行大幅度的方向盘旋转且速度较高；反之，保守型驾驶员往往以小幅度转动方向盘，完成平稳的转向操作；平稳型驾驶员则介于两者之间，故选取方向盘转角变化与车速的比值作为驾驶风格分类特征二。

在车辆行驶的过程中，方向盘的稳定度也是驾驶风格的重要体现，激进型驾驶员通常在车辆行驶时，习惯变道超车，所以会频繁转动方向盘，完成超车；而保守型驾驶员更趋向于在原车道跟车行驶；平稳型驾驶员则介于两者之间，故选取方向盘转角标准差作为驾驶风格分类特征三。

（3）基于模糊规则的重分类

经典逻辑一般是二值逻辑，即 0 表示假，1 表示真。但在现实生活中，有些事物的概念并非如此精确，表示事物状态的界限没有明确的定义，比如车辆的方向盘转角多少度算大呢？这很难给出一个明确的范围。而模糊逻辑就是解决这一问题的工具之一，模糊逻辑可以理解为一个事物不是非真即假，而是可认为是真假参半的，即运用隶属度来表示二值之间的过渡状态。本文便使用模糊规则，使用隶属度的方式来确定驾驶员的驾驶风格。

首先，定义保守型、激进型和平稳型的规则函数都是分段函数，规则函数的自变量为上文提到的重分类的特征量，即方向盘转角标准差、方向盘转角变化与车速的比值以及平均车速，规则函数如图 3-7 所示。

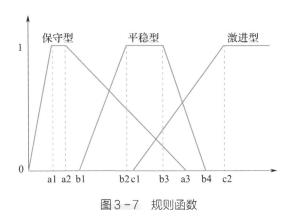

图 3-7 规则函数

通过采样收集每位驾驶员驾驶车辆时的方向盘转角与车速。通过观察数据，发现转角标准差的范围是从 0 到 28，将其分为七个范围，分别为（0，5），（5，9），（9，13），（13，17），（17，21），（21，25），（25，28）。方向盘转角变化与车速比值的范围是从 0 到 0.38，将其分为七个范围，分别是（0，0.05），（0.05，0.11），（0.11，0.17），（0.17，0.23），（0.23，0.3），（0.3，0.36），（0.36，0.38）。平均车速的范围是从 29km/h 到 67km/h，将其同样分为七个范围，分别是（29，30），（30，37），（37，44），（44，51），（51，58），（58，65），（65，67）。再根据上述完成的预分类，将采样收集的数据按照保守型、平稳型及激进型分别进行统计，分析每种类型的驾驶员数据分布情况，划分出模糊规则函数的界定范围。

以转角标准差为例，分析发现保守型驾驶员的转角标准差为 9 的人数最多，为 3 人，在保守型中占比为 0.429，其次在（0，9）及（13，17）的人数分别为 2 人，占比分别为 0.286；故选择 9，9 与 17 作为转角标准差保守型规则函数的自变量分段点 a1，a2，a3。在平稳型驾驶员中，转角标准差属于集合（9，13）的人数最多，为 4 人，在平稳型中占比为 0.4，其次（13，17）范围内有 3人，在（5，9），（21，25），（25，28）内分别有 1 人；故选择 5，13，17，21作为转角标准差平稳型规则函数的自变量分段点 b1，b2，b3，b4。同理，激进型驾驶员在转角标准差（25，28）的人数为 3 人，占比高达 0.5，在（9，25）的范围内共计 3 人；故选取 9，25 作为转角标准差激进型规则函数的自变量分段点 c1，c2。转角变化与车速比值以及平均车速的参数选取方法与上述相同，最终选取的模糊规则参数见表 3-2。

表 3-2　模糊规则参数

特征量	转角标准差	转角变化与车速比值	平均车速
a1	9	0.01	37
a2	9	0.11	37
a3	17	0.23	51
b1	5	0.11	0
b2	13	0.14	44
b3	17	0.14	51
b4	21	0.3	58
c1	9	0.11	44
c2	25	0.23	58

根据上述模糊规则计算出驾驶员对应每一项特征量的类型比重，见表 3-3。

表 3-3　模糊规则输出风格比重

编号	转角标准差			转角变化与车速比值			平均车速		
	保守型	平稳型	激进型	保守型	平稳型	激进型	保守型	平稳型	激进型
1	0.000	0.000	1.000	0.000	0.250	1.000	0.000	0.435	0.783
10	0.664	0.836	0.168	1.000	0.000	0.000	0.000	0.000	1.000
11	0.738	0.765	0.131	1.000	0.000	0.000	0.514	0.890	0.000
13	0.667	0.833	0.166	1.000	0.000	0.000	0.644	0.954	0.000
14	0.972	0.528	0.014	0.583	0.875	0.417	0.714	0.932	0.000
15	0.210	1.000	0.395	0.000	0.000	0.738	0.911	0.869	0.000
16	0.000	0.000	0.632	0.000	0.000	0.286	0.783	0.659	0.000

（续）

编号	转角标准差			转角变化与车速比值			平均车速		
	保守型	平稳型	激进型	保守型	平稳型	激进型	保守型	平稳型	激进型
17	0.595	0.044	0.000	1.000	0.000	0.000	0.667	0.561	0.000
18	0.309	1.000	0.345	0.821	0.714	0.179	0.929	0.863	0.000
2	0.423	1.000	0.289	0.619	0.714	0.179	0.929	0.863	0.000
20	0.528	0.972	0.236	0.000	0.330	1.000	0.206	1.000	0.294
22	0.000	0.000	1.000	0.000	0.000	0.000	0.919	0.823	0.000
23	0.118	1.000	0.441	1.000	0.000	0.000	0.912	0.869	0.000
24	0.716	0.784	0.142	1.000	0.000	0.000	0.966	0.812	0.000
27	0.664	0.836	0.168	1.000	0.000	0.000	0.000	0.000	1.000
28	0.807	0.283	0.000	1.000	0.000	0.000	0.000	0.000	1.000
3	0.000	0.000	0.152	0.000	0.000	0.881	0.000	0.000	1.000
4	0.677	0.823	0.161	0.952	0.190	0.048	0.916	0.868	0.000
5	0.302	1.000	0.349	0.000	0.000	0.000	0.000	0.318	0.841
6	0.000	0.000	0.931	0.000	0.304	1.000	0.469	1.000	0.031
7	0.592	0.908	0.204	0.786	0.857	0.214	0.239	1.000	0.261
8	0.311	0.000	0.000	0.000	0.000	0.000	0.632	0.958	0.000
9	0.878	0.362	0.000	0.000	0.000	0.000	0.000	0.000	1.000

在三个特征量中，平均车速对于驾驶风格的分类是最为显著的特征，转向角变化次之。故简单地将类型比重取平均值是不准确的，这里采用加权矩阵对各特征量计算最终的类型占比，比重最高的类型便是驾驶员驾驶风格的类型。加权计算公式见式（3-12）。

$$G = W \cdot T$$

$$W = [w_1, \quad w_2, \quad w_3]$$

$$T = \begin{bmatrix} t_{11} & t_{12} & t_{13} \\ t_{21} & t_{22} & t_{23} \\ t_{31} & t_{32} & t_{33} \end{bmatrix}$$

(3-12)

式中，w_1、w_2、w_3 分别是对转角标准差、转角变化与车速比值及平均车速的权重系数，值分别为 0.2、0.3 及 0.5；t_{11} 到 t_{13} 是对应表 3-3 中转角标准差保守型、平稳型、激进型的比重；t_{21} 到 t_{23} 对应转角变化与车速比值比重；t_{31} 到 t_{33} 对应平均车速比重。

　　根据模糊规则重分类，编号为（1，3，5，6，9）的驾驶员属于激进型驾驶员，编号为（10，11，13，22，23，24，27，28，4）的驾驶员属于保守型驾驶员，编号为（14，15，18，2，20，7，8）属于平稳型驾驶员。与预分类相比较，保守型的分类准确率为57%，激进型的准确率为83%，平稳型的准确率为50%。具体结果见表3-4。

表3-4　模糊规则输出加权风格比重

编号	保守型	平稳型	激进型	编号	保守型	平稳型	激进型
1	0.000	0.249	**0.913**	20	0.241	**0.791**	0.488
10	**0.499**	0.251	0.450	22	**0.391**	0.329	0.300
11	**0.860**	0.574	0.039	23	**0.700**	0.648	0.132
13	**0.758**	0.632	0.050	24	**0.901**	0.560	0.043
14	0.752	**0.794**	0.129	27	**0.539**	0.477	0.195
15	0.428	**0.648**	0.340	28	**0.542**	0.085	0.400
16	**0.313**	0.263	0.275	3	0.000	0.000	**0.710**
17	**0.745**	0.238	0.000	4	**0.855**	0.651	0.063
18	0.711	**0.860**	0.157	5	0.391	0.427	**0.441**
2	0.511	**0.971**	0.202	6	0.188	0.491	**0.592**
7	0.509	**0.930**	0.230	8	0.346	**0.383**	0.000
9	0.263	0.109	**0.400**				

　　尽管驾驶风格与加速/制动、方向盘转动快慢等多个状态量相关，但是其中最能体现不同驾驶风格的特征量是行驶速度，因此根据驾驶风格提出速度因子，根据驾驶风格规划出不同的期望速度。

$$v_{des} = k_v \cdot v_{road+} \tag{3-13}$$

式中，k_v 为速度因子；v_{road+} 为道路允许的最大行驶速度，单位为 km/h；v_{des} 为期望速度，单位为 km/h。

　　根据模拟路段的最大行驶速度与模糊规则分类结果的期望速度，反求出速度因子的大小，在后文路径规划中应用。模拟路段最大行驶速度为70km/h，激进型、平稳型、保守型的期望速度分别为 59.179km/h、42.742km/h 和 37.108km/h，求出速度因子分别为0.845、0.611 和 0.53。

3.3.3　基于人工势场的车路模型构建

智能车辆避障路径规划需要考虑到周边环境的影响、道路边界、障碍车与主车的相对位置关系。在实际道路环境中，其他车辆、交通信号灯、行人、车道线等多种因素组成一个复杂的系统，故要依靠传感器的实时道路探测和环境建模来进行路径规划。传感器的精度与性能、环境建模的方法都是路径规划的关键，为减轻传感器的压力，可优化环境建模方法，以此减少描述道路环境的参数。环境模型的准确性影响着规划路径的合理性，本节采用虚拟人工势场的方法对行车环境进行描述，通过车道保持、目标位置的引力场与障碍物的斥力场共同形成一个人工势场[17]。

在车道中，车辆会受到障碍车的动态矩形虚拟斥力场（U_{Pj}）、车道区域保持虚拟引力场（U_K）以及期望行驶目标终点会吸引着车辆向其靠近的虚拟引力场（U_G）三个虚拟势力场的叠加影响。虚拟势力场如图 3 – 8 所示。在 3.2 节已将车道分为车道内 L'_1、L'_2 以及车道间 L'_{12}，车道内区域具有虚拟引力场，吸引车辆行驶在绿色车道区域内，并且越靠近车道中心，虚拟引力场势能越小。红色区域是障碍车产生的虚拟斥力场矩形作用域，在障碍车处斥力场势能最大，并对行驶在其附近的车辆产生虚拟斥力，其区域形状由 D_{s1}、D_{s2}、D_{s3} 三个参数决定，D_{s1} 为垂直道路方向的矩形作用域宽度，D_{s2} 为以障碍车为起点沿车道行驶方向反方向矩形作用域长度，D_{s3} 为以障碍车为起点沿车道行驶方向正方向矩形作用域长度。当赋予不同的势场以不同的权重，便可以实现车辆在避障与道路保持之间选择合适的动作。具体的力场作用力及作用域参数确定由下文详细介绍。

$$U = \sum_i U_{Pj} + U_K + U_G \qquad (3-14)$$

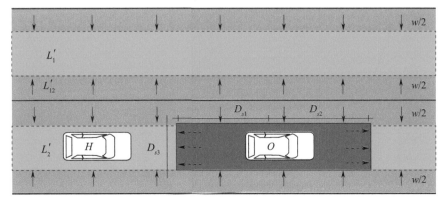

图 3 - 8　区域虚拟势力场作用域

（1）车道区域保持虚拟引力场

车辆行驶在车道时，首先要保证车辆与道路两侧的路沿或障碍保持一定的距离，一方面是避免碰撞，另一方面是减少路边路况（如路面附着系数、路面平整度）与车道内路况不同所引起的车辆状态变化。其次也要避免车辆频繁地穿越车道线，应使其尽量保持在当前车道行驶，这会极大地避免后来车辆的影响。故车道区域保持虚拟引力场包括两个部分：一部分是全部道路区域的子区域虚拟引力场（U_{KO}），其在道路内引力势能最小，势能向道路两边方向递增并在道路边界外趋于无穷大；另一部分是车道内区域的子虚拟引力场（U_{KI}），其在车道内引力势能最小，在车道间区域，向趋近车道线方向递增并在车道线处达到最大值。并且有 $0 < U_{KI} \ll U_{KO}$，表示 U_{KO} 的重要程度远远大于 U_{KI}。

$$U_K = U_{KO} + U_{KI} \tag{3-15}$$

其中 U_{KO} 和 U_{KI} 的定义如下式：

$$U_{KO} = \begin{cases} \lambda_1 \left[d_{de} - (d_{road} - W/2) \right]^2 e^{\kappa_1 v} & d_{de} \geq d_{road} - W/2 \\ 0 & d_{de} < d_{road} - W/2 \end{cases} \tag{3-16}$$

式中，d_{road} 为车道宽度；d_{de} 为车辆偏离道路中心线的距离；考虑到车速越快，车道保持的重要性越大，所以加入了速度项 $e^{\kappa_1 v}$ 对速度进行考虑；λ_1、κ_1 为调节因子，决定 U_{KO} 的势能变化速度与幅值。

$$U_{KI} = \lambda_2 \left[d_{del} \right]^2 e^{\kappa_2 v} \quad d_{del} \leq W/2 \tag{3-17}$$

式中，d_{del} 为车辆偏离距离最近的车道线的距离；λ_2、κ_2 为调节因子，决定 U_{KI} 的势能变化速度与幅值。

图 3-9 所示为以双车道为例的车道保持区域虚拟力场势能分布。

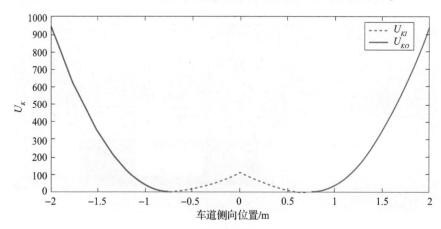

图3-9　车道保持区域虚拟力场势能分布

（2）障碍车动态矩形虚拟斥力场

当车辆行驶在车道上，障碍车的运动会对主车行驶产生影响，首先主车要与障碍车保持一定的跟车距离，其次在障碍车车速过低时，主车可采取超车换道来躲避障碍车。因此，障碍车的虚拟斥力场是引导主车完成避障的关键。在障碍车位置，斥力场的势能趋于无穷，随着主车与障碍车距离的增大，障碍车动态矩形虚拟斥力场的势能逐渐减小。

$$U_{Pj} = \begin{cases} \eta_{P1} \times e^{\frac{\eta_{P2} \times (v^2 - v_{obs}^2(i))}{(x_0 - x_{obs}(i))^2 + (y_0 - y_{obs}(i))^2}} + \eta_{P3} & H \in O_i 影响范围 \\ 0 & H \notin O_i 影响范围 \end{cases} \quad (3-18)$$

式中，η_{P1}、η_{P2}、η_{P3} 是调节因子，分别表示势能变化的紧急程度、势能变化与相对速度的相关程度和势能变化与相对位置的相关程度；O_i 代表第 i 辆障碍车。

从图 3-10 所示斥力势场分布可以看出，虽然满足了主车与障碍车不发生碰撞，但是车辆本身有体积与大小，不可能擦着车边完成换道等操作，故对上述的斥力势场的作用范围进行限制及改进，将障碍车视为矩阵，且通过 D_{s1}、D_{s2} 及 D_{s3} 来确定斥力场的范围，其中 D_{s1}、D_{s2} 及 D_{s3} 会随着障碍车的运动状态而改变（图 3-11）。

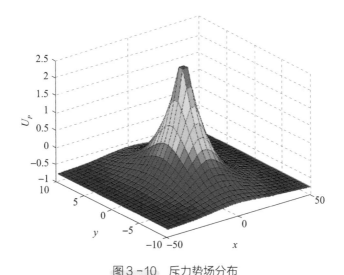

图 3-10　斥力势场分布

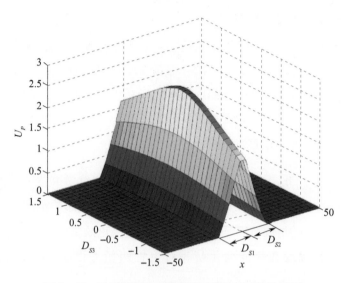

图 3-11 改进障碍车动态矩形虚拟斥力场势能分布

换道可分为两个阶段。第一阶段，主车在主车道行驶接近障碍车，当主车与障碍车达到一定距离 D_{s1} 后进入第二阶段。第二阶段首先需要判断相邻车道是否有变道空间（即相邻车道主车附近是否存在其他障碍车），当允许变道，主车进行转向操作，变换到相邻车道，继续行驶超过障碍车完成避障过程；当不允许变道，主车进入巡航模式，等待变道条件允许。当变道完成后，主车不可立刻驶回原车道，而要再次考虑原车道前方是否有车以及刚超过的障碍车是否和主车有一定的安全距离 D_{s2}。按照传统巡航经验，在车辆静止时安全距离 d_{safe} 需要保持在 3m。而在行驶的过程中，安全距离要考虑主车的行驶速度与制动加速度以及障碍车行驶速度及制动加速度的作用。考虑到每辆车的制动加速度不同，添加调节因子 T_{s1} 及 T_{s2} 来调节不同的 D_{s1} 及 D_{s2} 的距离，其中 $T_{s1} = 1 \sim 1.2$，$T_{s2} = 1 \sim 1.2$。

$$D_{s1} = T_{s1}\left(\frac{v^2}{2a_{host}} + d_{safe}\right)$$

$$D_{s2} = T_{s2}\left(\frac{v_{obs}^2}{2a_{obs}} + d_{safe}\right) \qquad (3-19)$$

式中，a_{host} 为主车的制动加速度，单位为 m/s²；a_{obs} 为障碍车的制动加速度，单位为 m/s²。

当障碍车行驶在车道内区域时，认为其不会在短时间内突然变道，则障碍车只对其所在车道产生影响，此时的 $D_{s3} = d_{road} - W$。而当障碍车行驶在车道间区域时，障碍车驶向何条车道是不易分辨的，车道间区域及两侧的车道内区域都可能是障碍车未来的行驶方向，故这种情况下的 $D_{s3} = 2d_{road}$。考虑到针对不同道路与车辆，其宽度会存在差异，故添加调节因子 $T_{s3} = 1 \sim 1.1$ 来调节不同的 D_{s3} 的宽度。

$$D_{s3} = \begin{cases} T_{s3} \ (d_{road} - W) & O \in L'_1 \cup L'_2 \\ 2T_{s3}d_{road} & O \in L'_{12} \end{cases} \tag{3-20}$$

（3）期望行驶目标虚拟引力场

在基于人工势场的路径规划中，吸引车辆前进的是目标点的引力，本节提出期望目标的概念：即在确定某一段道路后，在该条道路上行驶到的下一个路口位置当作当期望目标（x_{final}，y_{final}），期望目标会随着道路的改变而改变。建立期望行驶目标虚拟引力场，来引导主车向前驶进，引力场势能随着车辆与期望目标距离的缩小而缩小，在期望目标位置处取最小值（图 3-12）。且由于道路很宽，而行驶目标往往是一个点，故在纵向引力场的基础上，考虑侧向引力场。但实际中，车辆只要在纵向方向达到期望目标一般便认为到达目的地，故给予纵向引力场与侧向引力场权衡因子，且 $\eta_{Gx} > \eta_{Gy}$。

$$U_G = \eta_{Gx}(x_0 - x_{final})^2 + \eta_{Gy}(y_0 - y_{final})^2 \tag{3-21}$$

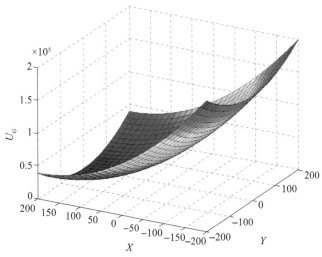

图 3-12　期望行驶目标虚拟引力场势能分布

3.3.4　模型预测路径规划算法设计

在 3.2 节中，已经通过侧向与纵向分别建立了车辆的动力学模型，本节也从侧向与纵向分别设计控制器，并结合周边环境信息来完成对车辆的规划。

模型预测控制（Model Predictive Control，MPC）是一种基于模型与当前时刻的输入来预测未来时刻的输出，从而修正下一时刻的输入，使得未来的输出可以满足需求的控制算法。其本质是一个优化问题，可以理解为求取函数为最小值时的自变量的值。

（1）路径规划需求分析

路径规划控制器的设计首先要满足避障需求，要求规划出的车辆行驶路线能够躲避障碍车并且行驶在道路边界以内的区域；其次要满足车辆在换道动作外的情况下尽量保持在原行驶车道，即不会频繁穿越车道线；再次，车辆要随着时间的推进趋向期望目标位置；之后考虑到车辆行驶过程的平顺性和驾驶员的驾驶体验，要求优化的控制量的幅度和控制量的变化幅度都尽量较小；此外，车辆执行机构存在的饱和问题也要注意，要避免产生的控制量超出执行器最大负荷。根据前文所述驾驶风格分类可以得到不同风格类型驾驶员的行驶速度，要求规划出的速度要能跟踪上不同驾驶风格的期望速度。综上所述，设计的规划控制算法应当实现以下目标：

1）主车不与障碍车发生碰撞。

2）主车保持在道路边界内并且尽量保持在其当前行驶车道内。

3）主车行驶方向趋近期望目标位置。

4）控制器输出控制量平稳。

5）加速度和前轮转角及其变化率不高于执行机构的饱和阈值。

6）跟踪上个性化驾驶风格的车速。

（2）预测控制模型的建立

综合考虑车辆纵侧向动力学建立预测控制模型。首先建立侧向动力学模型，对连续模型式（3-8）进行离散化处理，得到：

$$x(k+1) = A_c x(k) + B_c \delta_f(k) \qquad (3-22)$$

式中，$A_c = e^{AT_s}$；$B_c = \int_0^{T_s} \int e^{A\tau} \mathrm{d}\tau \cdot B$。

假定预测时域为 P，控制时域为 M，以输出式 $y_0(k) = C_c x(k)$ 推导 $k+1$，$k+2$，…，$k+P$ 步的预测输出与预测状态[18]。

定义 k 时刻的输入与输出矩阵如下：

$$Y_0(k+1) = \begin{bmatrix} y_0(k+1) \\ y_0(k+2) \\ \vdots \\ y_0(k+P) \end{bmatrix}, \quad U(k) = \begin{bmatrix} \delta_f(k) \\ \delta_f(k+1) \\ \vdots \\ \delta_f(k+M-1) \end{bmatrix}, \quad X(k+1) = \begin{bmatrix} x(k+1) \\ x(k+2) \\ \vdots \\ x(k+P) \end{bmatrix}$$

$$(3-23)$$

推导的状态预测方程与输出预测方程如下:

$$X(k+1) = QX(k) + WU(k)$$
$$Y_0(k+1) = EX(k) + RU(k)$$

$$(3-24)$$

式中

$$Q = \begin{bmatrix} C_c B_c & 0 & \cdots & 0 \\ \vdots & \vdots & \ddots & \vdots \\ C_c A_c^{M-1} B_c & C_c A_c^{M-2} B_c & \cdots & C_c B_c \\ \vdots & \vdots & \ddots & \vdots \\ C_c A_c^{P-1} B_c & C_c A_c^{P-2} B_c & \cdots & C_c \sum_{i=1}^{P-M+1} A_c^{i-1} B_c \end{bmatrix}, \quad W = \begin{bmatrix} C_c A_c \\ C_c A_c^2 \\ \vdots \\ C_c A_c^P \end{bmatrix}$$

$$E = \begin{bmatrix} B_c & 0 & \cdots & 0 \\ \vdots & \vdots & \ddots & \vdots \\ A_c^{M-1} B_c & A_c^{M-2} B_c & \cdots & B_c \\ \vdots & \vdots & \ddots & \vdots \\ A_c^{P-1} B_c & A_c^{P-2} B_c & \cdots & \sum_{i=1}^{P-M+1} A_c^{i-1} B_c \end{bmatrix}, \quad R = \begin{bmatrix} A_c \\ A_c^2 \\ \vdots \\ A_c^P \end{bmatrix}$$

纵向控制模型的推导首先对连续模型式 (3-3) 进行离散化处理:

$$x_v(k+1) = A_{vc} x_v(k) + B_{vc} a(k) \tag{3-25}$$

式中, $A_{vc} = e^{A_v T_s}$; $B_{vc} = \int_0^{T_s} \int e^{A_v \tau} \mathrm{d}\tau \cdot B_v$。

假定预测时域为 P, 控制时域为 M, 以输出式 $v_x(k) = C_{vc} x_v(k)$ 推导 $k+1$, $k+2$, $\cdots$, $k+P$ 步的预测输出与预测状态。

定义 k 时刻的输入与输出矩阵如下:

$$V_0(k+1) = \begin{bmatrix} v_0(k+1) \\ v_0(k+2) \\ \vdots \\ v_0(k+P) \end{bmatrix}, \quad U_v(k) = \begin{bmatrix} a(k) \\ a(k+1) \\ \vdots \\ a(k+M-1) \end{bmatrix}, \quad X_v(k+1) = \begin{bmatrix} x_v(k+1) \\ x_v(k+2) \\ \vdots \\ x_v(k+P) \end{bmatrix}$$

$$(3-26)$$

推导的状态预测方程和输出预测方程与侧向动力学推导相似，这里不再进行详细介绍。

（3）优化目标与约束条件的确定

根据上文所述路径规划需求分析，从纵侧两个方向分别讨论优化目标函数。侧向主要满足以下需求：

1）主车不与障碍车发生碰撞。根据建立的障碍车周身的虚拟矩形动态斥力场，当车辆进入该斥力场作用范围时，靠近障碍车的位置势能较高，势能向远离作用范围的方向逐渐减小，当车辆驶出斥力场范围后，所受势能最小，保证主车不与障碍车发生碰撞可由障碍车动态矩形斥力场的势能最小化目标函数实现：

$$J_1 = \sum_{i=1}^{P-1} \sum_{j \in O} U_{P_j}(x_0(k+i), v(k+i), y_0(k+i)) \qquad (3-27)$$

2）主车始终保持在道路边界以内并且尽量保持在其当前行驶车道内。根据建立的车道区域保持虚拟引力场，车辆在道路边界以外时，引力场势能极大，道路边界以内区域势能较小；当车辆在道路边界以内时，根据上文所述道路区域划分，在车道内区域势能最小，在车道间区域向车道线方向势能增大，在车道线处势能达到道路边界内的最大值，通过使车辆在车道区域保持虚拟引力场中所受势能最小化实现主车始终保持在道路边界以内并且尽量保持在其当前行驶车道内的目标，目标函数如下：

$$J_2 = \sum_{i=1}^{P-1} U_K(x_0(k+i), v(k+1), y_0(k+i)) \qquad (3-28)$$

3）主车行驶方向趋近期望目标位置。车辆受期望行驶目标虚拟引力场影响，接近期望行驶目标的方向引力场势能逐渐减小，并在期望行驶目标处达到最小值，保证主车行驶方向趋近期望行驶目标可由期望行驶目标虚拟引力场的势能最小化函数实现：

$$J_3 = \sum_{i=1}^{P-1} U_G(x_0(k+i), y_0(k+i)) \qquad (3-29)$$

4）控制器输出控制量平稳。避免控制动作剧烈变化可由最小化目标函数实现：

$$J_4 = \sum_{i=1}^{M-1} ((\Delta a(k+i)^2) + (\Delta r(k+i)^2)) \qquad (3-30)$$

以上便是侧向的优化目标，由于多个优化目标互相制约，引入权重因子来对各个优化目标的需求冲突进行权衡，最终的优化目标为：

$$J = \Gamma_1 J_1 + \Gamma_2 J_2 + \Gamma_3 J_3 + \Gamma_4 J_4 \tag{3-31}$$

式中，Γ_1、Γ_2、Γ_3、Γ_4 为权重因子。

添加前轮转角约束和质心侧偏角约束，保证转向的平稳并满足车辆的稳定性要求。

$$\delta_{fmin} \leqslant \delta_f(k+i) \leqslant \delta_{fmax}, \ i = 1, \cdots, M$$
$$\beta_{min} \leqslant \beta(k+i) \leqslant \beta_{max}, \ i = 1, \cdots, P \tag{3-32}$$

整理得到最后的侧向优化问题描述：

$$\delta_{fmin} \leqslant \delta_f(k+i) \leqslant \delta_{fmax}, \ i = 1, \cdots, M$$

$$\beta_{min} \leqslant \beta(k+i) \leqslant \beta_{max}, \ i = 1, \cdots, P$$

$$\begin{aligned}
\min_{U(k)} J = \ & \Gamma_1 \sum_{i=1}^{P-1} U_{P_j}(x_0(k+i), v(k+i), y_0(k+i)) + \\
& \Gamma_2 \sum_{i=1}^{P-1} U_K(x_0(k+i), v(k+i), y_0(k+i)) + \\
& \Gamma_3 \sum_{i=1}^{P-1} U_G(x_0(k+i), y_0(k+i)) + \\
& \Gamma_4 \sum_{i=1}^{M-1} ((\Delta a(k+i)^2) + (\Delta r(k+i)^2))
\end{aligned} \tag{3-33}$$

式中，δ_{fmin} 和 δ_{fmax} 为前轮转角的最小值与最大值；β_{min} 和 β_{max} 为质心侧偏角的最小值和最大值。

纵向的控制要满足规划处期望速度并对该速度进行跟踪。期望速度根据驾驶风格确定，跟踪不同驾驶风格的代表车速可由速度跟踪误差最小化目标函数实现：

$$\min_{U(k)} J_5 = \sum_{i=1}^{P-1} (v(k+i) - v_{id})^2 \tag{3-34}$$

约束条件主要包括两部分：由于车辆执行机构饱和，添加对加速度的幅值与变化量约束；保证车辆不与障碍车相撞的安全约束。

$$a_{min} \leqslant a(k+i) \leqslant a_{max}, \ i = 1, \cdots, M$$

$$\dot{a}_{min} T_s \leqslant \Delta a(k+i) \leqslant \dot{a}_{max} T_s, \ i = 1, \cdots, M \tag{3-35}$$

$$|x_0(k+i) - x_{obs}| \leqslant d_{safe}, \ i = 1, \cdots, P$$

式中，a_{min} 和 a_{max} 为加速度幅值的最小值与最大值。

3.3.5　仿真实例

为了验证上述模型预测控制方法的有效性，在为躲避动态障碍车的超车变道工况下进行了验证。首先设置道路障碍车的起始位置为（60m，0），航向角为 0，车速为 5m/s，路面附着系数为 0.9，对主车进行路径规划仿真。如图 3-13 所示，分别给出不同驾驶风格的规划路径、纵向车速、航向角、加速度和质心侧偏角的仿真曲线。

图 3-13 表明设计的规划控制器可以应对动态障碍，路径图中黑色虚线为障碍车的行驶路径，绿色、蓝色和红色方框分别是当主车开始转向时，主车与障碍车的对应位置，结果显示主车可以随着障碍车的行驶完成规划任务，动态障碍车的预测是有效的。并且，加速度在（-3，3）范围内，质心侧偏角大部分小于 0.005，在转向时幅值稍高但没有超过 0.01，满足车辆动力学要求。结果与驾驶风格分类相契合，并且也满足一般驾驶员的驾驶习惯。

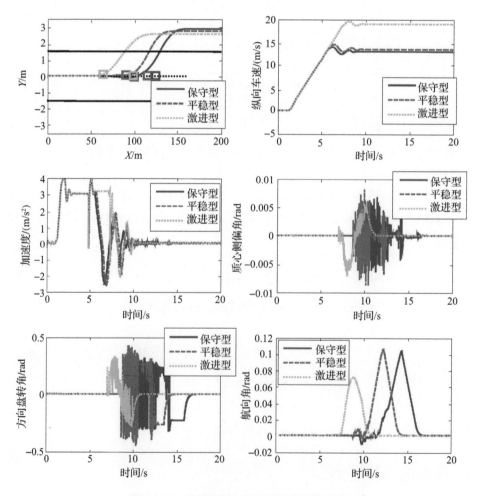

图 3-13　障碍规划不同驾驶风格对比结果

3.4 基于强化学习的避障路径规划算法实例

3.4.1　基于强化学习的避障路径规划问题描述

本节的重点主要是介绍强化 Q 学习在避障路径规划中的应用，利用强化 Q 学习方法规划出可行的路径来变道躲避障碍车[19]。首先通过传感器获取周车状态、车道线和道路边界的位置信息，而后通过建立的运动学模型，对主车及周车的未来状态进行预测。采用强化 Q 学习，设计奖惩函数，选择动作并计算这个动作对于完成避障任务的价值 Q，最后以 Q 的最大化为目标选取动作来规划路径。

3.4.2　强化 Q 学习原理简介

强化学习（Reinforcement Learning，RL）是一种试错学习，在无监督的情况下，通过不断与环境交互，通过奖惩函数获取动作的反馈，从而学习出有利于完成目标的经验，并寻找到最佳的动作与决策。强化学习是一种无环境模型的学习方法，不需要提前获知环境信息，仅在与环境直接交互的过程中，通过趋利避害的生物习性去做出选择。

强化学习由智能体、状态、动作、奖励和价值函数组成。智能体是强化学习的载体和大脑，是学习和训练的对象，具备感知和决策的功能。强化学习的各个环节都是围绕着智能体展开的。状态定义是为了描述智能体在环境中的位置、姿态等信息，动作是智能体能够执行的操作，奖励函数也是为了引导智能体做出适合的动作而定义的。智能体是强化学习最核心的元素。

状态是描述智能体在环境中位置的一些关键信息，根据不同的情况，描述状态的变量不同，比如棋盘和迷宫类问题，智能体通常为质点，只需要位置坐标就足以描述智能体的状态；而对于相对复杂的倒立摆或者智能车问题，则需要引入速度、角度等变量来对智能体进行更详尽的描述。

动作是智能体能够做出的行为，是智能体和环境之间交互的直接体现，不同的行为会使智能体处于不同的状态，得到不同的奖励。动作通常可以定义为智能体在环境中移动的方向、速度等，动作可以简单地分为几个方向，也可以分成一系列复杂的动作序列来满足不同的强化学习需求。

奖励是智能体做出动作之后，对其做出的评价。强化学习的根本目标就在于将整个阶段的总奖励进行最大化处理，因此奖励函数设计的合理与否会直接影响到智能体能否顺利地完成既定目标。根据问题复杂度的不同，奖励的形式也会发生变化，对于简单情况下的场景，奖励通常是以常数的形式来定义的；而对于复杂的场景，则需要以函数的形式对奖励进行多个角度的定义，从而引导智能体能够以期望的、合理的策略完成既定目标。

价值函数来源于奖励，但价值函数与奖励并不相同，每一个时刻的奖励只与当前时刻的状态动作有关，与其他时刻的任何一个因素都没有关系。但价值函数与未来时刻的状态、动作和奖励是有关的，离本时刻时间越近，对本时刻的价值函数影响越大，反之则影响越小。因此，价值函数有一定的预见性，并不执着于当前利益，而是可以从长远的角度对动作策略进行优化。价值函数的存在使算法避免了陷入局部最优的窘境，对寻找全局最优策略有重要意义。

强化 Q 学习是一种典型的基于价值函数的强化学习算法[20]。Q 学习的核心是它构建了一张二维 Q 表，横坐标为状态，纵坐标为动作，Q 表存储的内容是在状态下选择动作的 Q 值，Q 值可以视为价值函数的值，Q 值越大，说明该动作对自己越有利。首先初始化 Q 表，在当前状态 s 选择动作 a，根据奖惩函数计算当前动作的直接奖励 $r(s, a)$，并预测新状态可能带来的最大奖励，再考虑原本的 Q 值，以此更新 Q 表，当 Q 表趋于收敛时，学习训练过程就可以视为结束。根据 Q 表选择有利于完成目标的动作，视为控制器的输入。Q 表更新公式如下：

$$Q(s, a) = Q(s, a) + \alpha[r(s, a) + \gamma \max Q(s', a') - Q(s, a)] \quad (3-36)$$

式中，$Q(s, a)$ 是当前状态 s 所选动作 a 的 Q 值；$r(s, a)$ 是当前状态 s 所选动作 a 的奖励；$Q(s', a')$ 是下一状态所选动作的 Q 值；$\max Q(s', a')$ 是下一状态可选动作中最大的 Q 值；α 是学习率，$\alpha \in [0, 1]$，表示学习到的 Q 值占自身旧 Q 值的比重，值越大表明学习的效率越高，当其为 0 意味着不学习新东西，当其为 1 则意味着只关注新的 Q 值，不在乎以前的经验；γ 是折扣因子，$\gamma \in [0, 1]$，表示当前动作的奖励与未来潜在的奖励的比值，值越大表明越重视对未来的预见性，当其为 0 意味着只关注当前动作带来的短期奖励，当其为 1 则意味着其更看重长远的奖励。

由此可知，Q 学习的过程分为两部分，一部分是过去的经验，另一部分是此时动作带来的新经验。Q 学习的过程并不是永无止境的，每次动作，Q 表中的 Q 值都会处于更新的状态，但随着训练次数的增加，Q 表会趋于收敛，这意味着智能体已经大概掌握了这些动作所带来的利弊，此时再训练下去就没有更多的意义了。因此，当 Q 表中 Q 值变化在连续很多次小于一定的阈值时，可以判定 Q 表收敛，结束训练。

3.4.3　强化 Q 学习避障路径规划算法设计

（1）状态和动作定义

对于智能驾驶车辆避障的过程，需要掌握的驾驶状态不止是车辆自身的位置姿态等信息，同时还与周围环境车辆的驾驶状态息息相关。故选择主车的侧向位置、主车的航向角、主车的行驶速度、主车相对于周车的纵向位置作为状态量。

$$
\begin{aligned}
&s = \begin{bmatrix} y_0 & \psi & v & d_f & d_r \end{bmatrix} \\
&d_f = \left| x_{fobs} - x_0 \right|, \; d_r = \left| x_0 - x_{robs} \right|
\end{aligned}
\tag{3-37}
$$

式中，d_f 表示主车相对于前车的纵向位置，单位为 m；d_r 表示主车相对于旁车的纵向位置，单位为 m；x_{fobs} 表示前车的纵向位置，单位为 m；x_{robs} 表示旁车的纵向位置，单位为 m。

车辆的动作可分为侧向动作与纵向动作，侧向动作通过方向盘的转动分为左转、右转与直行，纵向动作通过加速踏板/制动踏板分为加速、减速与匀速。为简化问题，假定车辆在转向过程中保持速度不变，将车辆侧纵向组合为 5 种动作：加速直行、减速直行、匀速直行、匀速左转和匀速右转。

以确立的状态和动作作为两个维度建立 Q 表，主车在当前状态从动作 $a_1 \sim a_5$ 中选择，并根据 Q 表更新公式，更新 Q 表，同时将状态更新。动作选择原则是：在当前状态下，如果存在之前训练中没有选择过的动作，则从这些动作中随机选择一个，如果在当前状态下，全部动作都已被选择过，则选择最大 Q 值相对应的动作。状态迭代更新公式如下：

$$
\begin{cases}
d_r(k+1) = (v(k) - v_{robs}(k)) T_s + d_r(k) \\
d_f(k+1) = (v(k) - v_{fobs}(k)) T_s + d_f(k) \\
y_o(k+1) = v(k) \sin(\psi(k)) T_s + y_o(k) \\
\psi(k+1) = r(k) T_s + \psi(k) \\
v(k+1) = a(k) T_s + v(k)
\end{cases}
\tag{3-38}
$$

式中，v_{fobs} 为前车的速度，单位为 m/s；v_{robs} 为旁车的速度，单位为 m/s。

（2）奖励惩罚函数设计

车辆在道路上行驶最常见的状态就是沿车道中心线行驶，对于车辆自身来说，在主车道能够满足正常行驶需求时，不进行换道操作；同时为了稳定行驶，只需要将车道中心线作为行驶路径即可，避免转动方向盘，防止车辆状态不稳定而导致危险的发生。基于此设计了车道保持奖励函数，其表达式如下：

$$r_y = \begin{cases} 0 & (d_r < 0 \ \& \ y_0 = L_2) \mid (d_f > 0 \ \& \ y_0 = L_2) \\ -\lambda_s(\min[(y_0 - L_1)^2, (y_0 - L_2)^2] + k_s) & (d_r < 0 \ \& \ y_0 \neq L_2) \mid (d_f > 0 \ \& \ y_0 \neq L_2) \end{cases}$$

$$(3-39)$$

式中，λ_s、k_s 是调节因子，均为正数。当车辆在车道中心线行驶时，奖励为 0，当车辆的侧向位置偏离了车道中心线时，奖励值就会变为负数，偏离越多，奖励越小。

当主车道前方有低速行驶的障碍车时，主车道已经不能满足车辆的驾驶需求，此时车辆需要进行换道操作，换到道路条件更好的车道上行驶。为了使车辆能够顺利换道超车，设计了车辆航向奖励函数，其表达式如下：

$$r_\psi = -\lambda_\psi \left| -(y_0 - f_i(x))^2 + k_\psi \left| \max\psi - \psi \right| \right| \qquad (3-40)$$

式中，λ_ψ、k_ψ 是调节因子，均为正数。该奖励函数设计的目的是使车辆在转向过程中更符合实际情况，越靠近两车道中间的边界线，车辆的航向角越大；越靠近道路中心线，车辆的航向角越小，直至回正，保持沿车道中心线行驶。此外，该函数没有限制条件，无论车辆是否转向都能够发生作用。

当车辆有换道需求时，不仅要观察主车道的情况，同时还要观察待转车道的情况，只有所有的障碍车与主车之间都存在一定的距离，主车才具备换道条件，并且车辆在转向过程中也要注意与障碍车之间的距离不能够太近。这里不采用纵向距离，因为在转向变道过程中，车辆不属于任何一个车道，纵向距离不足以反映车与车之间的位置关系。因此，根据距离设计的车距奖励函数为：

$$r_d = -\lambda_d \left| d_{r0} - d_{f0} \right| \qquad d_r > 0 \& d_f < 0 \& y_0 \neq L_2$$

$$d_{r0} = \sqrt{d_r^2 + (y_0 - L_i)^2}, \ d_{f0} = \sqrt{d_f^2 + y_0^2} \qquad (3-41)$$

式中，λ_d 是调节因子，为正数；d_{r0}，d_{f0} 分别是主车质心到待转车道障碍车质心和主车道前车质心的直线距离。

车辆与障碍车之间的距离越接近，车辆获得的奖励越大，该奖励函数的目的在于让车辆在转弯的过程中与障碍车的距离尽量保持相等，也就是从靠近两车最中间的位置进行换道操作，这样可以提高车辆在行驶过程中的安全性。

在保证安全的情况下采用更高的车速行驶有利于实现更高的通行效率，基于此设计的速度、加速度奖励函数为：

$$r_{va} = \lambda_v v + \lambda_a a \qquad (3-42)$$

式中，λ_v 和 λ_a 是调节因子，均为正数。该奖励函数表明车辆在保证安全的情况下，以更大的速度行驶会得到更多的奖励。

为了引导车辆能够完成变道超车的动作，设计的目标完成奖励函数为：

$$r_f = 100 \qquad d_f > 5 \,\&\, y = L_2 \qquad (3-43)$$

当车辆变道并且已经超过原车道低速障碍车一定距离后，即视为车辆已经完成了换道超车的驾驶目标，此时应给予较大的奖励，使训练过程向着目标完成的方向发展。同时由于强化学习的特点，较大的奖励也会给前面的动作带来一定的收益，从而使学习尽快收敛，寻找到最优的动作策略。

为了保证安全，车辆在行驶过程中避免选择可能引起碰撞的动作，基于此设计了碰撞惩罚函数：

$$r_c = -100(\,|d_f| < \min d_{f0} \,\&\, y_0 = L_1\,) \,\|\, (\,|d_r| < \min d_{r0} \,\&\, y_0 = L_2\,)$$

$$\min d_f = \int_0^{3T_s}\!\!\int_0^t \max a(\tau)\,\mathrm{d}\tau\mathrm{d}t + 3T_s(v - v_{fobs}) \qquad (3-44)$$

$$\min d_r = \int_0^{3T_s}\!\!\int_0^t \max a_{robs}(\tau)\,\mathrm{d}\tau\mathrm{d}t + 3T_s(v_{robs} - v)$$

式中，a_{robs} 是旁车的加速度；$\min d_f$ 和 $\min d_r$ 分别表示主车与前车的最小安全距离以及主车与旁车的最小安全距离。

该奖励函数是基于车辆处于直线行驶的状态设计的，避免车辆与主车道障碍车发生碰撞危险，当车辆与障碍车之间的距离小于安全距离时，出现危险的概率会大大增加，此时会受到较大的惩罚。

3.4.4　仿真实例

为了验证强化 Q 学习在路径规划中的可行性，进行动态障碍车仿真实验，设置车道宽度为 3.7m，主车初始位置为 $x_0 = 0$，$y_0 = 0$，速度为 10m/s，旁车初始位置为 $x_r = 0$，$y_r = 3.7$，前车初始位置为 $x_f = 20$，$y_f = 0$，旁车与前车的速度为 8m/s。仿真结果如图 3-14 所示。

为了能更好地看清车辆的相对位置，在图 3-14a 中将车辆各个时刻的位置给出，其中主车的位置全部给出，周围障碍车中只给出距离相对更近的障碍车位置。从中可以看出主车开始行驶时，与前方车辆有一定的距离，与旁边车辆的纵向距离很小，所以，此时主车进行车道保持操作。当主车逐渐接近前方障碍车，且与旁车的纵向距离逐渐拉开，主车便可以执行换道超车操作进行超车。

图 3-14b 显示了主车与两个障碍车之间的距离，从图中可以看到，主车与障碍车之间的最短距离为 3.7m 左右，等于车道宽度，说明此时主车与障碍车处于两个车道，并且纵向位置相同。主车与障碍车之间在行驶过程中无碰撞危险发生。由图 3-14c 可看出，当主车沿着规划出的路径行驶时，只在超车的初始阶段和结束阶段出现了细微的侧向误差，这说明规划出的路径具有良好的可执行性。从图 3-14e 中可以看到车辆的航向角变化满足了车辆航向奖励函数设计初衷，转向过程贴合了实际情况。由图 3-14d 和图 3-14f 可以看出，主车的前轮转角和质心侧偏角在合理范围内，说明规划出的路径满足车辆的动力学约束，在换道超车的过程中有良好的稳定性和安全性。

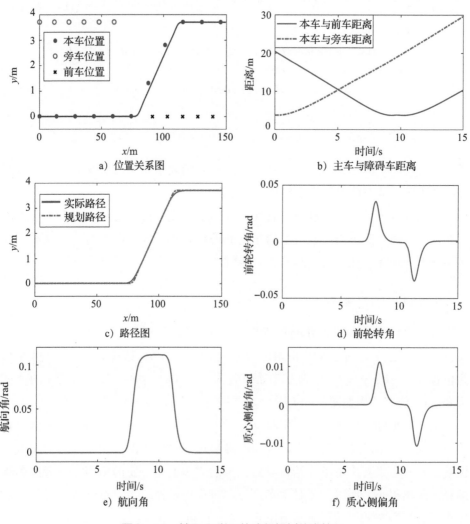

图 3-14 基于 Q 学习的路径规划仿真结果

本章小结

本章描述了基于模型预测控制以及强化 Q 学习算法的两种路径规划方法，考虑了车道环境信息、周车的位置变化信息以及车辆运动学、动力学约束。在模型预测控制方法中，提出势力场与模型预测相结合的个性化路径规划方法；设计模拟器驾驶实验，分析表征风格状态量，基于模糊规则设计驾驶风格辨识算法，得到不同驾驶风格的速度因子；对车道区域进行划分，对道路和障碍车等交通组成成分的运动规律进行分析，并基于势力场建立包括期望行驶目标虚拟引力场、障碍车动态矩形虚拟斥力场和车道区域保持虚拟引力场的简化环境模型；规划控制器的设计考虑车道保持、躲避障碍、趋向期望位置、个性化速度、保证行驶安全性、稳定性等要求，将控制动作及其变化率最小和势力场势能最小作为目标，基于模型预测控制理论，构建多目标约束优化问题，获得期望的加速度和横摆角速度等期望车辆状态；采用高保真车辆动力学模型进行多工况的仿真，验证提出的路径规划方法的有效性。

本章还提出基于强化 Q 学习的路径规划方法，综合考虑了周车的位置变化信息和车辆运动学约束，既体现了车辆行驶状态，又体现了车辆与环境间的关系。以安全性、稳定性和路径平滑性作为优化目标设计奖励函数，充分考虑车辆的安全性和驾驶稳定性，并且将实际驾驶操作习惯也考虑进去，引导车辆完成超车动作，然后将训练得到的路径坐标点进行三次样条插值处理，得到一条平滑的路径。该方法克服了 Q 学习只能用于栅格类地图的全局规划的局限性，使车辆能以较小的侧向误差跟踪规划出的路径。

参考文献

[1] 李军，周伟，唐爽. 基于自适应拟合的智能车换道避障轨迹规划 [J]. 汽车工程，2023，45（7）：1174 – 1183，1199.

[2] GUO H, SHEN C, ZHANG H, et al. Simultaneous trajectory planning and tracking using an MPC method for cyber-physical systems：A case study of obstacle avoidance for an intelligent vehicle [J]. IEEE Transactions on Industrial Informatics, 2018, 14 (9)：4273 – 4283.

[3] 梁超. 基于深度学习和 A ∗ 算法的智能车路径规划研究 [J]. 汽车实用技术，2023，48（15）：87 – 94.

[4] PANDEN B, CAP M, YONG S Z, et al. A survey of motion planning and control techniques

for self-driving urban vehicles [J]. IEEE Transactions on Inelligent Vehicles, 2016, 1 (1): 33 – 55.

[5] GUO L, GE P S, YUE M, et al. Lane changing trajectory planning and tracking controller design for intelligent vehicle running on curved road [J]. Mathematical Problems in Engineering, 2014 (1): 4785731 – 4785739.

[6] LIU Q, ZHAO L, TAN Z, et al. Global path planning for autonomous vehicles in off-road environment via an A-star algorithm [J]. International Journal of Vehicle Autonomous Systems, 2017, 13 (4): 330 – 339.

[7] SILVA J A R, GRASSI V. Clothoid-based global path planning for autonomous vehicles in urban scenarios [C] //2018 IEEE International Conference on Robotics and Automation (ICRA). NewYork: IEEE, 2018: 4312 – 4318.

[8] ZHAO P, CHEN J, MEI T, et al. Dynamic motion planning for autonomous vehicle in unknown environments [C]//2011 IEEE Intelligent Vehicles Symposium (IV). NewYork: IEEE, 2011: 284 – 289.

[9] LIU C, LEE S, VARNHAGEN S, et al. Path planning for autonomous vehicles using model predictive control [C] //2017 IEEE Intelligent Vehicles Symposium (IV). NewYork: IEEE, 2017: 174 – 179.

[10] JI Y, NI L, ZHAO C, et al. TriPField: A 3D potential field model and its applications to local path planning of autonomous vehicles [J]. IEEE Transactions on Intelligent Transportation Systems, 2023, 24 (3): 3541 – 3554.

[11] WANG H, LU B, LI J, et al. Risk assessment and mitigation in local path planning for autonomous vehicles with LSTM based predictive model [J]. IEEE Transactions on Automation Science and Engineering, 2021, 19 (4): 2738 – 2749.

[12] DOLGOV D, THRUN S, MONTEMERLO M, et al. Path planning for autonomous vehicles in unknown semi-structured environments [J]. The International Journal of Robotics Research, 2010, 29 (5): 485 – 501.

[13] MARIN-PLAZA P, HUSSEIN A, MARTIN D, et al. Global and local path planning study in a ROS-based research platform for autonomous vehicles [J]. Journal of Advanced Transportation, 2018 (1): 341 – 350.

[14] RAJAMANI R. Vehicle dynamics and control [M]. Berlin: Springer Science & Business Media, 2011.

[15] REYMOND G, KEMENY A, DROULEZ J, et al. Role of lateral acceleration in curve driving: Driver model and experiments on a real vehicle and a driving simulator [J]. Human Factors, 2001, 43 (3): 483 – 495.

[16] 申忱. 基于驾驶风格的智能汽车滚动时域避障路径规划 [D]. 长春：吉林大学, 2019.

[17] YAO Q, ZHENG Z, QI L, et al. Path planning method with improved artificial potential field—a reinforcement learning perspective [J]. IEEE Access, 2020, 8: 135513 – 135523.

[18] 陈虹. 模型预测控制 [M]. 北京：科学出版社, 2013.

[19] ZHAO W, GUO H, ZHAO X, et al. Intelligent vehicle path planning based on Q-learning algorithm with consideration of smoothness [C] //2020 Chinese Automation Congress (CAC). Shanghai：IEEE, 2020: 4192 – 4197.

[20] SUTTON R S, BARTO A G. Reinforcement learning: an introduction [M]. Cambridge, USA：MIT press, 2018.

智能汽车控制工程

第4章
智能车辆路径跟踪控制

4.1 概述

随着汽车工业的迅猛发展以及人民生活水平的不断提高，汽车保有量持续攀升，随之而来的是越来越大的交通压力、道路拥堵、交通事故频发等一系列亟待解决的问题。智能交通系统作为解决上述问题的有效途径，受到社会各界的广泛关注[1]。车辆运行的环境瞬息万变，不免会遇到障碍物或是行人。通过环境感知智能规划路径，使智能车辆在高效到达目标的同时有效地躲避障碍物具有十分重要的意义[2-3]。

智能车辆的避障问题可以归结为考虑障碍物信息的路径规划以及运动控制两方面。所谓路径规划，是指智能车辆根据智能决策出来的驾驶任务以及对周围环境信息的感知，规划出可行驶区域及可行驶线路的问题。路径规划又可分为全局路径规划[4-5]以及局部路径规划[6-7]。全局路径规划一般是以已知的地图数据库为基础，粗略地确定可行的区域以及最优路线。全局路径规划出来的路径一般是静态的，并且它不包含车道宽度、曲率以及路标、障碍物等信息[8-9]。由于车辆行驶环境的实时变化和车辆系统本身状态的不确定性，导致车辆在行驶过程中会出现不可预知的实时状况，因此需要以局部的环境信息和车辆自身状态信息为基础，进行局部路径规划[10-11]。局部路径规划是以全局路径为指导，依据当前驾驶任务的子目标和车载传感器获取的局部环境信息，对当前的路况及突发事件等做出准确、实时的判断决策，确定出一条当前环境下的最优路径[12-13]。

车辆运动控制的任务是依据车辆当前的状态信息以及规划出来的路径信息，控制车辆准确、快速地跟踪上期望路径，包括对车辆速度、航向角以及其他一些动作的控制[14-15]。一般来讲，可以将智能车辆的运动控制分为纵向控制和侧向控制两大类。纵向主要控制车辆的驱动和制动系统，通过实时调节车速，以实现避障或保持合适的行车间距；而侧向一般控制车辆的方向盘，使车辆沿车道中心线行驶或者通过超车换道实现紧急避障，同时要保证车辆的侧向稳定性[16-17]。

4.2 智能车辆建模

4.2.1 车辆位置描述

智能车辆通过对路况进行观测并实时地控制其本身跟踪上期望路径，形成"车辆－道路"闭环系统，所以对车辆的位置进行合理的描述是智能车辆路径跟踪控制问题的关键和基础。当忽略垂向的形态，车辆在道路上行驶时的实际运动状态如图4－1所示，其中长方形 REC 是智能车辆的简化体，车身宽度为 W，长度为 L；$f_l(x)$ 和 $f_r(x)$ 分别为道路区域内的左、右边界线，$f(x)$ 为道路中心线。

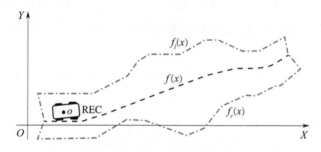

图4－1 车辆－道路平面关系图

显然，若基于图4－1中的车辆位置描述进行控制问题的分析，是十分复杂的。为方便后续控制算法的设计，这里将上述模型简化：忽略车辆左右两边的宽度，用过车辆质心 o 的刚性杆 RF 表示车辆，同时将道路区域的左右两边各自向内缩减二分之一车宽，以保证简化的合理性。简化后的车路关系模型如图4－2所示，相较于点线式模型，该模型又可称之为二维车路关系模型，图中 $f'_l(x)$ 和 $f'_r(x)$ 分别为简化后的道路区域的左、右边界线，与原有道路边界线存在以下关系：

$$\begin{cases} f'_l(x) = f_l(x) - \dfrac{W}{2} \\[2mm] f'_r(x) = f_r(x) - \dfrac{W}{2} \end{cases} \quad\quad (4-1)$$

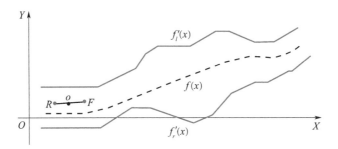

图 4-2　二维车路关系模型

4.2.2　车辆系统建模

描述车辆运行状态的模型可根据其具体功能分为运动学模型和动力学模型两类。研究表明，低速时，车辆的运动学特性较为突出；而在高速时，车辆的动力学特性对其自身的运行状态影响巨大。因此，在进行智能车辆的自动转向控制研究时，需要同时考虑车辆的运动学和动力学特性。此外，在实际行驶时，转向系统对车辆的垂向运动影响甚微，所以，智能车辆的运动可以合理地简化为水平地面上的平面运动。车辆的运动学模型如图 4-3 所示。

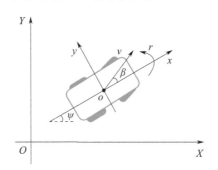

图 4-3　车辆运动学模型

假定车辆是一个刚性体，根据运动学方程以及图 4-3 所示的几何关系，可以得到表征车辆运动学特性的数学模型如下：

$$\begin{cases} \dot{x} = v\cos(\psi + \beta) \\ \dot{y} = v\sin(\psi + \beta) \\ \dot{\psi} = r \end{cases} \quad (4-2)$$

式中，x 为车辆质心的纵向位置，单位为 m；y 为车辆质心的侧向位置，单位为 m；v 为车辆质心的速度，单位为 m/s；r 为车辆的横摆角速度，单位为 rad/s；

ψ 为车辆横摆角, 单位为 rad; β 为车辆质心侧偏角, 单位为 rad。

考虑到智能车辆每次可观测到的距离大约为 50m, 而道路的曲率也大都比较小, 可以认为车辆在这段区域内行驶时的横摆角 ψ 变化很小。同时, 车辆的质心侧偏角 β 也很小, 所以可采用近似关系:

$$\begin{cases} \sin(\psi+\beta) \approx \psi+\beta \\ \cos(\psi+\beta) \approx 1 \end{cases} \qquad (4-3)$$

对式 (4-2) 进行简化处理, 得到简化的车辆运动学模型:

$$\begin{cases} \dot{x} = v \\ \dot{y} = v(\psi+\beta) \\ \dot{\psi} = r \end{cases} \qquad (4-4)$$

车辆的动力学特性非常复杂, 为精确描述车辆的运行状态, 多种高自由度的动力学模型被建立。复杂的车辆动力学模型虽能较好地反映车辆的实际运行状态, 但并不利于控制问题的研究, 因此, 采用简单有效的单轨模型进行智能车辆自动转向控制算法的研究和设计。

单轨模型是在忽略了空气动力学、车辆悬架系统、转向系统等的基础上, 将前后轮分别用一个等效的前轮和一个等效的后轮来代替而得到的车辆模型, 受力分析如图 4-4 所示。

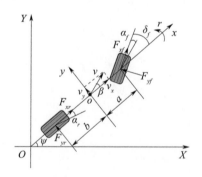

图 4-4　单轨模型

图 4-4 中的坐标系 oxy 为车身坐标系, 以车辆质心 o 为坐标原点, 以沿着车身向前的方向为横轴 x 的正方向, 垂直于横轴向上的方向为纵轴 y 的正方向。根据牛顿第二定律与力矩平衡关系可推得单轨模型的数学表达式为:

$$\begin{cases} m(\dot{v}_x - v_y r) = F_{xf}\cos\delta_f - F_{yf}\sin\delta_f + F_{xr} \\ m(\dot{v}_y + v_x r) = F_{xf}\sin\delta_f + F_{yf}\cos\delta_f + F_{yr} \\ I_z = L_f(F_{xf}\sin\delta_f + F_{yf}\cos\delta_f) - L_r F_{yr} \end{cases} \qquad (4-5)$$

式中，m 为车辆的质量，单位为 kg；I_z 为车辆绕轴的转动惯量，单位为 kg·m^2；L_f 为车辆质心到车辆前轴的距离，单位为 m；L_r 为车辆质心到车辆后轴的距离，单位为 m；F_{xf} 为车辆前轮纵向力，单位为 N；F_{xr} 为车辆后轮纵向力，单位为 N；F_{yf} 为车辆前轮侧向力，单位为 N；F_{yr} 为车辆后轮侧向力，单位为 N；v_x 为车辆质心处的纵向速度，单位为 m/s；v_y 为车辆质心处的侧向速度，单位为 m/s；δ_f 为车辆前轮转角，单位为 rad。

由式（4-5）可知，单轨模型中存在纵、横向的耦合，纵向动力学由于发动机等动力系统的存在而难以描述。但是，当控制变量是智能车辆的转向角时，主要涉及车辆的侧向动力学，受车辆纵向动力学的影响较小，所以这里通过假定车辆速度恒定而忽略车辆的纵向动力学，得到只具有侧向和横摆两个自由度的动力学模型：

$$\begin{cases} mv_x(\dot{\beta}+r) = F_{xf}\sin\delta_f + F_{yf}\cos\delta_f + F_{yr} \\ I_z\dot{r} = L_f(F_{xf}\sin\delta_f + F_{yf}\cos\delta_f) - L_rF_{yr} \end{cases} \quad (4-6)$$

行驶稳定的车辆，其前轮转角 δ_f 很小，所以可以采用如下近似关系：

$$\begin{cases} \sin\delta_f \approx \delta_f \\ \cos\delta_f \approx 1 \end{cases} \quad (4-7)$$

将式（4-6）进一步简化为：

$$\begin{cases} mv_x(\dot{\beta}+r) = F_{yf} + F_{yr} \\ I_z\dot{r} = L_fF_{yf} - L_rF_{yr} \end{cases} \quad (4-8)$$

同时，处于稳定行驶状态下的车辆，其轮胎一般工作在线性区域，此时轮胎侧向力 F_y 与轮胎侧偏角 α 基本呈线性关系，可被写成如下形式：

$$\begin{cases} F_{yf} = 2C_f\alpha_f \\ F_{yr} = 2C_r\alpha_r \end{cases} \quad (4-9)$$

式中，C_f 为车辆前轮的轮胎侧偏刚度，单位为 N·rad；C_r 为车辆后轮的轮胎侧偏刚度，单位为 N·rad；α_f 为车辆前轮的轮胎侧偏角，单位为 rad；α_r 为车辆后轮的轮胎侧偏角，单位为 rad。

根据坐标系的规定，车辆前、后轮的轮胎侧偏角可分别被近似描述成：

$$\begin{cases} \alpha_f = \beta + \dfrac{L_fr}{v_x} - \delta_f \\ \alpha_r = \beta - \dfrac{L_rr}{v_x} \end{cases} \quad (4-10)$$

将式（4-9）和式（4-10）代入到式（4-8）中，推导出线性二自由度车辆动力学模型：

$$\begin{cases} \dot{\beta} = \dfrac{2\ (C_f + C_r)}{mv_x}\beta + \left(\dfrac{2\ (L_f C_f - L_r C_r)}{mv_x^2} - 1\right)\ r - \dfrac{2C_f}{mv_x}\delta_f \\ \dot{r} = \dfrac{2\ (L_f C_f - L_r C_r)}{I_z}\beta + \dfrac{2\ (L_f^2 C_f + L_r^2 C_r)}{I_z v_x}r - \dfrac{2L_f C_f}{I_z}\delta_f \end{cases} \quad (4-11)$$

在式（4-11）所示模型中的两个自由度分别是车辆的质心侧偏角 β 和横摆角速度 r。

结合式（4-4）和式（4-11），整理可得表征车辆运动学和动力学的微分方程式：

$$\begin{cases} \dot{y} = v\ (\psi + \beta) \\ \dot{\psi} = r \\ \dot{\beta} = \dfrac{(C_f + C_r)}{mv}\beta + \left(\dfrac{(L_f C_f - L_r C_r)}{mv^2} - 1\right)r - \dfrac{C_f}{mv}\delta_f \\ \dot{r} = \dfrac{(L_f C_f - L_r C_r)}{I_z}\beta + \dfrac{(L_f^2 C_f + L_r^2 C_r)}{I_z v}r - \dfrac{L_f C_f}{I_z}\delta_f \end{cases} \quad (4-12)$$

选取车辆质心 o 的侧向位置 y 作为系统的输出，同时选取车辆前轮转角 δ_f 作为系统的控制量，选取状态向量 $x = [\,y,\ \psi,\ \beta,\ r\,]^{\mathrm{T}}$。基于此，车辆系统模型可被描述成如下所示的状态空间形式：

$$\begin{cases} \dot{x} = Ax + B\delta_f \\ y = Cx \end{cases} \quad (4-13)$$

其中，

$$A = \begin{bmatrix} 0 & v & v & 0 \\ 0 & 0 & 0 & 1 \\ 0 & 0 & \dfrac{(C_f + C_r)}{mv} & \dfrac{(L_f C_f - L_r C_r)}{mv^2} - 1 \\ 0 & 0 & \dfrac{(L_f C_f - L_r C_r)}{I_z} & \dfrac{(L_f^2 C_f + L_r^2 C_r)}{I_z v} \end{bmatrix},\ B\begin{bmatrix} 0 \\ 0 \\ \dfrac{C_f}{mv} \\ \dfrac{L_f C_f}{I_z} \end{bmatrix}, \quad (4-14)$$

$$C = \begin{bmatrix} 1 & 0 & 0 & 0 \end{bmatrix}$$

4.3　智能车辆路径跟踪控制系统设计

　　路径跟踪控制系统通过控制智能车辆的转向角来操控其侧向运动，实现路径跟踪。路径跟踪的精确度是衡量系统性能的关键指标。由于智能车辆在运行过程中会受到多种外界干扰的作用，所以为保证智能车辆的环境适用性，使其在各种行车环境中都能较为精确地跟踪期望路径，路径跟踪控制系统需要能对这些干扰具有一定的鲁棒性。同时为保证智能车辆的实用性，路径跟踪控制系统还需要能在较广的车速范围内都具有良好的路径跟踪效果。本节在上一节的基础上，首先基于建立的二维车辆道路关系模型进行智能车辆路径跟踪问题的分析，指出本研究的关键控制问题；然后基于建立的车辆系统模型进行路径跟踪滚动优化控制器的设计，并采用红旗 HQ430 实车实验平台和 RT3002 惯性/GPS 组合导航系统进行实车实验测试，通过 C 程序实现实验算法；最后罗列实验结果并给出结果分析。

4.3.1　问题描述

　　确保车辆稳定地行驶在可行道路区域内是保证智能车辆行驶安全的关键，是实现智能车辆路径跟踪控制的前提条件。本节基于图 4 - 2 所示的二维车路关系模型进行智能车辆路径跟踪控制算法的设计。所研究的路径跟踪问题，其首要目标是保证刚性杆 RF 始终处于由 $f'_l(x)$ 和 $f'_r(x)$ 构成的道路区域内。

　　刚性杆 RF 具有在运动和受力情况下保持大小和形状不变的特性，所以只要保证刚性杆 RF 的前端点 F 和后端点 R 处于由 $f'_l(x)$ 和 $f'_r(x)$ 构成的道路区域内，整个刚性杆 RF 就处于该区域内。因此，区域型路径跟踪的控制目标可简化为：

$$\begin{cases} f'_r(x) \leqslant y_F \leqslant f'_l(x) \\ f'_r(x) \leqslant y_R \leqslant f'_l(x) \end{cases} \tag{4-15}$$

式中，y_F 为刚性杆 RF 前端点 F 的侧向位置，单位为 m；y_R 为刚性杆 RF 后端点 R 的侧向位置，单位为 m。

　　如图 4 - 5 所示，刚性杆 RF 的端点 F 和 R 与质心 o 之间存在如下几何关系：

$$\begin{cases} y_F = y_o + L_f \sin(\psi + \beta) \\ y_R = y_o - L_r \sin(\psi + \beta) \end{cases} \tag{4-16}$$

式中，y_o 为车辆质心的侧向位置，单位为 m；L_f 为车辆质心 o 到车辆前端点 F 的距离，单位为 m；L_r 为车辆质心到车辆后端点 R 的距离，单位为 m。

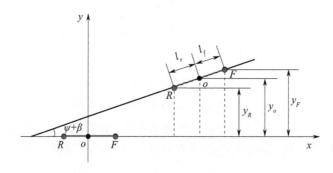

图 4-5　端点 F 和 R 与质心 o 的几何关系示意图

由于横摆角速度和质心侧偏角的值很小，可以对式（4-16）进行简化，可得：

$$\begin{cases} y_F = y_o + L_f(\psi + \beta) \\ y_R = y_o - L_r(\psi + \beta) \end{cases} \tag{4-17}$$

结合式（4-15）和式（4-17），整理可得区域型路径跟踪问题的最终形式，其保证车辆质心的侧向位置满足以下不等式约束：

$$\begin{cases} f'_r(x) - L_f(\psi + \beta) \leqslant y_o \leqslant f'_l(x) - L_f(\psi + \beta) \\ f'_r(x) + L_r(\psi + \beta) \leqslant y_R \leqslant f'_l(x) + L_r(\psi + \beta) \end{cases} \tag{4-18}$$

4.3.2　路径跟踪滚动优化控制器设计

车辆的行驶环境是复杂多变的，其间充满着各种不确定性因素（如突然出现的行人、车辆等），所以不论是车辆自主驾驶还是人驾驶汽车，都需要时刻根据周围的环境信息来实时决定下一步的行驶计划，这一点同模型预测控制（Model Predictive Control，MPC）的思想一致[22]。

目前主流的智能车辆大都采用机器视觉来识别车辆周围的交通环境，获取车辆前方一段距离内的道路信息。获取的道路信息通常为惯性坐标系下的一组点序列，无法直接作为控制系统的参考输入，因此需要在自动转向控制系统中附加额外的道路数据处理模块来给控制器提供合适的参考量。对此，本研究基于"预瞄 - 跟随"机制进行自动转向控制系统的设计。

本节不考虑执行机构的控制问题，假定车辆转向控制的输入为前轮转向角，同时假定车辆的各个状态量均可测。基于此，结合前面的分析建立如图 4 – 6 所示的自动转向控制系统。

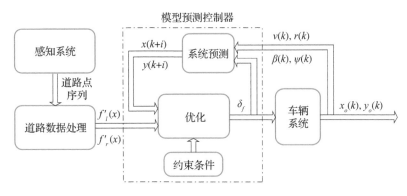

图4 –6　自动转向控制系统的系统框图

（1）控制目标分析

设计控制算法时首先必须对车辆质心的侧向位置进行约束，使其满足式（4 – 18）中的不等式关系。其次，考虑到车辆在行驶过程中的安全性，所设计的控制算法需要保证智能车辆尽可能地行驶在道路区域中心线上。再次，考虑到油耗问题，本节提出通过最短化车辆的行驶路线来降低能耗进而实现减少油耗的目的。最后，考虑到自主车的行驶平顺性，还需对控制动作的大小进行限制，以避免出现过大的控制动作。由于车辆的转向机构是一个机械系统，为保证控制器输出的控制量能有效地发挥控制作用，在设计控制算法时将转向执行机构的饱和问题考虑在内。综上分析，设计的控制算法需要实现以下目标：

1）使车辆质心的侧向位置 y_o 满足式（4 – 18）中的不等式约束。

2）使车辆尽可能地行驶在可行道路区域的中心线上，以降低车辆与道路边缘或障碍物发生碰撞的可能性。

3）使车辆行驶的路径尽可能短，以降低车辆的油耗。

4）保证控制器输出的控制量即车辆的前轮转角始终平稳，避免出现过大的控制动作。

5）使前轮转角及其变化率不高于转向机构的饱和值。

（2）控制算法推导

车速是一个缓慢变化的连续量，所以本研究做出如下假设：假设智能车辆在一个预测时域内保持恒速行驶。本节基于上一节建立的车辆系统模型进行模型预测控制算法的推导，MPC 一般为采样控制算法，用于算法设计的预测模型应为离散的，所以需将式（4-13）的微分模型进行离散化，得到离散化的控制模型：

$$
\begin{cases}
x(k+1) = A_c x(k) + B_c \delta_f(k) \\
y_o(k) = C_c x(k)
\end{cases}
\tag{4-19}
$$

式中，$A_c = e^{AT_s}$；$B_c = \int_0^{T_s} B\, e^{A\tau}\mathrm{d}\tau$，$T_s$ 为采样时间，单位为 s；$C_c = C_{\circ}$

根据 MPC 的基本原理，假定预测时域为 P，控制时域为 N，且满足 $N \ll P_{\circ}$ 同时假定控制时域之外的控制量保持不变，即 $\delta_f(k+N) = \delta_f(k+N+1) = \cdots = \delta_f(k+P-1)$，则基于控制模型式（4-19），可推导出 P 步的状态预测方程：

$$
x(k+1) = A_c x(k) + B_c \delta_f(k)
$$
$$
x(k+2) = A_c^2 x(k) + A_c B_c \delta_f(k) + B_c \delta_f(k+1)
$$
$$
\vdots
$$
$$
x(k+N) = A_c^N x(k) + A_c^{N-1} B_c \delta_f(k) + \cdots + B_c \delta_f(k+N-1)
$$
$$
\vdots
$$
$$
x(k+P) = A_c^P x(k) + A_c^{P-1} B_c \delta_f(k) + \cdots + \sum_{i=1}^{P-N+1} A_c^{i-1} B_c \delta_f(k+N-1)
$$
$$
\tag{4-20}
$$

及 P 步的输出预测方程：

$$
y(k+1) = C_c A_c x(k) + C_c B_c \delta_f(k)
$$
$$
y(k+2) = C_c A_c^2 x(k) + C_c A_c B_c \delta_f(k) + C_c B_c \delta_f(k+1)
$$
$$
\vdots
$$
$$
y(k+N) = C_c A_c^N x(k) + C_c A_c^{N-1} B_c \delta_f(k) + \cdots + C_c B_c \delta_f(k+N-1)
$$
$$
\vdots
$$
$$
y(k+P) = C_c A_c^P x(k) + C_c A_c^{P-1} B_c \delta_f(k) + \cdots + \sum_{i=1}^{P-N+1} C_c A_c^{i-1} B_c \delta_f(k+N-1)
$$
$$
\tag{4-21}
$$

定义 k 时刻系统状态的 P 步预测序列和系统预测输出序列分别为：

$$
X(k+1 \mid k) = \begin{bmatrix} x(k+1) \\ x(k+2) \\ \vdots \\ x(k+P) \end{bmatrix},
Y(k+1 \mid k) = \begin{bmatrix} y_o(k+1) \\ y_o(k+2) \\ \vdots \\ y_o(k+P) \end{bmatrix}
\tag{4-22}
$$

同时定义 k 时刻的控制输入序列为:

$$U(k) = \begin{bmatrix} \delta_f(k) \\ \delta_f(k+1) \\ \vdots \\ \delta_f(k+N-1) \end{bmatrix} \qquad (4-23)$$

则可得 P 步系统状态和被控输出的预测方程:

$$\begin{aligned} X(k+1 \mid k) &\triangleq S_{xx}x(k) + S_{xu}\delta_f(k) \\ Y(k+1 \mid k) &\triangleq S_x x(k) + S_u\delta_f(k) \end{aligned} \qquad (4-24)$$

其中,

$$S_{xx} = \begin{bmatrix} A_c \\ \vdots \\ A_c^N \\ \vdots \\ A_c^P \end{bmatrix}, \quad S_{xu} = \begin{bmatrix} B_c & 0 & \cdots & 0 \\ \vdots & \vdots & \ddots & \vdots \\ A_c^{N-1}B_c & A_c^{N-2}B_c & \cdots & B_c \\ \vdots & \vdots & \ddots & \vdots \\ A_c^{P-1}B_c & A_c^{P-2}B_c & \cdots & \sum_{i=1}^{P-N+1} A_c^i B_c \end{bmatrix}$$

$$S_x = \begin{bmatrix} C_c A_c \\ \vdots \\ C_c A_c^N \\ \vdots \\ C_c A_c^P \end{bmatrix}, \quad S_u = \begin{bmatrix} C_c B_c & 0 & \cdots & 0 \\ \vdots & \vdots & \ddots & \vdots \\ C_c A_c^{N-1}B_c & C_c A_c^{N-2}B_c & \cdots & B_c \\ \vdots & \vdots & \ddots & \vdots \\ C_c A_c^{P-1}B_c & C_c A_c^{P-2}B_c & \cdots & \sum_{i=1}^{P-N+1} C_c A_c^i B_c \end{bmatrix}$$

由上述分析可知, 自动转向控制器应保证智能车辆尽可能地沿着可行驶道路区域的中心线行驶, 所以这里定义控制器参考输入序列 $R(k)$ 为:

$$R(k) = \begin{bmatrix} y_r(k+1) \\ y_r(k+2) \\ \vdots \\ y_r(k+P) \end{bmatrix} \qquad (4-25)$$

式中, $y_r(k+i)$, $i=1, \cdots, P$, 为前方可行道路区域中心线 $f(x)$ 的离散量; 离散间隔为 $v_x \cdot T_s$。

然后通过最小化目标函数 J_1 来保证被控车辆尽可能地沿着道路区域的中心线行驶：

$$J_1 = \| Y(k+1|k) - R(k) \|^2 \qquad (4-26)$$

针对上述分析指出的节能问题，这里通过最小化由车辆行驶位移构成的目标函数 J_2 来实现降低油耗的目的：

$$J_2 = \sum_{i=1}^{P} (\| \Delta x_d(k+i) \|^2 + \| \Delta y_d(k+i) \|^2) \qquad (4-27)$$

其中，

$$\Delta x_d(k+i) = v_x(k) \cdot T_s, i = 1, \cdots, P$$

$$\Delta y_d(k+i) = y_o(k+i) - y_o(k+i-1), i = 1, \cdots, P$$

式中，$\Delta x_d(k+i)$ 为车辆在 $(k+i-1) \sim (k+i)$ 这段时间内行驶的纵向位移，单位为 m；$\Delta y_d(k+i)$ 为车辆在同一段时间内行驶的侧向位移，单位为 m。

同时为实现对控制器输出量大小的控制，保证被控车辆的转向平顺性，将由控制序列 $U(k)$ 构成的函数 J_3 也作为模型预测控制算法的一个优化目标：

$$J_3 = \| U(k) \|^2 \qquad (4-28)$$

由于 J_1、J_2、J_3 这三个优化目标之间存在需求冲突，为获得最合适的优化解，需要引入权重系数来对它们进行平衡处理，所以本研究设计的模型预测控制器的优化目标的具体形式为：

$$\begin{aligned} J = &\| \boldsymbol{\Gamma}_y (Y(k+1|k) - R(k)) \|^2 + \| \boldsymbol{\Gamma}_u U(k) \|^2 + \\ &\sum_{i=1}^{P} \Gamma_{d,i} (\| \Delta x_d(k+i) \|^2 + \| \Delta y_d(k+i) \|^2) \end{aligned} \qquad (4-29)$$

式中，$\boldsymbol{\Gamma}_y$ 和 $\boldsymbol{\Gamma}_u$ 为加权矩阵；$\Gamma_{d,i}$ 为权重因子。

同时，控制器需要保证车辆质心的侧向位置 y_o 满足式（4-18）中的不等式关系，所以需要在模型预测控制器中引入下列输出约束：

$$x(k+i+1) = A_c x(k+i) + B_c \delta_f(k+i)$$

$$y_o(k+i+1) = C_c x(k+i)$$

$$f'_r(k+i) - L_f(\psi(k+i) + \beta(k+i)) \leqslant y_o(k+i) \leqslant f'_l(k+i) - L_f(\psi(k+i) + \beta(k+i))$$

$$f'_r(k+i) + L_r(\psi(k+i) + \beta(k+i)) \leqslant y_o(k+i) \leqslant f'_l(k+i) + L_r(\psi(k+i) + \beta(k+i))$$

$$| \delta_f(k+i) | \leqslant \delta_{fsat}$$

$$| \Delta \delta_f(k+i) | \leqslant \dot{\delta}_{fsat} T_s$$

$$(4-30)$$

求解式（4-30）中的优化问题即可获得一个最优的控制序列 U^*，结合 MPC 的基本原理，选取 U^* 的第一个量作为控制量作用到被控车辆上。到下一时刻，控制器根据当前的车辆状态重新计算一个新的最优控制序列，以此往复，即实现了滚动优化控制。

4.3.3　路径跟踪控制实车实现

车辆是一个复杂的非线性系统，仿真模型只能在一定程度上模拟实际车辆的运行状态。本节采用红旗 HQ430 实车实验平台对设计的自动转向控制系统进行实验测试，通过实际应用实现对系统特性的深入研究。本节就实车实验中涉及的几个关键点，如实车实验平台、实验中用到的传感器、实验算法的编写等进行详细叙述。

1. 实车实验平台

红旗 HQ430 实车实验平台是由一辆 HQ430 高级轿车改造而成的，其自主驾驶系统总体由驾驶控制系统和环境感知系统两部分组成，系统结构如图 4-7 所示。驾驶控制系统运行在一台高性能的单板机中，由行为决策、规划与控制三个子系统组成。而整个环境感知系统运行在两台高性能单板机中，主要由道路标志线识别和前方车辆识别两个分系统组成，用于感知的传感器有左右轮里程仪、节气门开度传感器、制动压力传感器、轮摆角传感器以及两个高性能摄像头，传感器信号经过预处理电路板的滤波、放大后，通过计算机接口板进入相

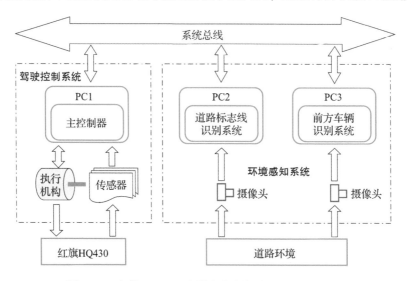

图 4-7　红旗 HQ430 实验车自主驾驶系统的结构框图

应的处理机。为了确保各个系统的实时性和可靠性，红旗 HQ430 实车实验平台选取工业控制界流行的嵌入式实时操作系统 vxWorks 作为上述三台主控计算机的运行环境。

执行机构的改造是智能车辆工作的重点。智能车辆的执行机构包括转向执行机构和纵向执行机构两部分，结合它们各自的工作特点，红旗 HQ430 实车实验平台上选用步进电机驱动的机构作为转向执行机构，同时选用液压驱动的机构作为纵向执行机构，分别如图 4-8a 和图 4-8b 所示。

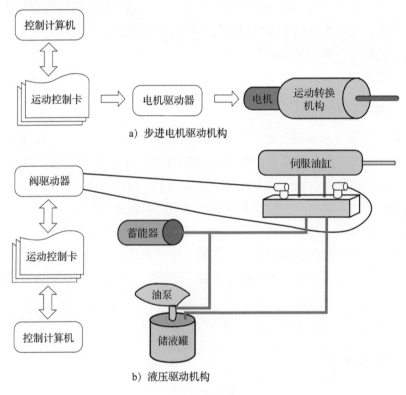

a）步进电机驱动机构

b）液压驱动机构

图 4-8 执行机构改造后的结构示意图

2. 实验传感器 RT3002 介绍及数据处理

RT3002（图 4-9a）是 Oxford Technical Solutions 公司研发的一种惯性/GPS 组合导航系统，内部使用战斗机导航系统的数学算法，用于实时、精确地测量物体的运动状态。

RT3002 惯性/GPS 组合导航系统可以用于测量各个轴上的速度、旋转角度、角速度、角加速度、位置等信息，其内部集成了三个加速度传感器和三个陀螺仪角速度传感器，组成一个惯性传感器组块，计算系统的所有输出。RT3002 惯性/GPS 组合导航系统的测量精度很高，其定位精度高达 ±2cm。为了保证测量的精确性，RT3002 惯性/GPS 组合导航系统采用四元数法进行姿态描述，通过捷联惯导系统（Strapdown Inertial Navigation System，SINS）计算导航参数，并采用卡尔曼滤波来进行数据修正。卡尔曼滤波的应用还在一定程度上消除了测量结果中的噪声。

RT3002 惯性/GPS 组合导航系统是一种实时系统，其实时结果可以通过RS232 串口、10/1000Base－T 以太网（通过 UDP 广播）以及 CAN 总线输出。系统输出的时间为 GPS 时间，采用 1PPS 时间同步器来保证不同系统间的时间高度同步，使惯性测量系统和 GPS 同步。

在使用 RT3002 惯性/GPS 组合导航系统时，基站（图 4－9b）的连接是一个可选项，连接基站时构成差分定位系统，其定位精度较不连接基站时要高。基站的连接方式为无线电。

a）RT3002　　　　　　　b）基站

图 4－9　RT3002 系统的实物图

实验选用的 RT3002 惯性/GPS 组合导航系统的数据输出方式为 UDP 广播，输出的是地球坐标系下的数据，而本研究的控制系统是基于车身坐标系的，所以需要对 RT3002 的测量数据进行坐标转换。

（1）速度坐标转换

通过 RT3002 惯性/GPS 组合导航系统可以测得正北、正东及垂直地面向上三个方向的速度 v_n、v_e 和 v_u，同时可测得车身坐标系下的航向角 φ、俯仰角 θ 和侧倾角 ϕ。基于此，可通过坐标旋转求得 SAE 车辆坐标系（图 4－10）下各个方向上的车速，具体如下：

$$\begin{bmatrix} v_x \\ v_y \\ v_z \end{bmatrix} = \begin{bmatrix} 1 & 0 & 0 \\ 0 & \cos\phi & \sin\phi \\ 0 & -\sin\phi & \cos\phi \end{bmatrix} \cdot \begin{bmatrix} \cos\theta & 0 & -\sin\theta \\ 0 & 1 & 0 \\ \sin\theta & 0 & \cos\theta \end{bmatrix} \cdot \begin{bmatrix} \cos\varphi & \sin\varphi & 0 \\ -\sin\varphi & \cos\varphi & 0 \\ 0 & 0 & 1 \end{bmatrix} \cdot \begin{bmatrix} v_n \\ v_e \\ v_u \end{bmatrix}$$

$$(4-31)$$

式中，v_x 为车辆的纵向速度；v_y 为车辆的侧向速度；v_z 为车辆的垂向速度。

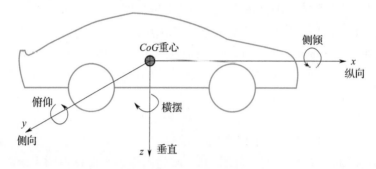

图 4-10　SAE 车辆坐标系

（2）位置坐标转换

RT3002 惯性/GPS 组合导航系统定位出的位置信息是基于大地坐标系的，以经纬度及海拔作为特征量表征车辆相对地球球心的位置。而我们所做的车辆路径跟踪控制的研究往往是在空间直角坐标系下进行的，所以需要进行坐标转换，将经纬度坐标信息转换为距离信息。大地坐标系到空间直角坐标系的转换方法主要有四种：墨卡托投影、高斯 – 克吕格投影、UTM 投影及我国分带方法。本次实验采用 UTM 投影方法。UTM 投影全称为通用横轴墨卡托投影（Universal Transverse Mercator Grid System，UTM），是一种"等角横轴割圆柱投影"。它的分带方法与高斯 – 克吕格投影相似，将北纬 84° 至南纬 80° 之间按经度分为 60 个带，每带 6°；从西经 180° 起算，两条标准线距中央经线为 180km 左右，中央经线的比例因子取 0.9996，这是为了保证离中央经线左右约 330km 处有两条不失真的标准经线。UTM 投影的平均长度变形 < 0.04%。

3. 实验控制系统

红旗 HQ430 实车实验平台采用一种具有扰动观测器的前馈加反馈的控制结构来设计其自主转向控制系统[7]，如图 4 – 11 所示。本研究重点研究其中的路径规划模块，采用模型预测控制的方法实时求取期望的前轮转角。

实验时，各个系统之间的通信关系如图 4 – 12 所示。本节设计的转向控制算法运行在 Thinkpad T420 笔记本计算机中，控制系统的其他部分则运行在实验平台上的主控制计算机中，两者之间通过 UDP 广播进行数据通信，而主控计算机与转向执行机构及车辆系统之间则通过车内的 CAN 总线进行数据通信。车辆状态的测量量大都由 RT3002 惯性/GPS 组合导航系统提供，也是通过 UDP 广播进行传递的。PC2 是用来配置 RT3002 惯性/GPS 组合导航系统并对其进行实时监控的。

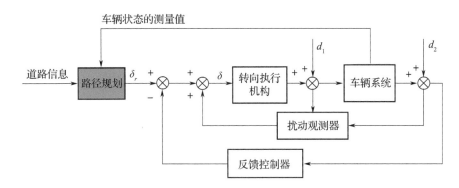

图 4 -11 红旗 HQ430 实车实验平台的自主转向控制系统

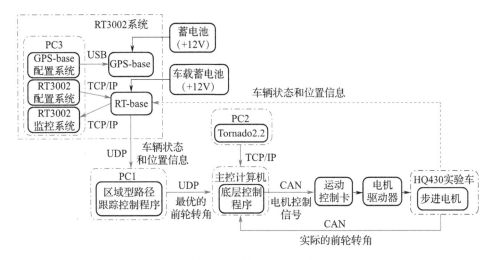

图 4 -12 通信系统框图

4. 控制算法编写

与实验相关的各个算法均是采用 C 语言编写的。对模型预测控制器而言，控制模型的离散化处理和控制问题的优化求解是控制算法编写的重点，同时也是难点，所以这里对本研究采用的系统离散化方法和优化算法进行详细介绍。

（1）系统离散化

系统离散化是编写控制算法的一项基础性工作，本研究采用以下公式将连续时间模型转化为离散模型：

$$\boldsymbol{A} = e^{A_c T_s}, \boldsymbol{B}_u = \int_0^{T_s} e^{A_c \tau} \mathrm{d}\boldsymbol{\tau} \cdot \boldsymbol{B}_{cu} \tag{4-32}$$

式中，$\boldsymbol{A}_c$ 为连续时间模型的状态矩阵；$\boldsymbol{B}_{cu}$ 为连续时间模型的输入矩阵；$\boldsymbol{A}$ 为离

散模型的状态矩阵；$\boldsymbol{B}_u$ 为离散模型的输入矩阵；T_s 为离散时间。

对 $e^{A_c t}$ 进行泰勒展开，可得：

$$e^{A_c t} = I + A_c t + \frac{1}{2} A_c^2 t^2 + \cdots + \frac{1}{k} A_c^k t^k + \cdots$$

$$= \sum_{k=0}^{\infty} \frac{1}{k!} A_c^k t^k \qquad (4-33)$$

将式（4-33）代入到式（4-32）中，整理可得：

$$A = \sum_{k=0}^{\infty} \frac{1}{k!} A_c^k T_s^k$$

$$B_u = \sum_{k=0}^{\infty} \frac{1}{(k+1)!} A_c^k T_s^{k+1} \cdot B_{cu} \qquad (4-34)$$

式（4-34）为编写系统离散化算法的基础公式，计算精度为 10^{-6}。

（2）优化算法

综合考虑实车实验对算法运行速度和算法占用资源大小的限制以及算法本身的复杂度与可学习性，本研究采用差分进化（Differential Evolution，DE）算法进行控制器的优化求解，该算法是一种基于种群的启发式随机搜索算法。差分进化算法的概念简单易理解，结构紧凑、参数少，容易实现和运用，同时具有良好的鲁棒性和收敛性，是一种有效的实参数全局优化技术。

上文推导出的模型预测控制问题包含多个线性约束，在利用差分进化算法进行优化求解时，需采用惩罚函数法将约束转换为函数的惩罚项：

$$qs(X) = \| \min(X - X_{\min}, 0) \| + \| \min(X_{\max} - X, 0) \| \qquad (4-35)$$

式中，X 为约束项；$X_{\max}$ 和 $X_{\min}$ 分别为约束的上下界。

由于不论是系统的输出约束还是状态约束，都可以转换为控制约束 $CU(k) \leqslant b$，所以可以将式（4-30）所示的约束优化问题转换为如下形式的无约束优化问题：

$$\min f(X)$$

$$f(X) = J + pro \times qs(X) \qquad (4-36)$$

式中，X 等价于系统的控制序列 $U(k)$。

采用 DE 算法对式（4-36）进行优化求解的具体过程如下：

1）初始化。差分进化算法是基于种群的，所以在算法的起始点需要初始化种群：

$$\left\{ X_i(0) \mid x_{i,j}^{L} \leqslant x_{x,j}(0) \leqslant x_{x,j}^{U}, \ i = 1, \ 2, \ \cdots, \ N_p, \ j = 1, \ 2, \ \cdots, \ D \right\}$$

$$(4 - 37)$$

式中, $X_i(0)$ 表示第 i 个个体; $x_{i,j}(0)$ 表示第 i 个个体的第 j 维; $x_{x,j}^{L}$ 和 $x_{x,j}^{U}$ 分别为第 i 个个体的第 j 维的下界和上界; N_p 为种群的规模; D 为优化问题的维数。

结合式 (4 – 30) 中的描述可知:

$$\begin{cases} x_{i,j}^{L} = \delta_{fsat} \\ x_{i,j}^{U} = \delta_{fsat} \\ D = N \end{cases} \qquad (4 - 38)$$

这里采用以下公式进行种群初始化处理, 以保证初始种群取值的合理性与随机性:

$$x_{i,j}(0) = x_{i,j}^{L} + \text{rand}(0, \ 1) \cdot (x_{i,j}^{U} - x_{i,j}^{L}) \qquad (4 - 39)$$

式中, $\text{rand}(0, \ 1)$ 代表 [0, 1] 区间上的随机数。

2) 变异。差分进化算法有多种变异策略, 这里采用两个差分矢量的变异策略, 在种群中随机选取两个不同的个体, 将它们的向量差进行缩放后附加到待变异的个体上进行向量合成:

$$V_i(g + 1) = X_{r1}(g) + F \cdot (X_{r2}(g) - X_{r3}(g)) \qquad (4 - 40)$$

式中, $V_i(g + 1)$ 表示第 $g + 1$ 代种群中的第 i 个个体; $r1$、$r2$ 和 $r3$ 是三个互不相同的随机数; F 为缩放因子。

研究表明, 这种变异策略具有更好的全局搜索能力。

3) 交叉。交叉操作是通过对第 g 代种群 $x(g)$ 及其变异体 $v(g + 1)$ 进行个体间的交叉, 以概率的方式来生成新的随机个体:

$$U_{i,j}(g + 1) = \begin{cases} V_{i,j}(g + 1), \ \text{rand}(0, \ 1) \leqslant CR \\ x_{i,j}(g), \ \text{其他} \end{cases} \qquad (4 - 41)$$

式中, CR 为交叉概率。

4) 选择。在进行完上述基本操作后, 采用贪婪选择策略从中选取新一代的个体:

$$X_i(g + 1) = \begin{cases} U_i(g + 1), \ U_i(g + 1) \leqslant f(X_i(g)) \\ X_i(g), \ \text{其他} \end{cases} \qquad (4 - 42)$$

结合上述分析, 可以绘出如图 4 – 13 所示算法流程图。

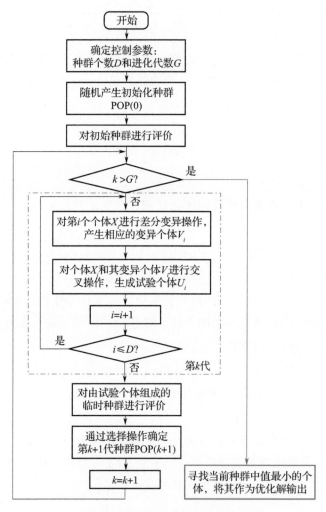

图 4-13 差分进化算法流程图

4.3.4 实车实验

为初步验证控制算法的实际可用性，本次实验选择在国防科技大学的校内广场上进行，选取一个约 40 × 80 的矩形作为实验路径，如图 4-14、图 4-15 所示。为充分检验控制算法在实际应用中的性能，在当前实验道路上进行多次实验，并选取了其中较为有代表性的三组，实验结果如图 4-16 ~ 图 4-18 所示。

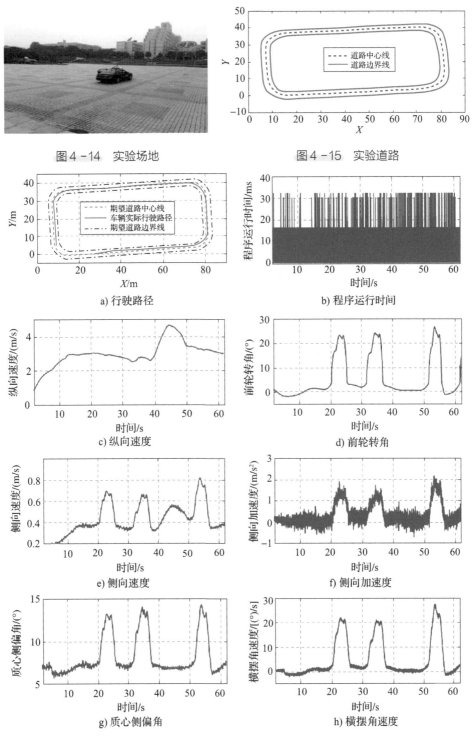

图 4-14 实验场地

图 4-15 实验道路

a) 行驶路径

b) 程序运行时间

c) 纵向速度

d) 前轮转角

e) 侧向速度

f) 侧向加速度

g) 质心侧偏角

h) 横摆角速度

图 4-16 第一组实验结果

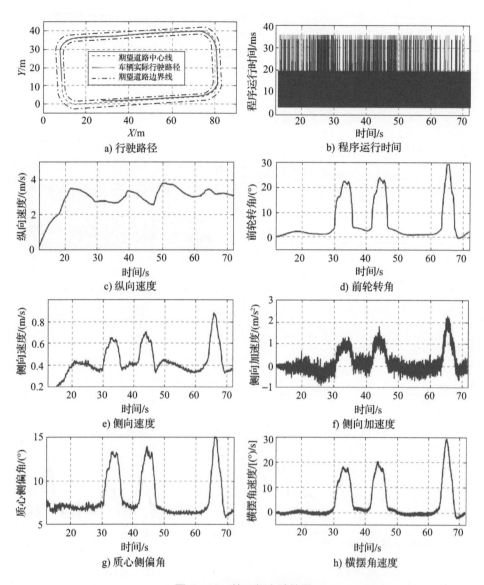

a) 行驶路径

b) 程序运行时间

c) 纵向速度

d) 前轮转角

e) 侧向速度

f) 侧向加速度

g) 质心侧偏角

h) 横摆角速度

图4-17 第二组实验结果

图4-16a、图4-17a 和图4-18a 所示为车辆的行驶路径，从中可以看出本研究设计的自动转向控制系统可以有效地控制实验车沿着期望的道路区域行驶。图4-16b、图4-17b 和图4-18b 所示为控制器运算时间，从中可以看出控制器运行一次的时间基本稳定在 20ms 内，最大也不超过 35ms，小于红旗HQ430 实验系统的运行周期，说明本研究设计的基于 MPC 的自动转向控制器满

足实时性要求。图 4 – 16c、图 4 – 17c 和图 4 – 18c 所示分别为三次实验的车速曲线，本次实验只研究智能车辆的自动转向控制，加速和制动由驾驶员控制。图 4 – 16d、图 4 – 17d 和图 4 – 18d 所示为自动转向控制器优化出的前轮转向角 δ_f，图中曲线光滑且满足执行机构的机械饱和约束。其他几幅则分别是车辆侧向速度 v_y、侧向加速度 a_y、横摆角速度 r 及质心侧偏角 β 的曲线示意图，从中可以看出实验车始终处于侧向稳定的状态。

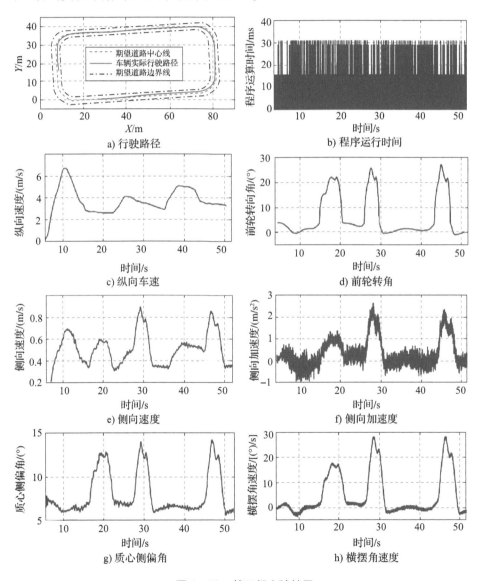

图 4 –18　第三组实验结果

4.4 智能车辆避障路径规划－跟踪控制一体化设计

4.4.1 避障控制问题描述

一条全局的路径表示了从起点到终点的一段驾驶任务。这其中包含很多独立的或是联合在一起的驾驶操作，如换道、十字路口、左/右转向、停车、车道保持等。从轨迹规划的层面看，一个独立操作又可以进一步看成是由一个或者多个基本的子操作组成的，如换道（包括左换道和右换道）、巡航。这些子操作可以被定义为基本操作，并且可以组成任何一系列的驾驶操作过程。例如，对于图 4－19 所示的智能车辆的一个超车过程来说，可以分解为一系列的基本操作：左换道、巡航，以及右换道。基于以上思想，任何复杂的动作都可以概括和简化为对换道过程的轨迹规划。因此，自主智能车辆的主动避障问题首先就是结合当前环境信息以及车辆自身的状态信息，决策应该采取什么驾驶操作的问题。此决策的制定是与当前环境信息，包括障碍车辆的状态、车辆当前行驶的车道，以及车辆当前的状态等息息相关的。

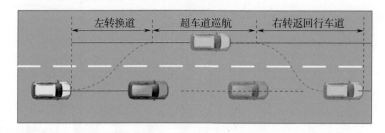

图 4－19　智能车辆超车示意图

对于正在行驶的智能车辆，前方出现障碍物（交通车辆、行人等）在所难免，通常情况下，车辆与障碍物之间的纵向距离缩小到一定的距离时，可以采取转向换道或者制动的方式避障[18]。但是对于高速公路环境，由于高速公路的特殊行车速度要求，采取换道超车避过障碍物的操作方式比较常见，该操作方式在操控得当的情况下，可以在较短的时间内避开障碍物，保持车辆行驶的稳定性，同时满足高速公路对最低车速的限制要求。因此，何时进行换道操作比较合适成为智能车辆必须要考虑的问题。本节所述控制策略方案的制定是基于安全距离标准的，即车辆与障碍物之间的距离小于安全距离时，采取左换道的操作方式来规避障碍物。

首先给出安全距离的定义：安全距离即在同一车道中行驶的两辆车之间为了保证交通安全所必须保持的行车距离[19]。下式为常见的基于车辆制动过程运动学分析的避障安全距离模型：

$$D_s = \frac{v_1^2}{2a_1} - \frac{v_2^2}{2a_2} + v_1(t_{hum} + t_x) + d_{safe} \tag{4-43}$$

式中，v_1、v_2、a_1、a_2 分别为智能车辆和前车的速度及制动减速度；d_{safe} 为两车静止时的最小安全距离；t_x 为主车制动系统协调时间，对于采用液压制动系统的车辆一般为 0.2s；t_{hum} 为驾驶员的制动反应时间，包括驾驶员看到危险警报信号的心理及生理反应、判断决策以及采取相应动作的时间，一般为 0.3～2.0s。

为简化安全距离模型，本节假设为一种极端的工况，假设前方障碍物静止，同时忽略驾驶员反应延迟及动作延迟，式（4-43）的安全距离模型简化为式（4-44）的形式。其中，t_x 取 0.2s，d_{safe} 取 0.5m。

$$D_s = \frac{v^2}{2a} + vt_x + d_{safe} \tag{4-44}$$

此处的 v 和 a 分别为智能车辆的速度和加速度。由于高速公路行车规定不允许长时间占用超车道，所以在通过换道的方式避过障碍物之后，应及时回到行车道。何时并线回到行车道，本节依然选用了这一安全距离模型，此时主车在前，障碍车在后，本文换道和并线时的安全距离如下：

$$D_{s1} = \frac{v_h^2}{2a_h} + v_h t_x + d_{safe}$$

$$D_{s2} = \frac{v_{tra}^2}{2a_{tra}} + v_{tra} t_x + d_{safe} \tag{4-45}$$

式中，D_{s1}、D_{s2} 分别为避障超车安全距离和并线安全距离；v_h、a_h 分别为智能车辆的车速和制动减速度；v_{tra}、a_{tra} 分别为障碍车的车速和制动减速度。

基于以上安全距离的定义，制定本文智能车辆自主避障的控制策略框图，如图 4-20 所示。由于实际行车过程中，车辆所需要的安全距离远大于理论计算值，因此常采用一个经验公式进行粗略计算，见式（4-46）。该经验公式也是交通部门处理交通事故时用来判定制动距离的依据[20]。

$$D_s = 3.6 \times v_{rear} \tag{4-46}$$

式中，v_{rear} 为行驶在后方的车辆的速度。后续的仿真实验也以此作为计算行车安全距离的标准。

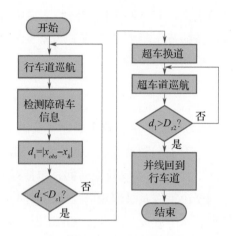

4-20　智能车辆自主避障控制策略框图

在车辆轨迹规划中，交通环境是一个非常重要的影响因素，对周围交通车辆的运动预测有助于提高行车安全性。假设可以通过车载传感器（如雷达、摄像头等）获得交通车辆当前的速度和航向角，由于路面附着系数约束和车辆转向系统机械结构的物理约束，那么依据交通车辆未来可能的速度和方向盘转角，可以估计出交通车辆未来可能的运动轨迹。

对于任意交通车辆的运动，都可以用以下微分方程表示：

$$\dot{x} = f(x(t), u(t)) \tag{4-47}$$

式中，x 为状态变量；u 为系统输入量，例如方向盘转角、制动信号或者加速踏板信号等。

系统输入 u 满足最大边界值物理约束 U，因此在很短的一段时间 $0 \sim \tau$ 内，交通车辆可能的运动状态可以表示为式（4-48）所示的形式[21]。

$$R^e(r) = \begin{cases} x(r) = x(0) + \int_0^\tau f(x(\tau), u(\tau)) d\tau, \\ x(0) \in X_0, u(\tau) \in U \end{cases} \tag{4-48}$$

图 4-21 给出了交通车辆可能的运动轨迹示意图，这可以描述为一簇类似于扇面的曲线，一条轨迹代表了一种可能的运动状态，通常情况下，车辆沿着中间轨迹直行的概率是最大的。本节选择了这种可能性比较大的轨迹作为交通车辆未来的运动轨迹进行控制算法设计与仿真。

由于此控制问题的被控对象为智能车辆，而交通车辆在自主避障问题中又可称为障碍车辆，只是作为给出侧向位移理想值的一个参考，因此，如图 4-22所示，本节选用 4.2 节介绍的运动学模型描述障碍车辆的运动：

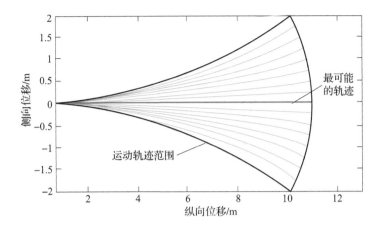

图 4-21　交通车辆可能的运动轨迹示意图

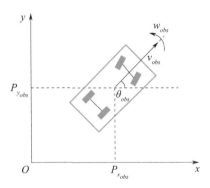

图 4-22　障碍车辆的运动模型

$$\dot{\boldsymbol{P}}_{obs} = \begin{bmatrix} \dot{P}_{x_{obs}} \\ \dot{P}_{y_{obs}} \\ \dot{\theta}_{obs} \end{bmatrix} = \begin{bmatrix} \cos\theta_{obs} & 0 \\ \sin\theta_{obs} & 0 \\ 0 & 1 \end{bmatrix} \begin{bmatrix} v_{obs} \\ \omega_{obs} \end{bmatrix} \tag{4-49}$$

式中，$P_{x_{obs}}$、$P_{y_{obs}}$ 分别为障碍车辆在大地坐标系下的横、纵坐标；θ_{obs} 为障碍车辆的航向角；v_{obs} 为障碍车辆的线速度；ω_{obs} 为障碍车辆的角速度。

假设在采样时间间隔内，车辆维持当前状态不变，对式（4-49）进行离散化，可以得到障碍车辆侧向位移的预测方程如下：

$$P_{y_{obs}}(k+1) = \Delta t \sin\theta_{obs} v_{obs} + P_{y_{obs}}(k) \tag{4-50}$$

式中，Δt 为采样时间间隔。

智能车辆避障时，需要对规划的轨迹进行参数化，以向左换道为例，如图 4-23 所示。在该典型换道过程中，假设车辆纵向速度恒定，只考虑车辆的侧向运动控制，其侧向位移 r_y 可以参数化为关于时间 t 的三次多项式函数：

$$r_y(t) = b_3 t^3 + b_2 t^2 + b_1 t + b_0 \qquad (4-51)$$

式中，b_3、b_2、b_1、b_0 为待定系数。对于任意的时间段 $0 \sim \tau$，只需确定起始时间和终止时间的边界条件，即 r_y 在 0 时刻和 τ 时刻的值及其导数值，便可唯一确定该 $0 \sim \tau$ 时间段内的侧向位移，边界条件如式（4-52）所列，其中，$r_{y\alpha}$ 为车辆的侧向位移，$v_{y\alpha}$ 为车辆的侧向速度。根据以上四组边界条件，即可唯一确定 $0 \sim \tau$ 时间内的车辆侧向位移轨迹。

$$\begin{cases} r_y(0) = r_{y0} \\ \dot{r}_y(0) = v_{y0} \\ r_y(\tau) = r_{y\tau} \\ \dot{r}_y(\tau) = v_{y\tau} \end{cases} \qquad (4-52)$$

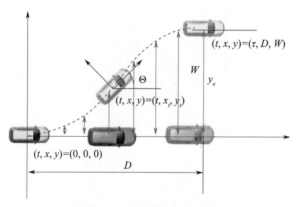

图 4-23 轨迹参数化示意图

在模型预测控制的一个优化过程中，选定 r_{y0}，v_{y0} 分别为车辆当前的侧向位移与侧向速度，$r_{y\tau}$ 为与预测的障碍车辆侧向位移相关的主车侧向位移，$v_{y\tau}$ 为预测的智能车辆侧向速度。基于此制定左换道系统控制方案如图 4-24 所示。

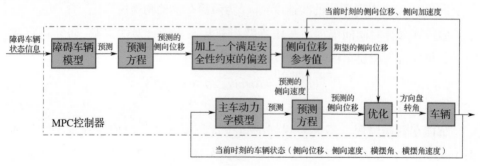

图 4-24 左换道系统控制方案框图

系统的输入为障碍车辆当前的状态信息和智能车辆当前的状态信息，包括：障碍车辆在大地坐标系下的侧向位移、航向角以及行驶线速度；智能车辆在大地坐标系下的侧向位移、侧向速度，横摆角以及横摆角速度。控制器输出的控制量为智能车辆的方向盘转角信号。设计 MPC 控制器，通过控制方向盘转角，使得智能车辆侧向位移与规划出的侧向位移之间的偏差尽可能小，即控制智能车辆跟踪上规划出的侧向位移，这样就可以使用一个 MPC 控制器，同时实现了轨迹的规划和跟踪控制。

4.4.2　路径规划 − 跟踪控制一体化设计

对于智能车辆系统，选用 4.2 节中介绍的线性二自由度车辆动力学模型，用 P_y 表示智能车辆在大地坐标系下的侧向位移，根据车辆坐标系与大地坐标系的转换关系可得它与车速之间的关系如下：

$$\dot{P}_y = v_y \cos r + v_x \sin r \tag{4-53}$$

由于 $r \ll 1$，因此可有如下近似：

$$\cos r \approx 1$$
$$\sin r \approx r \tag{4-54}$$

式（4−53）便可简化为：

$$\dot{P}_y = v_y + v_x r \tag{4-55}$$

方向盘转角 δ_{sw} 与汽车前轮转角的关系见式（4−56），其中 I_{sw} 为方向盘转角到前轮转角的转向传动比。

$$\delta_{sw} = I_{sw} \delta_f \tag{4-56}$$

选取 $\begin{bmatrix} P_y & v_y & \dot{r} & r \end{bmatrix}^{\mathrm{T}}$ 作为系统状态，δ_{sw} 作为系统控制输入，得到状态空间方程如下：

$$\begin{cases} \dot{x} = \boldsymbol{A}x + \boldsymbol{B}u \\ y = \boldsymbol{C}x \end{cases} \tag{4-57}$$

其中，

$$\boldsymbol{A} = \begin{bmatrix} 0 & 1 & 0 & v_x \\ 0 & -\dfrac{2(C_f + C_r)}{mv_x} & -\dfrac{2(L_f C_f - L_r C_r)}{mv_x} - v_x & 0 \\ 0 & -\dfrac{2(L_f C_f - L_r C_r)}{I_z v_x} & -\dfrac{2(L_f^2 C_f + L_r^2 C_r)}{I_z v_x} & 0 \\ 0 & 0 & 1 & 0 \end{bmatrix}, \quad \boldsymbol{B} = \begin{bmatrix} 0 \\ \dfrac{2C_f}{mI_{sw}} \\ \dfrac{2L_f C_f}{I_z I_{sw}} \\ 0 \end{bmatrix},$$

$$C = \begin{bmatrix} 1 & 0 & 0 & 0 \end{bmatrix} \qquad (4-58)$$

根据预测控制的基本原理，首先以最新测量值为初始条件，对式（4-57）进行离散化之后预测主车的未来动态。为此，设定预测时域为 N_p，控制时域为 N_u，且 $N_u \leq N_p$。为了推导主车的预测方程，我们需要做如下假设[22]：

控制时域之外，控制量不变，即 $u(k+i) = u(k+N_u-1)$，$i = N_u$，N_u+1，$\cdots$，N_p-1。因为控制时域有可能小于预测时域，而预测未来动态需要在预测时域内控制输入。

在当前时刻 k，测量值为 $x(k)$，以此作为预测智能车辆未来动态的起点，由式（4-57）可以预测 $k+1$ 到 $k+3$ 时刻的状态如下：

$$x(k+1\mid k) = Ax(k) + Bu(k)$$
$$x(k+2\mid k) = Ax(k+1\mid k) + Bu(k+1)$$
$$= A^2x(k) + ABu(k) + Bu(k+1)$$
$$x(k+3\mid k) = Ax(k+2\mid k) + Bu(k+2)$$
$$= A^3x(k) + A^2Bu(k) + ABu(k+1) + Bu(k+2) \qquad (4-59)$$

式中，$k+1\mid k$ 表示 k 时刻对 $k+1$ 时刻的预测；符号"$\mid$"后面的 k 表示当前时刻为 k。进而，可以预测 $k+N_u$ 至 $k+N_p$ 时刻的状态：

$$x(k+N_u\mid k) = Ax(k+N_u-1\mid k) + Bu(k+N_u-1)$$
$$= A^{N_u}x(k) + A^{N_u-1}Bu(k) + A^{N_u-2}Bu(k+1) + \cdots + Bu(k+N_u-1)$$
$$\vdots$$
$$x(k+N_p\mid k) = Ax(k+N_p-1\mid k) + Bu(k+N_p-1)$$
$$= A^{N_p}x(k) + A^{N_p-1}Bu(k) + A^{N_p-2}Bu(k+1) + \cdots + \sum_{i=1}^{N_p-N_u+1} A^{i-1}Bu(k+N_u-1)$$
$$(4-60)$$

进一步，由输出方程 $y = Cx$ 可以预测 $k+N_u$ 至 $k+N_p$ 时刻的被控输出：

$$y(k+1\mid k) = Cx(k+1\mid k)$$
$$= CAx(k) + CBu(k)$$
$$y(k+2\mid k) = Cx(k+2\mid k)$$
$$= CA^2x(k) + CABu(k) + CBu(k+1)$$
$$\vdots$$
$$y(k+N_u\mid k) = Cx(k+N_u\mid k)$$
$$= CA^{N_u}x(k) + CA^{N_u-1}Bu(k) + CA^{N_u-2}Bu(k+1) + \cdots + CBu(k+N_u-1)$$
$$\vdots$$

$$y(k + N_p \mid k) = Cx(k + N_p \mid k)$$

$$= CA^{N_p}x(k) + CA^{N_p-1}Bu(k) + CA^{N_p-2}Bu(k+1) + \cdots + \sum_{i=1}^{N_p-N_u+1} CA^{i-1}Bu(k + N_u - 1)$$

$$(4-61)$$

定义第 N_p 步预测的状态、N_p 步预测输出向量以及 N_u 步输入向量如下：

$$x_\tau = x(k + N_p \mid k) \tag{4-62}$$

$$Y(k+1 \mid k) = \begin{bmatrix} y(k+1 \mid k) \\ y(k+2 \mid k) \\ \vdots \\ y(k + N_p \mid k) \end{bmatrix}_{N_p \times 1} \tag{4-63}$$

$$U(k) = \begin{bmatrix} u(k) \\ u(k+1) \\ \vdots \\ u(k + N_u - 1) \end{bmatrix}_{N_u \times 1} \tag{4-64}$$

那么，对系统未来第 N_p 步预测的状态可以由下面的预测方程计算：

$$x_\tau = G_x x(k) + G_u U(k) \tag{4-65}$$

其中，

$$G_x = A^p, \quad G_u = \begin{bmatrix} A^{p-1}B & A^{p-2}B & \cdots & A^{p-N_u}B \end{bmatrix} \tag{4-66}$$

对系统未来 N_p 步预测的输出可以由下面的预测方程计算：

$$Y_{N_p}(k+1 \mid k) = S_x x(k) + S_u U(k) \tag{4-67}$$

其中，

$$S_x = \begin{bmatrix} CA \\ CA^2 \\ \vdots \\ CA^i \end{bmatrix}_{N_p \times 1}, \quad S_u = \begin{bmatrix} CB & 0 & 0 & \cdots & 0 \\ CAB & CB & 0 & \cdots & 0 \\ \vdots & \vdots & \vdots & \cdots & \vdots \\ \sum_{i=1}^{N_p} CA^{i-1}B & \sum_{i=1}^{N_p-1} CA^{i-1}B & \cdots & \cdots & \sum_{i=1}^{N_p-N_u+1} CA^{i-1}B \end{bmatrix}_{N_p \times N_u}$$

$$(4-68)$$

在一个优化过程中，对于式（4-52）所表示的轨迹参数化的边界条件 $r_y(0)$，$\dot{r}_y(0)$，$r_y(\tau)$，$\dot{r}_y(\tau)$ 分别取值如下：

$$\begin{cases} r_y(0) = P_{y-0} \\ \dot{r}_y(0) = v_{y-0} \\ r_y(\tau) = P_{y-\tau} \\ \dot{r}_y(\tau) = v_{y-\tau} \end{cases} \qquad (4-69)$$

式中，P_{y-0}、$P_{y-\tau}$ 分别为智能车辆在 0 时刻和 τ 时刻的侧向位移；v_{y-0}、$v_{y-\tau}$ 分别为智能车辆在 0 时刻和 τ 时刻的侧向速度。

智能车辆在 τ 时刻的侧向位移的计算如下：

$$P_{y-\tau} = P_{yobs-\tau} + P_{ye} \qquad (4-70)$$

式中，$P_{yobs-\tau}$ 为障碍车在 τ 时刻的侧向位移；P_{ye} 为侧向位移偏差，满足运动学约束条件 $P_{ye} \leqslant v_y t_s + \frac{1}{2} a_y$；$t_s^2$ 为采样时间。

联立式（4-51）与式（4-69），求解四元一次方程组可辨识得到 b_3，b_2，b_1，b_0 的值：

$$\begin{cases} b_0 = P_{y-0} \\ b_1 = v_{y-0} \\ b_2 = -\dfrac{3}{\tau^2} P_{y-0} + \dfrac{3}{\tau^2} P_{y-\tau} - \dfrac{2}{\tau} v_{y-0} - \dfrac{1}{\tau} v_{y-\tau} \\ b_3 = \dfrac{2}{\tau^3} P_{y-0} - \dfrac{2}{\tau^3} P_{y-\tau} + \dfrac{1}{\tau^2} v_{y-0} + \dfrac{1}{\tau^2} v_{y-\tau} \end{cases} \qquad (4-71)$$

为简化控制率表示，对该组解作如下代换处理：

$$\begin{cases} m_0 = P_{y-0} \\ m_1 = v_{y-0} \\ m_{21} = -\dfrac{3}{\tau^2} P_{y-0} + \dfrac{3}{\tau^2} P_{y-\tau} - \dfrac{2}{\tau} v_{y-0} \\ m_{22} = -\dfrac{1}{\tau} \\ m_{31} = -\dfrac{2}{\tau^3} P_{y-0} - \dfrac{2}{\tau^3} P_{y-\tau} + \dfrac{1}{\tau^2} v_{y-0} \\ m_{32} = \dfrac{1}{\tau^2} \end{cases} \qquad (4-72)$$

代换处理之后，代回式（4-71）则有简化形式如下：

$$\begin{cases} b_0 = m_0 \\ b_1 = m_1 \\ b_2 = m_{21} + m_{22} v_{y-\tau} \\ b_3 = m_{31} + m_{32} v_{y-\tau} \end{cases} \quad (4-73)$$

那么参考轨迹 $r_y(t)$ 则被转化成如下的形式：

$$r_y(t) = (m_{31} + m_{32} v_{y-\tau}) t^3 + (m_{21} + m_{22} v_{y-\tau}) t^2 + m_1 t + m_0 \quad (4-74)$$

定义参考序列：

$$R_y(k+1) = \left[r_y^T(k+1), \ r_y^T(k+2), \ \cdots, \ r_y^T(k+N_p) \right]^T \quad (4-75)$$

那么，在当前时刻 k，参考轨迹序列如下：

$$r_y(k+1) = r_y\left(\frac{1 \cdot \tau}{N_p}\right)$$

$$= \left[m_{31}\left(\frac{1 \cdot \tau}{N_p}\right)^3 + m_{21}\left(\frac{1 \cdot \tau}{N_p}\right)^2 + m_1 + m_0 \right] + \left[m_{32}\left(\frac{1 \cdot \tau}{N_p}\right)^3 + m_{22}\left(\frac{1 \cdot \tau}{N_p}\right)^2 \right] v_{y-\tau}$$

$$r_y(k+2) = r_y\left(\frac{2 \cdot \tau}{N_p}\right)$$

$$= \left[m_{31}\left(\frac{2 \cdot \tau}{N_p}\right)^3 + m_{21}\left(\frac{2 \cdot \tau}{N_p}\right)^2 + m_1 + m_0 \right] + \left[m_{32}\left(\frac{2 \cdot \tau}{N_p}\right)^3 + m_{22}\left(\frac{2 \cdot \tau}{N_p}\right)^2 \right] v_{y-\tau}$$

$$\vdots$$

$$r_y(k+N_p) = r_y\left(\frac{N_p \cdot \tau}{N_p}\right)$$

$$= \left[m_{31}\left(\frac{N_p \cdot \tau}{N_p}\right)^3 + m_{21}\left(\frac{N_p \cdot \tau}{N_p}\right)^2 + m_1 + m_0 \right] + \left[m_{32}\left(\frac{N_p \cdot \tau}{N_p}\right)^3 + m_{22}\left(\frac{N_p \cdot \tau}{N_p}\right)^2 \right] v_{y-\tau}$$

$$(4-76)$$

由状态预测方程式（4-65）以及状态空间方程式（4-57）得到 $v_{y-\tau}$ 的表达式如下：

$$v_{y-\tau} = C_{v_y} x_\tau \quad (4-77)$$

式中，$C_{v_y} = \begin{bmatrix} 0 & 1 & 0 & 0 \end{bmatrix}$。

把式（4-65）、式（4-77）代入参考轨迹序列式（4-74）可整理成如下的形式：

$$r_y(k+N_p) = r_y\left(\frac{N_p \cdot \tau}{N_p}\right)$$

$$= \left[m_{31}\left(\frac{N_p \cdot \tau}{N_p}\right)^3 + m_{21}\left(\frac{N_p \cdot \tau}{N_p}\right)^2 + m_1 + m_0 \right] + \left[m_{32}\left(\frac{N_p \cdot \tau}{N_p}\right)^3 + m_{22}\left(\frac{N_p \cdot \tau}{N_p}\right)^2 \right]$$

$$= C_{v_y} C_x x(k) + \left[m_{32}\left(\frac{N_p \cdot \tau}{N_p}\right)^3 + m_{22}\left(\frac{N_p \cdot \tau}{N_p}\right)^2 \right] C_{v_y} C_u U(k) \quad (4-78)$$

式（4-75）可以写成如下矩阵的形式：

$$R_y(k+1) = R + R_x x(k) + R_u U(k) \qquad (4-79)$$

其中，

$$R = \begin{bmatrix} r_1 \\ r_2 \\ \vdots \\ r_{N_p} \end{bmatrix}_{N_p \times 1}, \quad r_i = m_{31}\left(\frac{i \cdot \tau}{N_p}\right)^3 + m_{21}\left(\frac{i \cdot \tau}{N_p}\right)^2 + m_1 + m_0, \quad i = 1, 2, \cdots, N_p$$

$$R_x = \begin{bmatrix} r_1 \\ r_2 \\ \vdots \\ r_{N_p} \end{bmatrix}_{N_p \times 1}, \quad r_{xi} = \left[m_{32}\left(\frac{i \cdot \tau}{N_p}\right)^3 + m_{22}\left(\frac{i \cdot \tau}{N_p}\right)^2 \right] C_{v_y} C_x, \quad i = 1, 2, \cdots, N_p$$

$$R_u = \begin{bmatrix} r_{u1} \\ r_{u2} \\ \vdots \\ r_{uN_p} \end{bmatrix}_{N_p \times (k+N_u)}, \quad r_{ui} = \left[m_{32}\left(\frac{i \cdot \tau}{N_p}\right)^3 + m_{22}\left(\frac{i \cdot \tau}{N_p}\right)^2 \right] C_{v_y} C_u, \quad i = 1, 2, \cdots, N_p$$

$$(4-80)$$

对于换道控制，希望智能车辆系统的侧向位移能够接近参考的侧向位移输入，同时，我们希望方向盘的动作不要过大，因此选取如下形式的优化问题：

$$\min_{U(k)} J(y(k), U(k), N_u, N_p) \qquad (4-81)$$

满足系统动力学（$i = 0, 1, \cdots, N_p$）：

$$x(k+i+1 \mid k) = Ax(k+i \mid k) + Bu(k+i)$$

$$x(k \mid k) = x(k)$$

$$y(k+i \mid k) = Cx(k+i \mid k) \qquad (4-82)$$

其中，

$$J = \sum_{i=1}^{N_p} \| \Gamma_{y,i}(y(k+i \mid k) - r(k+i)) \|^2 + \sum_{i=1}^{N_u} \| \Gamma_{u,i} u(k+i-1) \|^2$$

$$(4-83)$$

将式（4-83）写成矩阵向量形式，则：

$$J = \| \Gamma_y (Y_p(k+1 \mid k) - R(k+1)) \|^2 + \| \Gamma_u U(k) \|^2 \qquad (4-84)$$

其中，加权矩阵为：

$$\Gamma_y = \mathrm{diag}(\Gamma_{y,1}, \Gamma_{y,2}, \cdots, \Gamma_{y,p}),$$

$$\boldsymbol{\Gamma}_u = \mathrm{diag}(\Gamma_{u,1},\ \Gamma_{u,2},\ \cdots,\ \Gamma_{u,p}), \tag{4-85}$$

将预测方程式（4-67）及参考轨迹方程式（4-79）代入目标函数式（4-84）得：

$$J = \big[\boldsymbol{S}_x x(k) + \boldsymbol{S}_u \boldsymbol{U}(k) - (\boldsymbol{R} + \boldsymbol{R}_x x(k) + \boldsymbol{R}_u \boldsymbol{U}(k)) \big]^T \boldsymbol{\Gamma}_y^T \boldsymbol{\Gamma}_y [\boldsymbol{S}_x x(k) + \boldsymbol{S}_u \boldsymbol{U}(k) -$$
$$(\boldsymbol{R} + \boldsymbol{R}_x x(k) + \boldsymbol{R}_u \boldsymbol{U}(k))] + \boldsymbol{U}(k)^T \boldsymbol{\Gamma}_u^T \boldsymbol{\Gamma}_u \boldsymbol{U}(k) \tag{4-86}$$

然后对优化问题进行求解，J 对 $\boldsymbol{U}(k)$ 求偏导数，有

$$\frac{\partial J}{\partial \boldsymbol{U}(k)} = 2\big[(\boldsymbol{S}_u - \boldsymbol{R}_u)^T \boldsymbol{\Gamma}_y^T \boldsymbol{\Gamma}_y (\boldsymbol{S}_x - \boldsymbol{R}_x) x(k) + (\boldsymbol{S}_u - \boldsymbol{R}_u)^T \boldsymbol{\Gamma}_y^T \boldsymbol{\Gamma}_y (\boldsymbol{S}_u - \boldsymbol{R}_u) \boldsymbol{U}(k)$$
$$- (\boldsymbol{S}_u - \boldsymbol{R}_u)^T \boldsymbol{\Gamma}_y^T \boldsymbol{\Gamma}_y \boldsymbol{R} + \boldsymbol{\Gamma}_u^T \boldsymbol{\Gamma}_u \boldsymbol{U}(k) \big] \tag{4-87}$$

令 J 对 $\boldsymbol{U}(k)$ 的偏导数等于 0，即

$$\frac{\partial J}{\partial \boldsymbol{U}(k)} = 0 \tag{4-88}$$

得到极值解为

$$\boldsymbol{U}^*(k) = \big[(\boldsymbol{S}_u - \boldsymbol{R}_u)^T \boldsymbol{\Gamma}_y^T \boldsymbol{\Gamma}_y (\boldsymbol{S}_u - \boldsymbol{R}_u) + \boldsymbol{\Gamma}_u^T \boldsymbol{\Gamma}_u \big]^{-1} (\boldsymbol{S}_u - \boldsymbol{R}_u)^T \boldsymbol{\Gamma}_y^T \boldsymbol{\Gamma}_y E_p(k+1 \mid k) \tag{4-89}$$

其中，$E_p(k+1 \mid k) = \boldsymbol{R}(k+1) - (\boldsymbol{S}_x - \boldsymbol{R}_x) x(k)$。

又由

$$\frac{\partial^2 J}{\partial \boldsymbol{U}^2(k)} = 2\big[(\boldsymbol{S}_u - \boldsymbol{R}_u)^T \boldsymbol{\Gamma}_y^T \boldsymbol{\Gamma}_y (\boldsymbol{S}_u - \boldsymbol{R}_u) + \boldsymbol{\Gamma}_u^T \boldsymbol{\Gamma}_u \big] > 0 \tag{4-90}$$

可知式（4-89）是取得最小值的解，至此得到了优化问题式（4-81）的解。

这里需要说明的是，上述所有分析设计以及推导均是以左换道为例，右换道的相关算法设计以及推导绝大部分与左换道相同，所不同的是，右换道时期望轨迹的确定，即 τ 时刻的侧向位移 [式（4-70）]。右换道时，式（4-70）需改成如下形式：

$$P_{y-\tau} = y_0 \tag{4-91}$$

式中，y_0 为行车道车道中心线的 y 坐标，控制律的形式与左换道类似。

智能车辆在高速公路上行驶，难免有车速较快或者紧急转弯（例如突然出现行人、前方车辆掉落物体等）等危险工况，由于智能车辆还未来得及减速，车速较快，一个很小的方向盘转角便可导致智能车辆侧向产生较大的侧向加速度及位移，导致智能车辆甩尾或者侧翻，甚至是超出车道，影响其他车辆的行驶，产生交通事故。因此，在遵守交通规则的前提下，为了保证智能车辆运行稳定性，需要对方向盘转角 δ_{sw} 以及智能车辆的侧向位移 P_y 的范围进行限定，具体的约束如下：

$$\delta_{sw\min}(k) \leqslant \delta_{sw}(k) \leqslant \delta_{sw\max}(k), \forall k \geqslant 0$$

$$P_{y\min}(k) \leqslant P_y(k) \leqslant P_{y\max}(k), \forall k \geqslant 0 \qquad (4-92)$$

转化为一般形式为:

$$u_{\min}(k) \leqslant u(k) \leqslant u_{\max}(k), \forall k \geqslant 0$$

$$y_{\min}(k) \leqslant y(k) \leqslant y_{\max}(k), \forall k \geqslant 0 \qquad (4-93)$$

因此在 k 时刻的优化问题描述如下:

$$\min_{U(k)} J(y(k), \boldsymbol{U}(k), N_u, N_p) \qquad (4-94)$$

满足动力学 $(i = 0, 1, \cdots, N_p)$:

$$\begin{cases} x(k+i+1 \mid k) = \boldsymbol{A}x(k+i \mid k) + \boldsymbol{B}u(k+i) \\ x(k \mid k) = x(k) \\ y(k+i \mid k) = \boldsymbol{C}x(k+i \mid k) \end{cases} \qquad (4-95)$$

满足时域约束:

$$u_{\min}(k+i) \leqslant u(k+i) \leqslant u_{\max}(k+i), i = 0, 1, \cdots, N_u - 1$$

$$y_{\min}(k+i) \leqslant y(k+i) \leqslant y_{\max}(k+i), i = 1, 2, \cdots, N_p \qquad (4-96)$$

其中,

$$J = \sum_{i=1}^{N_p} \| \boldsymbol{\Gamma}_{y,i}(y(k+i \mid k) - r(k+i)) \|^2 + \sum_{i=1}^{N_u} \| \boldsymbol{\Gamma}_{u,i} u(k+i-1) \|^2$$

$$(4-97)$$

由于约束条件式 (4-96) 的存在,无法得到优化问题式 (4-94) 的解析解,即不能得到如式 (4-89) 所示的显式解。所以这里将该问题转化为二次规划 (Quadratic Programming, QP) 问题进行求解。QP 问题描述如下:

$$\min_x f(x) = \frac{1}{2}x^T \boldsymbol{H}x + \boldsymbol{g}^T x, \qquad (4-98)$$

$$s.\, t.\ Cx^3 b.$$

式中, $\boldsymbol{H}$ 是 Hession 矩阵; $\boldsymbol{g}$ 是梯度向量。

二次规划存在最优值的条件为 $\boldsymbol{H} > 0$。接下来将介绍如何将该约束优化问题转化为 QP 问题的形式。

(1) 目标函数转化为 $\frac{1}{2}z^T \boldsymbol{H}z + \boldsymbol{g}^T z$ 的形式

从无约束优化问题求解过程中可知,目标函数如式 (4-86),整理成关于 $\boldsymbol{U}(k)$ 的形式如下:

$$J = \boldsymbol{U}(k)^T (\boldsymbol{S}_u - \boldsymbol{R}_u)^T \boldsymbol{\Gamma}_y^T \boldsymbol{\Gamma}_y (\boldsymbol{S}_u - \boldsymbol{R}_u) \boldsymbol{U}(k) + \boldsymbol{U}(k)^T \boldsymbol{\Gamma}_u^T \boldsymbol{\Gamma}_u \boldsymbol{U}(k) -$$

$$2\boldsymbol{E}_p(k+1 \mid k)^T \boldsymbol{\Gamma}_y^T \boldsymbol{\Gamma}_y (\boldsymbol{S}_u - \boldsymbol{R}_u) \boldsymbol{U}(k) + \boldsymbol{E}_p(k+1 \mid k)^T \boldsymbol{\Gamma}_y^T \boldsymbol{\Gamma}_y \boldsymbol{E}_p(k+1 \mid k)$$

$$(4-99)$$

因为 $E_p(k+1\mid k)^T\boldsymbol{\Gamma}_y^T\boldsymbol{\Gamma}_y E_p(k+1\mid k)$ 与独立变量 $\boldsymbol{U}(k)$ 无关，所以对于优化问题而言，式（4-99）等价于：

$$\dot{j}=\frac{1}{2}\boldsymbol{U}(k)^T\boldsymbol{H}\boldsymbol{U}(k)+G(k+1\mid k)^T\boldsymbol{U}(k) \qquad (4-100)$$

其中，

$$\boldsymbol{H}=2\big[(\boldsymbol{S}_u-\boldsymbol{R}_u)^T\boldsymbol{\Gamma}_y^T\boldsymbol{\Gamma}_y(\boldsymbol{S}_u-\boldsymbol{R}_u)+\boldsymbol{\Gamma}_u^T\boldsymbol{\Gamma}_u\big],$$
$$G(k+1\mid k)=-2(\boldsymbol{S}_u-\boldsymbol{R}_u)\boldsymbol{\Gamma}_y^T\boldsymbol{\Gamma}_y E_p(k+1\mid k) \qquad (4-101)$$

（2）控制约束转化为 $\boldsymbol{Cz}\geqslant b$ 的形式

将控制量约束可以转化为以下的不等式形式：

$$\begin{bmatrix}-\boldsymbol{L}\\ \boldsymbol{L}\end{bmatrix}\boldsymbol{U}(k)\geqslant\begin{bmatrix}-u_{\max}(k)\\ \vdots\\ -u_{\max}(k+N_u-1)\\ u_{\min}(k)\\ \vdots\\ u_{\min}(k+N_u-1)\end{bmatrix}_{2N_u\times1} \qquad (4-102)$$

其中，

$$\boldsymbol{L}=\begin{bmatrix}1&0&\cdots&0\\ 0&1&\cdots&0\\ \vdots&\vdots&\vdots&\vdots\\ 0&0&\cdots&1\end{bmatrix}_{N_u\times N_u} \qquad (4-103)$$

（3）输出约束转化为 $\boldsymbol{Cz}\geqslant b$ 的形式

将输出约束转化为 $\boldsymbol{Cz}\geqslant b$ 的形式，约束输出的预测方程如下：

$$\boldsymbol{Y}_p(k+1\mid k)=\boldsymbol{S}_x x(k)+\boldsymbol{S}_u\boldsymbol{U}(k) \qquad (4-104)$$

若记

$$\boldsymbol{Y}_{\min}(k+1)=\begin{bmatrix}y_{\min}(k+1)\\ y_{\min}(k+2)\\ \vdots\\ y_{\min}(k+N_p)\end{bmatrix}_{N_p\times1},\boldsymbol{Y}_{\max}(k+1)=\begin{bmatrix}y_{\max}(k+1)\\ y_{\max}(k+2)\\ \vdots\\ y_{\max}(k+N_p)\end{bmatrix}_{N_p\times1}$$

$$(4-105)$$

则输出约束可以表示成如下的向量形式：

$$\boldsymbol{Y}_{\min}(k+1)\leqslant\boldsymbol{Y}(k+1)\leqslant\boldsymbol{Y}_{\max}(k+1) \qquad (4-106)$$

将式（4-104）代入输出约束式（4-106）转化为：

$$\begin{bmatrix} -\boldsymbol{S}_u \\ \boldsymbol{S}_u \end{bmatrix} \boldsymbol{U}(k) \geqslant \begin{bmatrix} -\boldsymbol{S}_x x(k) + \boldsymbol{Y}_{\min}(k+1) \\ \boldsymbol{S}_x x(k) - \boldsymbol{Y}_{\min}(k+1) \end{bmatrix}_{2N_p \times 1} \qquad (4-107)$$

综合式（4-99）~式（4-107），约束优化问题式（4-94）可以转化为如下的 QP 问题描述：

$$\min_{\boldsymbol{U}(k)} \frac{1}{2} \boldsymbol{U}(k)^T \boldsymbol{H} \boldsymbol{U}(k) + G(k+1 \mid k)^T \boldsymbol{U}(k) \qquad (4-108)$$

$$s.t. \ \boldsymbol{C}_u \boldsymbol{U}(k) \geqslant \boldsymbol{b}(k+1 \mid k)$$

其中，$\boldsymbol{H}$ 和 $G(k+1 \mid k)$ 由式（4-10）给出。$\boldsymbol{C}_u$ 和 $\boldsymbol{b}(k+1 \mid k)$ 如下：

$$\boldsymbol{C}_u = \begin{bmatrix} -\boldsymbol{L}^T & \boldsymbol{L}^T & -\boldsymbol{S}_u^T & \boldsymbol{S}_u^T \end{bmatrix}^T_{(2N_u+2N_p) \times N_u}$$

$$\boldsymbol{b}(k+1 \mid k) = \begin{bmatrix} -u_{\max}(k) \\ \vdots \\ -u_{\max}(k+N_u-1) \\ u_{\min}(k) \\ \vdots \\ u_{\min}(k+m-1) \\ -\boldsymbol{S}_x x(k) + \boldsymbol{Y}_{\min}(k+1) \\ \boldsymbol{S}_x x(k) - \boldsymbol{Y}_{\min}(k+1) \end{bmatrix} \qquad (4-109)$$

根据以上推导过程，约束线性预测控制问题的求解，可以转化为在每个采样周期求解一个 QP 问题。根据预测控制的基本原理，得到的开环控制序列的第一步将作用于系统，在下一个采样时刻，用新的测量值刷新约束优化问题，并重新求解，如此循环往复，向前滚动优化。约束 MPC 控制器的总体实现流程如图 4-25 所示。

4.4.3 仿真实例

为了验证避障控制策略以及换道控制器的控制效果，采用在高保真车辆动力学仿真软件中建立的红旗 HQ430 仿

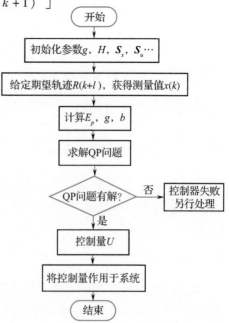

图 4-25 约束模型预测控制的实现流程图

真模型进行仿真验证。仿真分为两个部分：首先以左换道为例验证避障控制策略的可行性；然后结合上面提出的自主避障驾驶策略进行左换道、右换道的联合仿真验证。

根据《公路工程技术标准》[23]的规定，高速公路车道宽度为 3.75m，以车辆质心的起始位置为坐标原点，以车辆行驶的当前车道的车道中心线为 x 轴，车辆行驶方向为 x 轴正方向，处于汽车左右对称的平面内，以行驶方向的垂直向左为 y 轴正方向建立坐标系，如图 4 - 26 所示。

图 4 - 26　车辆坐标系

（1）左换道仿真验证

在该仿真实验中，设定智能车辆起步加速至车速达到 90km/h 时开始巡航，保持纵向速度恒定，如图 4 - 27 所示，车辆前方 100m 处有一车辆正以 60km/h 的速度向前直线行驶，路面附着系数设定为最佳路面 $\mu = 1$。仿真结果如图 4 - 28 ~ 图 4 - 34 所示。

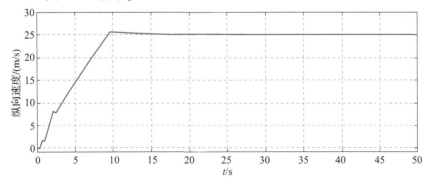

图 4 - 27　左换道车辆纵向速度曲线

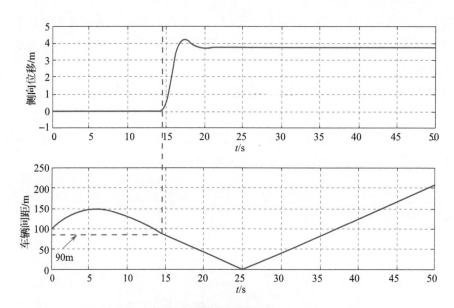

图 4-28 左换道车辆侧向位移及两车之间的距离曲线

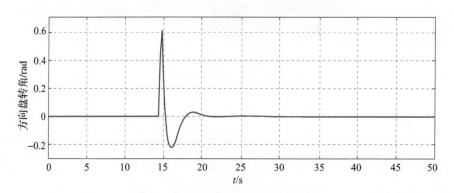

图 4-29 左换道车辆方向盘转角曲线

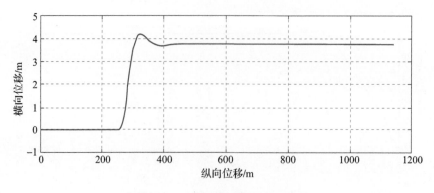

图 4-30 左换道车辆行驶路径曲线

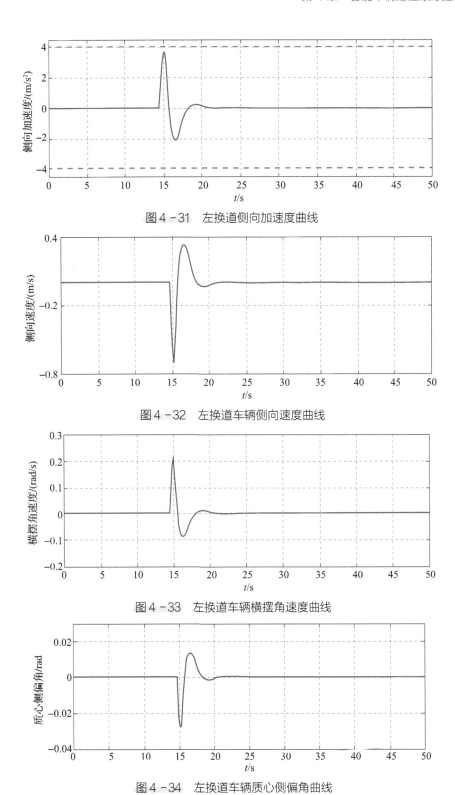

图 4-31　左换道侧向加速度曲线

图 4-32　左换道车辆侧向速度曲线

图 4-33　左换道车辆横摆角速度曲线

图 4-34　左换道车辆质心侧偏角曲线

从图 4-28 中可以看到，在大约 14.5s 时，智能车辆检测到自身与障碍车之间的距离为 90m，开始转向进行换道，根据式（4-46），可知此时的安全距离为 25m/s×3.6s=90m，由此验证了控制策略中该决策的正确性。从图 4-28 中的侧向位移曲线可以读出，侧向位移的最大值为 4.2m，超调为 12%，最大偏离 0.45m，大约相当于车身宽度的 27%，在可接受范围内。

从图 4-29 所示方向盘转角曲线和图 4-30 所示车辆行驶路径曲线上可以看出，车辆在完成换道操作的过程中，方向盘转角信号约为 0.6rad，纵向行驶了 100m 左右的距离，也就是说在一个很小的方向盘转角的作用下，车辆便完成了换道，这符合高速公路实际驾驶的情况。从图 4-31 可以看到，车辆的侧向加速度在 ±0.4g 范围之内，同时，侧向速度、横摆角速度以及质心侧偏角都在比较小的范围内，这表明车辆是安全的。

为了进一步验证控制器在各种不同工况下的控制效果，进行了车速变化以及路面附着系数变化时的仿真验证。从图 4-35 ~ 图 4-39 所示的车速变化时的仿真曲线可以看到，随着车速的增加，换道所需的安全距离越来越大，所以进行换道操作的时刻也越来越提前。从方向盘转角信号可以看出，车速越高，换道所需的方向盘转角越小，这是因为车辆纵向速度对侧向动力学的影响，车速越高，同样幅度的方向盘操作所引起的侧向运动也越明显，同理，车辆的横摆角速度的变化趋势也是如此。从行驶路径曲线上看，反而车速越高，侧向位移超调越小，路径曲线相对越平滑，这是方向盘操作幅度较小的缘故。在反映车辆行驶稳定性的参数中，侧向加速度和质心侧偏角则没有太大的变化。从图 4-37 中可以看到，侧向加速度始终在 ±0.4g 之间，同样，图 4-39 中所显示的车辆质心侧偏角一直在一个较小的范围内，这满足侧向稳定性的要求，说明控制器具有很好的鲁棒性，在不同车速下均有较好的控制效果。

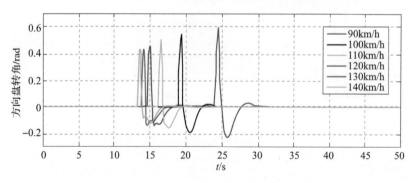

图 4-35　车速变化时的车辆方向盘转角曲线

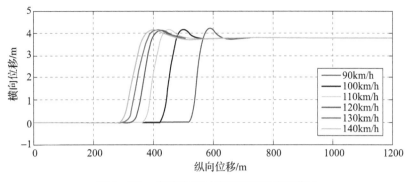

图 4-36　车速变化时的车辆行驶路径曲线

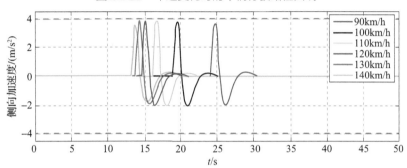

图 4-37　车速变化时车辆侧向加速度曲线

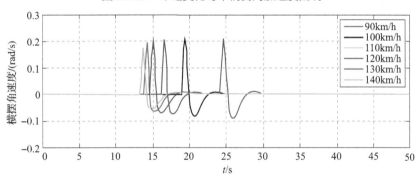

图 4-38　车速变化时的车辆横摆角速度曲线

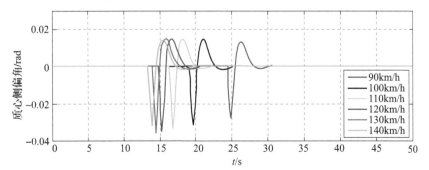

图 4-39　车速变化时的车辆质心侧偏角曲线

图 4 - 40 ～ 图 4 - 44 所示为路面附着系数变化时的控制算法仿真曲线。不同的路面附着系数对应的路面条件见表 4 - 1。从仿真曲线上看到,在路面条件较好时,车辆的各项参数几乎没有变化;当路面附着系数较低时,控制器效果相对较差。

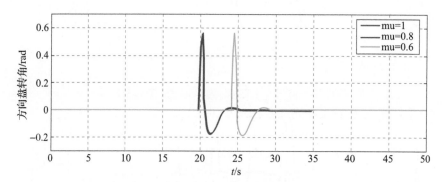

图 4 - 40　路面附着系数变化时的车辆方向盘转角曲线

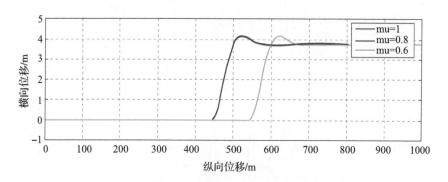

图 4 - 41　路面附着系数变化时的车辆行驶路径曲线

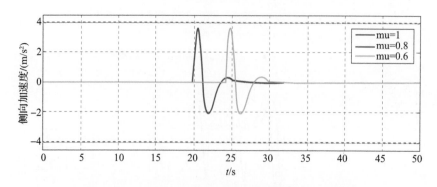

图 4 - 42　路面附着系数变化时的车辆侧向加速度曲线

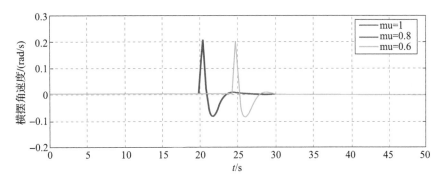

图 4 - 43　路面附着系数变化时的车辆横摆角速度曲线

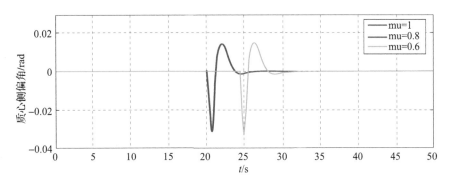

图 4 - 44　路面附着系数变化时的车辆质心侧偏角曲线

表 4 - 1　几种常见路面的平均附着系数

路面	峰值附着系数	滑动附着系数
沥青或混凝土（干）	0.8 ~ 0.9	0.75
沥青（湿）	0.4 ~ 0.7	0.45 ~ 0.6
混凝土（湿）	0.8	0.7
砾石	0.6	0.55
土路（干）	0.68	0.65
土路（湿）	0.55	0.4 ~ 0.5
雪（压紧）	0.2	0.15
冰	0.1	0.7

（2）左换道、并线及控制策略联合仿真

在本仿真工况中，将左换道、右换道以及自主驾驶策略结合起来进行仿真验证，工况设置如下：路面附着系数为 1，智能车辆纵向车速为 100km/h，在智能车辆前方 100m 处有一车辆以 70km/h 的速度匀速向前行驶；随着两车之间距离减小，智能车辆检测到与障碍车之间的距离小于安全距离，进行左换道；在超车道巡航一段时间之后，检测到两车间的距离大于安全距离，回到原车道继续巡航。实验结果如图4-45～图4-50所示。

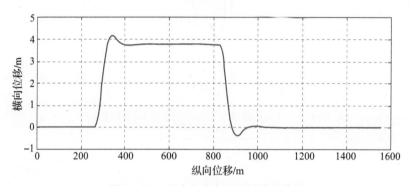

图4-45　联合仿真车辆行驶路径曲线

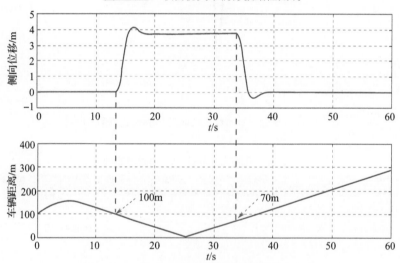

图4-46　联合仿真车辆侧向位移和两车间距曲线

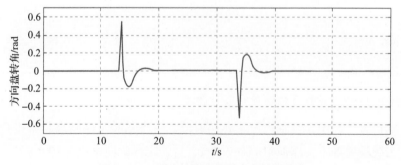

图4-47　联合仿真车辆方向盘转角曲线

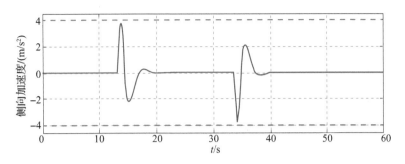

图 4 -48　联合仿真车辆侧向加速度曲线

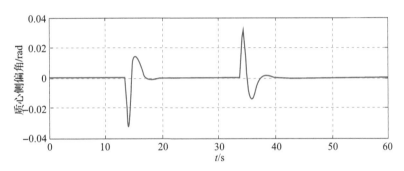

图 4 -49　联合仿真车辆质心侧偏角曲线

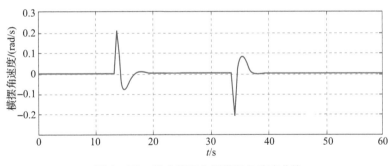

图 4 -50　联合仿真车辆横摆角速度曲线

从图 4 -46 所示的两车纵向间距与主车侧向位移的曲线上可以看出，主车在距离前车100m 时进行了左换道操作，超越障碍车之后，在相距后车（也就是障碍车）70m 时并线回到行车道，完成整个避障过程，验证了控制策略的有效性。同时，质心侧向加速度、质心侧偏角以及车辆横摆角速度均满足安全性需求。

当考虑智能车辆方向盘转角和侧向位移的约束时，以当前行车道的道路中心线为 y 轴零点，车辆行驶方向向左为 y 轴正方向，车道宽度为标准 3.75m，那么超车道中心线的 y 坐标为 3.75，另外考虑车身宽度，保证车辆不超出车道，则侧向位移约束设置为 $-0.3 \sim 4$，方向盘转角设置为 $30°$，仿真结果如图 4-51 ~ 图 4-54 所示。从仿真结果可以看出，车辆侧向位移较无约束算法明显减小，侧向加速度、质心侧偏角均在安全范围内，方向盘转角最大值 0.52rad，满足约束。

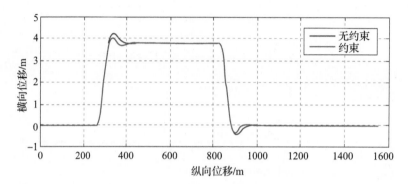

图 4-51　考虑安全性约束的车辆行驶路径曲线

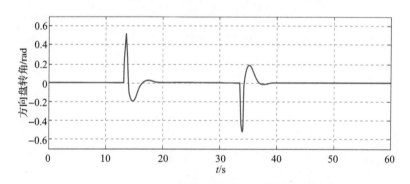

图 4-52　考虑安全性约束的车辆方向盘转角曲线

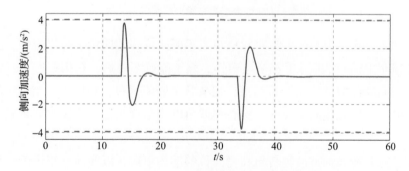

图 4-53　考虑安全性约束的车辆侧向加速度曲线

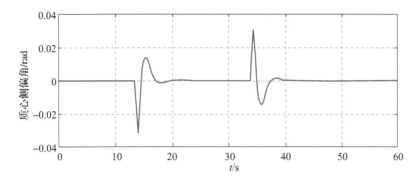

图 4 - 54　考虑安全性约束的车辆质心侧偏角曲线

本章小结

随着人工智能和计算机技术的飞速发展，智能驾驶技术正在快速提升和逐步应用，其中车辆的局部路径规划与避障跟踪两个方面是智能驾驶实际运用中涉及稳定性和安全性的关键问题。因此，本章主要针对智能驾驶车辆在避障过程中的局部路径规划以及路径跟踪控制的相关算法进行深入研究，提出了智能车辆避障路径规划和跟踪控制一体化的驾驶策略。具体研究工作总结如下：

1）本章采用模型预测控制方法进行转向控制器的设计，通过对智能车辆侧向运动的控制，实现其区域型路径跟踪的目的。基于建立的车路关系模型分析智能车辆的路径跟踪问题，指出本研究的关键控制问题，然后采用模型预测控制方法对智能车辆的自动转向控制问题进行深入研究：基于建立的车辆系统模型推导用于转向控制的模型预测控制算法，通过在典型标准工况下的仿真实验验证控制方法的有效性；随后从控制模型、采样时间和预测时域这三点着手，对已建立的转向控制器进行改进，推导出性能更佳的改进的转向控制器，并采用红旗 HQ430 实车实验平台和 RT3002 惯性/GPS 组合导航系统进行实车实验测试，证明自动转向控制器的实用性。

2）本章基于安全距离的定义提出了自主驾驶车辆避障的驾驶策略。车辆的避障问题首先被分解为左换道、巡航、右换道等一系列的基本驾驶子操作的决策问题。考虑障碍车的运动学方程以及主车的动力学方程，并根据参数化的思想得到包含主车状态和待优化控制量在内的参考轨迹，为使得主车的预测轨迹跟踪此参考轨迹，设计了模型预测控制算法。通过该算法，实现了智能车辆在避障中轨迹规划与跟踪的协同控制。由于车辆在换道过程中易发生超调而引发交通事故，为减小车辆换道操作过程中的超调从而保证车辆的稳定性和安全性，设计了包含安全性在内的约束模型预测控制算法。利用高保真车辆动力学仿真模型对所提出的算法进行了验证，通过变化主车纵向车速以及路面附着系数等多种仿真工况，并联合左换道、超车道巡航、右换道等自主驾驶策略，验证了所设计的避障控制算法能够在有效控制车辆躲避障碍物的同时，保证车辆本身的稳定性及安全性，符合智能车辆运动控制的要求。

参考文献

［1］BASKAR L D, DE SCHUTTER B, HELLENDOORN J, et al. Traffic control and intelligent vehicle highway systems：a survey ［J］. IET Intelligent Transport Systems, 2011, 5（1）：38 – 52.

［2］BOTTASSO C L, LEONELLO D, SAVINI B. Path planning for autonomous vehicles by trajectory smoothing using motion primitives ［J］. IEEE Transactions on Control Systems Technology, 2008, 16（6）：1152 – 1168.

［3］SUJIT P B, SARIPALLI S, SOUSA J B. Unmanned aerial vehicle path following：A survey and analysis of algorithms for fixed-wing unmanned aerial vehicless ［J］. IEEE Control Systems Magazine, 2014, 34（1）：42 – 59.

［4］CARSTEN J, RANKIN A, FERGUSON D, et al. Global path planning on board the mars exploration rovers ［C］//2007 IEEE Aerospace Conference. New York：IEEE, 2007：1 – 11.

［5］ZHANG Q R. A hierarchical global path planning approach for AUV based on genetic algorithm ［C］//2006 International Conference on Mechatronics and Automation. New York：IEEE, 2006：1745 – 1750.

［6］BELKHOUCHE F. Reactive path planning in a dynamic environment ［J］. IEEE Transactions on Robotics, 2009, 25（4）：902 – 911.

［7］GE S S, LAI X C, AI MAMUN A. Sensor-based path planning for nonholonomic mobile robots subject to dynamic constraints ［J］. Robotics and Autonomous Systems, 2007, 55（7）：513 – 526.

［8］GASPARETTO A, BOSCARIOL P, LANZUTTI A, et al. Path planning and trajectory planning algorithms：A general overview ［J］. Motion and Operation Planning of Robotic Systems, 2015（3）：1 – 25.

［9］WANG H, YU X, SONG H, et al. A global optimal path planning and controller design algorithm for intelligent vehicles ［J］. Mobile Networks and Applications, 2018, 23：1165 – 1178.

［10］ RASEKHIPOUR Y, KHAJEPOUR A, CHEN S K, et al. A potential field-based model predictive path-planning controller for autonomous road vehicles ［J］. IEEE Transactions on Intelligent Transportation Systems, 2016, 18 (5)：1255 – 1267.

［11］ IRANI B, WANG J, CHEN W. A localizability constraint-based path planning method for autonomous vehicles ［J］. IEEE Transactions on Intelligent Transportation Systems, 2018, 20 (7)：2593 – 2604.

［12］ WANG J, STEIBER J, SURAMPUDI B. Autonomous ground vehicle control system for high-speed and safe operation ［J］. International Journal of Vehicle Autonomous Systems, 2009, 7 (1 – 2)：18 – 35.

［13］ DAOUD M A, MEHREZ M W, RAYSIDE D, et al. Simultaneous feasible local planning and path-following control for autonomous driving ［J］. IEEE Transactions on Intelligent Transportation Systems, 2022, 23 (9)：16358 – 16370.

［14］ KANAYAMA Y J, HARTMAN B I. Smooth local-path planning for autonomous vehicles1 ［J］. The International Journal of Robotics Research, 1997, 16 (3)：263 – 284.

［15］ CHEN Y, WANG J. Adaptive vehicle speed control with input injections for longitudinal motion independent road frictional condition estimation ［J］. IEEE Transactions on Vehicular Technology, 2011, 60 (3)：839 – 848.

［16］ ATTIA R, ORJUELA R, BASSET M. Combined longitudinal and lateral control for automated vehicle guidance ［J］. Vehicle System Dynamics, 2014, 52 (2)：261 – 279.

［17］ LIN F, ZHANG Y, ZHAO Y, et al. Trajectory tracking of autonomous vehicle with the fusion of DYC and longitudinal-lateral control ［J］. Chinese Journal of Mechanical Engineering, 2019, 32：1 – 16.

［18］ 喻再涛. 高速公路环境中基于预测控制的自主车辆避障控制 ［D］. 长春：吉林大学, 2012.

［19］ 郑茂才. 考虑前车减速状况的跟随车安全距离分析 ［J］. 湖南交通科技, 2011, 37 (2)：190 – 193.

［20］ 丛岩峰. 高速公路环境中自主驾驶车辆运动规划与控制 ［D］. 长春：吉林大学, 2011.

［21］ ZHANG S, DENG W, ZHAO Q, et al. Dynamic trajectory planning for vehicle autonomous driving ［C］ //2013 IEEE International Conference on Systems, Man, and Cybernetics. New York：IEEE, 2013：4161 – 4166.

［22］ 陈虹. 模型预测控制 ［M］. 北京：科学出版社, 2013.

［23］ 中华人民共和国交通运输部. 公路工程技术标准：JTG B01 – 2014 ［S］. 北京：人民交通出版社, 2015.

智能汽车控制工程

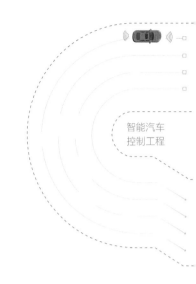

第5章
车辆侧向稳定性控制

5.1 概述

近年来，汽车作为主要交通工具，数量不断增加，但在改善人们生活水平的同时，由于复杂的道路交通环境、参差不齐的驾驶员水平等原因导致交通事故频繁发生[1]。因此，人们对汽车安全性的要求越来越高，电控系统越来越多地被人们重视及应用，装车率越来越高，车辆的安全性和舒适性也在逐渐提高[2]。然而，电控系统大多是为了提高某一项性能指标而由相应的零部件厂商单独设计开发的[3]，没有考虑与其他电子控制系统的相互影响和耦合作用，许多单独开发的电控系统之间的简单叠加非但不能充分体现各自应有的性能，而且会降低整车的综合性能，造成执行机构和硬件资源的冗余[4-5]。因此，需要在综合考虑整车性能最优的基础上，集成车辆底盘控制系统。集成控制基于汽车底盘的电子化，应用总线技术将原来相互间独立的各个子系统连接起来并相互通信，中央控制器的设置使得各个子系统任务的统一调度和分配得以实现。集成控制不仅可以消除各系统间冲突，提高综合性能，还可以有效降低系统的复杂性并节约硬件资源[6-7]。基于此，本章将首先介绍简化的无人驾驶车辆的二自由度动力学模型、三自由度动力学模型，以便对提出的方法进行仿真分析；然后根据二自由度、三自由度车辆动力学模型分别对汽车横摆与侧倾稳定性集成控制、车辆主动前轮转向与直接横摆力矩集成控制进行详细的分析和研究；最后给出所设计控制器的仿真与实验结果。

5.2 车辆动力学建模

对智能车辆进行稳定性的控制和分析，首先需要建立一个能反映车辆状态的简化模型[8]。

5.2.1 考虑侧向及横摆运动的二自由度车辆模型

图 5 – 1 所示为二自由度车辆模型示意图，考虑车辆的横摆运动和侧倾运动，有以下关系：

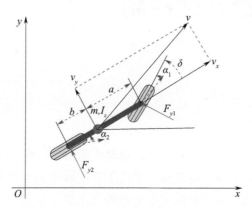

图 5 – 1 二自由度车辆模型示意图

$$\dot{v}_y = \frac{F_{y1} + F_{y2}}{m} - rv_x$$

$$\dot{r} = \frac{L_f F_{y1} - L_r F_{y2} + \Delta M_z}{I_z}$$

(5 – 1)

式中，F_{y1}、F_{y2} 是前后轮胎的侧偏力（N）；ΔM_z 是附加横摆力矩（N·m）；L_f、L_r 是车辆质心到前后轴的距离（m）；I_z 是车辆绕 z 轴的转动惯量（kg·m²）；r 是横摆角速度（rad/s）；v_x、v_y 是车辆纵向和横向速度（m/s）；m 是车辆质量（kg）。

根据几何关系，可得前后轮侧偏角、车辆前轮角以及纵向车速之间的关系，即：

$$\alpha_f = \frac{v_y + L_f r}{v_x} - \delta_f$$

$$\alpha_r = \frac{v_y - L_r r}{v_x}$$

(5 – 2)

式中，α_f、α_r 是前后轮侧偏角（rad）；δ_f 是前轮转角（rad）。

将式（5 – 2）中两式相减可得：

$$\alpha_f - \alpha_r = \frac{v_y + L_f r}{v_x} - \delta_f - \frac{v_y - L_r r}{v_x}$$

(5 – 3)

进而得到横摆角速度关于轮胎侧偏角的表达式：

$$r = \frac{v_x}{L_f + L_r} \left(\alpha_f - \alpha_r + \delta_f \right) \tag{5-4}$$

假设车辆纵向车速 v_x 不变，将式（5-2）两边求导，可得：

$$\dot{\alpha}_f = \frac{\dot{v}_y + L_f \dot{r}}{v_x} - \varphi$$

$$\dot{\alpha}_r = \frac{\dot{v}_y - L_r \dot{r}}{v_x} \tag{5-5}$$

式中，φ 为车辆前轮转角的变化率（rad/s）。将式（5-1）代入式（5-5），得：

$$\dot{\alpha}_f = \frac{F_{y1} + F_{y2}}{m v_x} - \frac{v_x}{L_f + L_r} \left(\alpha_f - \alpha_r + \delta_f \right) + \frac{L_f}{v_x I_z} (a F_{y1} - b F_{y2} + \Delta M_z) - \varphi$$

$$\dot{\alpha}_r = \frac{F_{y1} + F_{y2}}{m v_x} - \frac{v_x}{L_f + L_r} \left(\alpha_f - \alpha_r + \delta_f \right) + \frac{b}{v_x I_z} (a F_{y1} - b F_{y2} + \Delta M_z) \tag{5-6}$$

$$\dot{\delta}_f = \varphi$$

式中，F_{y1}、F_{y2} 是前后轮胎的侧偏力。根据轮胎的侧偏特性，轮胎侧偏力与侧偏角存在如图 5-2 所示的非线性关系。

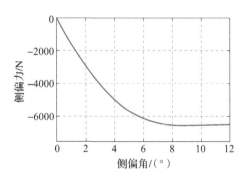

图 5-2　轮胎的侧偏特性

由轮胎侧偏特性曲线可知，在轮胎侧偏角较小时，轮胎侧偏力与侧偏角之间存在线性关系，当侧偏角较大时，呈现饱和非线性关系，因此分析车辆侧向稳定性时必须考虑轮胎的非线性特性。根据分式轮胎模型的描述，轮胎侧偏力可以表示为：

$$F_y = -\frac{\mu F_z}{\mu_0 F_{z0}} \frac{\gamma_z}{\gamma_z \lambda^2 + 1} \frac{C_\alpha}{\gamma_\alpha \alpha^2 + 1} \alpha \tag{5-7}$$

式中，F_z 是轮胎纵向垂直载荷（N）；F_{z0} 是标称轮胎载荷（N）；μ 是路面附着系数；μ_0 是标称路面附着系数；λ 是纵向滑移率；C_α 是轮胎侧偏刚度（N/rad）；α 是轮胎侧偏角（rad）；γ_α、γ_z 是模型参数。

在简化的二自由度车辆模型中只考虑了侧向运动和横摆运动，因此可忽略纵向滑移率 λ 的影响，令 $\lambda=0$，得：

$$F_{yi}(\alpha_i) = -\frac{\mu F_{zi}\gamma_{zi}C_i}{\mu_0 F_{zi0}}\frac{\alpha_i}{\gamma_{\alpha i}\alpha_i^2+1}, \quad i=f,\ r \tag{5-8}$$

将式（5-8）的轮胎模型代入式（5-6）中即可得到二自由度的车辆动力学模型。

5.2.2　考虑侧倾及横摆运动的三自由度车辆模型

三自由度的车辆模型与二自由度的相比，可以表征车辆的侧倾运动特性，因此更为复杂。车辆简化模型的示意图如图5-3所示。

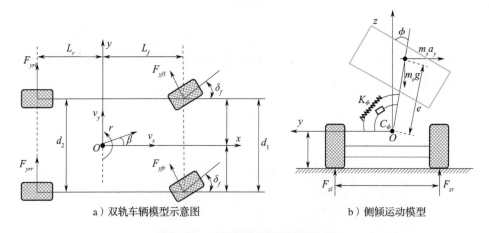

a）双轨车辆模型示意图　　　　b）侧倾运动模型

图5-3　三自由度车辆模型示意图

根据达朗贝尔定理，车辆所受到的惯性力矩和惯性力引起的合力矩与车辆所受到的所有外力矩之和相等，基于此可得到车辆的运动平衡方程。车辆沿 y 轴方向的侧向合力为：

$$\sum F_y = m(r \cdot v_x + \dot{v}_y) - m_s \cdot e \cdot \ddot{\phi} \tag{5-9}$$

式中，m_s 是车辆簧载质量（kg）；e 是车辆簧载质量的质心到侧倾中心的距离（m）；r 是横摆角速度（rad/s）；v_x、v_y 分别是车辆纵向速度和侧向速度（m/s）；ϕ 是汽车车身侧倾角（rad）。

车辆簧载质量围绕 x 轴产生的侧倾力矩之和为：

$$\sum M_x = I_{xs} \cdot \ddot{\phi} - m_s \cdot e \cdot (r \cdot v_x + \dot{v}_y) + I_{xzs} \cdot \dot{r} \tag{5-10}$$

式中，M_x 是车辆绕 x 轴的侧倾力矩（N·m）；I_{xs} 车辆簧载质量绕车辆坐标系 x 轴的转动惯量（kg·m²）；I_{xzs} 是车辆簧载质量绕车辆坐标系 x、z 轴的惯性积（kg·m²）。

车辆总质量围绕 z 轴产生的横摆力矩之和为：

$$\sum M_z = I_z \cdot \dot{r} + I_{xz} \cdot \ddot{\phi} \tag{5-11}$$

式中，M_z 是车辆绕 z 轴的横摆力矩（N·m）；I_z 是整车质量绕 z 轴的转动惯量（kg·m²）；I_{xz} 是整车质量绕 x、z 轴的惯性积（kg·m²）。

车辆的质心侧偏角 β 是侧向车速 v_y 与纵向车速 v_x 之间的夹角，可近似为：

$$\beta = \arctan \frac{v_y}{v_x} \tag{5-12}$$

式中，β 是质心侧偏角（rad）。同理，在简化的三自由度车辆模型中仅考虑车辆侧向运动、横摆运动和侧倾运动，忽略纵向位移，故质心侧偏角及其变化率可近似表示为：

$$\beta = \frac{v_y}{v_x}$$

$$\dot{\beta} = \frac{\dot{v}_y}{\dot{v}_x} \tag{5-13}$$

根据图 5-1，对整车进行受力分析。综合四个轮胎的受力，上述合力与合力矩还可以表示为：

$$\sum F_y = (F_{yfl} + F_{yfr})\cos\delta_f + F_{yrl} + F_{yrr} \tag{5-14}$$

$$\sum M_x = m_s \cdot g \cdot e \cdot \phi - K_\phi \cdot \phi - C_\phi \cdot \dot{\phi} \tag{5-15}$$

$$\sum M_z = F_{yfl}(L_f \cdot \cos\delta_f + \frac{d_1}{2}\sin\delta_f) - F_{yrl}L_r +$$

$$F_{yfr}(L_f \cdot \cos\delta_f - \frac{d_1}{2}\sin\delta_f) - F_{yrr}L_r + \Delta M_z \tag{5-16}$$

式中，L_f、L_r 是前后轮轴心到汽车质心的距离（m）；F_{yfl}、F_{yfr}、F_{yrl}、F_{yrr} 分别表示车辆左前轮、右前轮、左后轮以及右后轮的轮胎侧向力（N）；δ_f 是前轮转角（rad）；ΔM_z 是附加的横摆力矩（N·m）；K_ϕ 是车辆的侧倾刚度；C_ϕ 是车辆的侧倾阻尼；d_1 是车辆前轮轮距（m）。

5.3 智能车辆主动前轮转向与横摆力矩集成稳定性控制

5.3.1 问题描述

对于车辆侧向稳定性的控制，稳定控制系统（ESP）制动干预会产生制动作用，对车辆的纵向行驶状态有较大影响[9]，而主动前轮转向系统（AFS）通过改变轮胎的侧向力来进行主动转向干预，这样提高了汽车的侧向稳定性，且不影响纵向动力学[10]。因此，可以通过 AFS 与横摆力矩控制（DYC）的集成控制来提高车辆的侧向稳定性能，同时减轻制动作用对纵向动力学的影响，提高驾驶的舒适性[11-12]。要实现 AFS 与 DYC 集成控制的设计还要充分考虑如下的问题：轮胎的侧偏饱和特性对车辆的侧向稳定性有重要影响[13]；车辆制动系统和转向系统执行机构也存在饱和特性[14]；集成控制涉及优化两个控制变量。针对上述问题，可以采用具有处理多变量、多目标、多约束问题优点的模型预测控制方法进行集成控制器的设计，且由于这里没有涉及车辆的侧倾运动，所以可以使用二自由度车辆模型进行分析和设计。

为了使控制器更好地消除轮胎的侧偏特性带来的影响，需要分析轮胎侧偏角对车辆系统稳定性的表征作用[15]。根据二自由度的车辆模型式（5-6），令 $\Delta M_z = 0$、$v_x = 15\text{m/s}$，改变前轮侧偏角 α_f 和后轮侧偏角 α_r 的初值，同时若给定输入 $\varphi = 0$，$\delta_f = 0$，在 $F_z = 6566\text{N}$、$F_z = 13132\text{N}$ 两种情况下可得到如图 5-4 所示的两幅相图；在将输入设定为 $\delta_f = 0.06\text{rad}$ 和 $\delta_f = 0.03\text{rad}$ 情况下，则可得到如图 5-5 所示系统相图。

在图 5-4 中，横坐标为前轮侧偏角，纵坐标为后轮侧偏角，红色轨迹部分为系统不稳定区域，蓝色轨迹部分为系统的稳定区域。从中可以看出，原点（0，0）为系统的稳定点，同时还有两个不稳定点如图中圆圈处所示。$F_z = 6566\text{N}$ 情况下两个不稳定点大致位于 $(\alpha_f, \alpha_r) = \pm(0.1, 0.16)$，$F_z = 13132\text{N}$ 情况下两个不稳定点大致位于 $(\alpha_f, \alpha_r) = \pm(0.1, 0.20)$，由此可知轮胎模型参数影响不稳定点的位置和系统的稳定区域，且 $F_z = 13132\text{N}$ 时系统的稳定区域明显大于 $F_z = 6566\text{N}$ 时的情况。此外由图 5-5 可知，控制输入的作用使系统状态趋于一个非零的稳定点，不稳定点也发生了相应的移动。因此，系统的稳定性可以通过轮胎侧偏角表征，可以基于轮胎侧偏角进行后续的集成控制器设计。

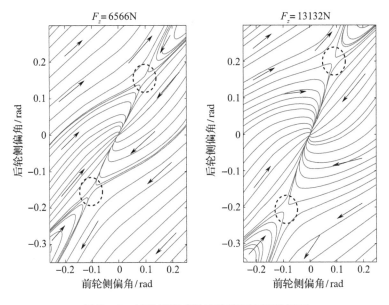

图 5-4　轮胎模型参数变换情况下系统相图

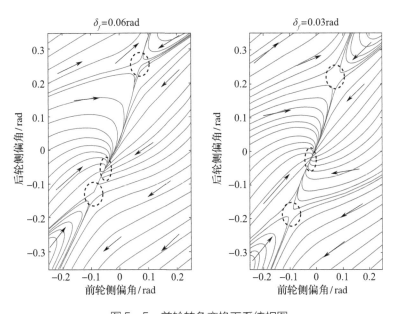

图 5-5　前轮转角变换下系统相图

除轮胎侧偏角外，横摆角速度也是衡量车辆运动姿态的重要变量。针对驾驶员不同的操作动作，车辆都有一个与之对应的理想的运行状态，一旦由于各种内、外部因素使其偏离理想状态，则可能发生失稳甚至车祸[16-17]。要使汽车能够稳定行驶应该满足如下条件：确保轮胎侧偏角处于稳定范围内，同时实际横摆角速度能跟踪上理想横摆角速度，即对车辆的横摆运动和前轮转向进行集成控制。

这里给出一种集成控制方案，如图 5-6 所示。首先驾驶员意图判断模块根据转向盘转角得到期望的横摆角速度；其次，将期望横摆角速度、实时反馈的车辆前后轮侧偏角及横摆角速度输入到预测模型，从而预测系统的未来状态，同时根据执行机构的饱和特性进行优化得到控制输出；最后，将优化过的前轮转角、附加横摆力矩输入到车辆系统中，以使车辆系统稳定安全行驶。接下来将重点介绍各模块的具体设计。

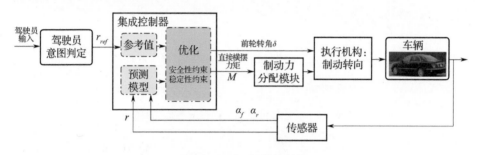

图 5-6　控制系统框图

5.3.2　前轮转向与横摆稳定集成非线性滚动优化控制器设计

（1）驾驶员意图判断模块

驾驶员意图判断模块用于判断驾驶员的行驶意图，进而获得期望的横摆角速度。给定前轮转角的阶跃输入，汽车进入的稳态响应就是等速圆周行驶，其中稳态的是横摆角速度与前轮转角的比值。当车辆达到稳定状态时，通过求解二自由度车辆模型，可得横摆角速度参考值 r_{ref} 与前轮转角 δ_f 及纵向速度 v_x 的关系：

$$\frac{r_{ref}}{\delta_f} = \frac{v_x/L}{1 + \kappa v_x^2} \tag{5-17}$$

式中，L 是车辆的轮距（m）；κ 是稳定性因数（s^2/m^2），$\kappa = 0.0024 \sim 0.0026$。

（2）模型预测控制器设计

根据二自由度车辆动力学模型，选择 $x = [\alpha_f, \alpha_r, \delta_f]$ 作为状态变量，$u = [\Delta M_z, \varphi]$ 为控制输入，选择输出为 $y = r$，可以得到连续时间的系统非线性状态空间方程：

$$\begin{cases} \dot{x} = f(x(t), u(t)) \\ y(t) = g(x(t), u(t)) \end{cases} \qquad (5-18)$$

$f(x(t), u(t))$、$g(x(t), u(t))$ 的分别表达如下：

$$\dot{\alpha}_f = -\frac{\mu}{\mu_0 m v_x}\left(\frac{F_{zf}\gamma_{zf}C_f\alpha_f}{F_{zf0}\,(\gamma_{\alpha f}\alpha_f^2+1)} + \frac{F_{zr}\gamma_{zr}C_r\alpha_r}{F_{zr0}\,(\gamma_{\alpha r}\alpha_r^2+1)}\right) - \frac{v_x}{L_f+L_r}\,(\alpha_f-\alpha_r+\delta_f)$$

$$+ \frac{L_f}{v_x I_z}\left(\frac{b\mu F_{zr}\gamma_{zr}C_r\alpha_r}{\mu_0 F_{zr0}\,(\gamma_{\alpha r}\alpha_r^2+1)} - \frac{a\mu F_{zf}\gamma_{zf}C_f\alpha_f}{\mu_0 F_{zf0}\,(\gamma_{\alpha f}\alpha_f^2+1)} + \Delta M_z\right) - \varphi$$

$$\dot{\alpha}_r = -\frac{\mu}{\mu_0 m v_x}\left(\frac{F_{zf}\gamma_{zf}C_f\alpha_f}{F_{zf0}\,(\gamma_{\alpha f}\alpha_f^2+1)} + \frac{F_{zr}\gamma_{zr}C_r\alpha_r}{F_{zr0}\,(\gamma_{\alpha r}\alpha_r^2+1)}\right) - \frac{v_x}{L_f+L_r}\,(\alpha_f-\alpha_r+\delta_f) \quad (5-19)$$

$$+ \frac{L_r}{v_x I_z}\left(\frac{b\mu F_{zr}\gamma_{zr}C_r\alpha_r}{\mu_0 F_{zr0}\,(\gamma_{\alpha r}\alpha_r^2+1)} - \frac{a\mu F_{zf}\gamma_{zf}C_f\alpha_f}{\mu_0 F_{zf0}\,(\gamma_{\alpha f}\alpha_f^2+1)} + \Delta M_z\right)$$

$$\dot{\delta} = \varphi$$

$$y(t) = \frac{v_x}{a+b}\,(\alpha_f-\alpha_r+\delta_f) \qquad (5-20)$$

选择采样时间 T_s，用欧拉方法将式（5-18）离散化，有：

$$\begin{cases} x(k+1) = F(x(k),\ u(k)) \\ y(k) = G(x(k),\ u(k)) \end{cases} \qquad (5-21)$$

通过式（5-21）可预测未来 $k=N_p$ 个时刻的车辆状态，在 N_p 时刻的状态表示为 $x(k+N_p) = F(x(k),\ u(k),\ u(k+1),\ \cdots,\ u(k+N_u),\ \cdots,\ u(k+N_p-1))$。定义 N_p 为预测时域，N_u 为控制时域，且 $N_u \leqslant N_p$。当 $(k+N_u-1) \leqslant k \leqslant (k+N_p-1)$ 时控制输入不变，即 $u(k+N_u-1)=u(k+N_u)=u(k+N_u+1)=\cdots=u(k+N_p-1)$。同理，通过式（5-21）可得 $y(k+N_p)=Gx(k+N_p)$。因此定义优化控制输入序列为：

$$\boldsymbol{U}(k) = \begin{bmatrix} u(k|k) \\ u(k+1|k) \\ \vdots \\ u(k+N_u-1|k) \end{bmatrix} \qquad (5-22)$$

定义预测输出为：

$$\boldsymbol{Y}(k+1\mid k) = \begin{bmatrix} y(k+1\mid k) \\ y(k+2\mid k) \\ \vdots \\ y(k+N_p\mid k) \end{bmatrix} \qquad (5-23)$$

要确保车辆的侧向稳定性，需要使车辆实际输出的横摆角速度跟踪上期望横摆角速度，即 $r = r_{ref}$。与定义预测输出方程式（5-23）相对应，定义参考输入系列：

$$R(k+1|k) = \begin{bmatrix} r_{ref}(k+1|k) \\ r_{ref}(k+2|k) \\ \vdots \\ r_{ref}(k+N_p|k) \end{bmatrix} \qquad (5-24)$$

其中 $r_{ref}(k+i)$，$i = 1$，$\cdots$，N_p 通过式（5-17）获得。此外，由于制动执行机构和前轮转向执行机构的限制，控制输出附加横摆力矩 ΔM_z 和前轮转角变化率 φ 分别存在如式（5-25）、式（5-26）所示的约束。

$$M_{min} \leqslant \Delta M_z(k) \leqslant M_{max} \qquad (5-25)$$

$$\varphi_{min} \leqslant \varphi(k) \leqslant \varphi_{max} \qquad (5-26)$$

考虑到轮胎侧偏饱和特性，从系统相图可知要使车辆稳定，需对轮胎侧偏角添加一定约束：

$$\begin{aligned} \alpha_{f,min} \leqslant \alpha_f(k) \leqslant \alpha_{f,max} \\ \alpha_{r,min} \leqslant \alpha_r(k) \leqslant \alpha_{r,max} \end{aligned} \qquad (5-27)$$

在上述约束基础上，为了使车辆实际输出的横摆角速度尽快跟上期望横摆角速度以确保侧向稳定性，有：

$$J_1 = \| Y(k+1|k) - R(k+1) \|^2 \qquad (5-28)$$

其中 J_1 应尽量小，同时，为了确保制动及转向执行机构安全稳定运行，附加横摆力矩 M 和前轮转角变化率 φ 都不能太大，有：

$$J_2 = \| U(k) \|^2 \qquad (5-29)$$

其中 J_2 也应尽量小，但使 J_1、J_2 同时减小是矛盾的，可根据实际需求调节二者权重因子：

$$J(Y(k), U(k), N_p, N_u) = \| \mathbf{\Gamma}_y Y(k+1|k) - R(k+1) \|^2 + \| \mathbf{\Gamma}_u U(k) \|^2 \qquad (5-30)$$

式中，$\mathbf{\Gamma}_u$ 和 $\mathbf{\Gamma}_y$ 是的权重矩阵；$\mathbf{\Gamma}_u = \text{diag}(\tau_{st,1}, \tau_{M,1}, \tau_{st,2}, \tau_{M,2}, \cdots, \tau_{st,N_u}, \tau_{M,N_u})$；$\mathbf{\Gamma}_y = \text{diag}(\tau_{y,1}, \tau_{y,2}, \cdots, \tau_{y,N_p})$；$\tau_{st,i}$ 是前轮转角变化率的权重因子；$\tau_{M,1}$ 是附加横摆力矩的权重因子。

基于以上的分析，非线性的车辆侧向稳定性集成控制问题可以描述为优化以下问题：

$$\min_{z} J\left(Y(k), U(k), N_p, N_u\right)$$

$$M_{\min} \leqslant \Delta M_z(k) \leqslant M_{\max}$$

$$\varphi_{\min} \leqslant \varphi(k) \leqslant \varphi_{\max} \tag{5-31}$$

$$\alpha_{f,\min} \leqslant \alpha_f(k) \leqslant \alpha_{f,\max}$$

$$\alpha_{r,\min} \leqslant \alpha_r(k) \leqslant \alpha_{r,\max}$$

综上所述，最优控制输出 ΔM_z 及 φ 可通过求解式（5-31）获得，而要求解式（5-31），可借助 MATLAB/NAG 工具箱中的 eO4wd 函数进行求解。使用 eO4wd 函数求解主要涉及目标函数与约束函数的编写，两个函数编写成功后，经过主函数的调用，即可求解得到优化的附加横摆力矩和车辆前轮转角变化率，φ 经过转换即可得到车辆前轮转角，具体求解过程如图 5-7 所示。

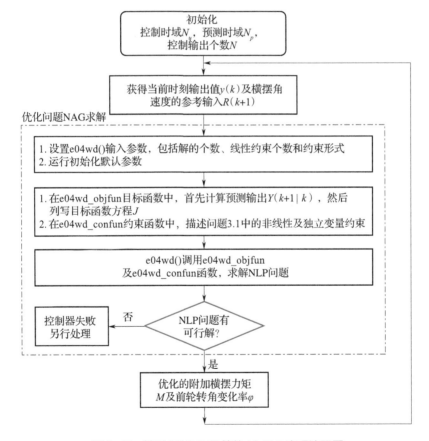

图 5-7　基于 NAG 工具箱的 NMPC 实现流程图

(3) 分配策略

经过前面的优化求解可获得附加横摆力矩 ΔM_z，但要其发挥作用还需采用制动力分配方案将其分配至四个车轮上。这里选择单侧车轮制动的分配方案对附加横摆力矩进行分配，如图 5 - 8 所示为单侧车轮制动力作用示意图。进行四个轮胎受力分析，有：

$$M_{13} = M_1 + M_3 = \frac{d_1}{2}F_{b1}\cos(\delta) - L_f F_{b1}\sin(\delta) + \frac{d_2}{2}F_{b3} \qquad (5-32)$$

$$M_{24} = M_2 + M_4 = -\frac{d_1}{2}F_{b2}\cos(\delta) - L_r F_{b2}\sin(\delta) - \frac{d_2}{2}F_{b4} \qquad (5-33)$$

式中，M_{13}、M_{24} 分别是左前轮 1、左后轮 3 和右前轮、右后轮施加制动力产生的横摆力矩（N·m）；d_1、d_2 分别是前后轮距（m）；L_f 和 L_r 分别是质心到前后轴距离（m）；F_{bi}，$i=1,\cdots,4$ 是四个车轮的制动力（N）。

根据上述制动力学分析，可以制定出表 5 - 1 所列制动力分配策略。

表 5 - 1　制动力分配策略

前轮转角	判断条件	转向特性	附加力矩	施加车轮
$\delta_f > 0$	$r > 0$，$r_{ref} > 0$ 且 $r > r_{ref}$	过度转向	$\Delta M_z < 0$	轮 2、轮 4
$\delta_f > 0$	$r > 0$，$r_{ref} > 0$ 且 $r < r_{ref}$	不足转向	$\Delta M_z > 0$	轮 1、轮 3
$\delta_f < 0$	$r < 0$，$r_{ref} < 0$ 且 $r < r_{ref}$	过度转向	$\Delta M_z > 0$	轮 1、轮 3
$\delta_f < 0$	$r < 0$，$r_{ref} < 0$ 且 $r > r_{ref}$	不足转向	$\Delta M_z < 0$	轮 2、轮 4

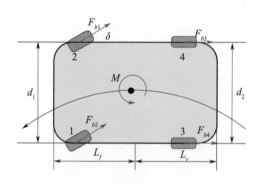

图 5 - 8　制动力分配示意图

车辆进行左转弯操作，即 $\delta_f > 0$，此时实际的车辆横摆角速度 $r > 0$ 及期望值 $r_{ref} > 0$，如果 $r > r_{ref}$，则车辆存在过度转向，需要对右侧的轮 2 和轮 4 施加制动力；反之，如果 $r < r_{ref}$，则车辆存在不足转向，需要对左侧的轮 1 和轮 3 施加

制动力。

车辆进行右转弯操作，即 $\delta_f < 0$，此时实际的车辆横摆角速度 $r < 0$ 及期望值 $r_{ref} < 0$，如果 $r < r_{ref}$，则车辆存在过度转向，需要对右侧的轮 2 和轮 4 施加制力；反之，如果 $r > r_{ref}$，则车辆存在不足转向，需要对左侧的轮 1 和轮 3 施加制动力。

5.3.3　前轮转向与横摆稳定集成控制器的 FPGA 实现

在 5.3.2 节中已经完成了集成控制器的设计，但要将其部署在车载控制芯片上，还需要编写相应程序算法，设计浮点与定点模型以及 Catpult C 综合等。以下将具体介绍基于 FPGA 实现集成控制器的过程。

（1）基于 PSO 的 NMPC 的算法描述

之前 NMPC 优化输出的附加横摆力矩 ΔM_z 及前轮转角 δ_f 是通过 NAG 工具进行求解的，但是这种方法无法应用在 FPGA 芯片上。因此需要采用新的算法求解，这里使用能为硬件加速提供条件的粒子群优化算法（PSO），算法流程如图 5-9 所示。

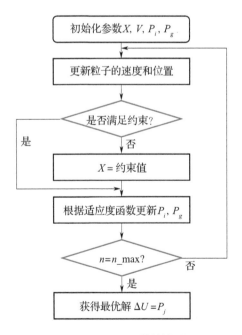

图5-9　PSO 算法流程

PSO 算法的实现首先要随机选取一组粒子，并对粒子的位置 x、速度 v、个体最优位置 P_b 以及全局最优位置 P_g 进行初始化，设置粒子群的大小是 N，每个粒子的维数是 D，D 对应预测控制序列的维数。然后按照式（5－34）进行相应的位置和速度更新。在位置更新后判断是否满足约束，一旦不满足约束，就置其为全局最优；满足约束则通过比较个体最优位置和更新后的位置更新个体最优，然后根据个体最优获得全局最优，如此反复计算一定次数后 P_g 可收敛至最优解。

$$v_j^{k+1} = wv_j^k + c_1 r_1 (P_{bj}^k - x_j^k) + c_2 r_2 (P_g^k - x_j^k) \quad j = 1 \cdots N$$
$$x_j^{k+1} = x_j^k + v_j^{k+1} \quad j = 1 \cdots N$$

$$(5-34)$$

式中，k 是迭代次数；r_1 和 r_2 是大小在 $[0, 1]$ 之间的随机数；c_1 和 c_2 是相应的加速度权重；w 是惯性权重系数。

可以看出粒子的速度和位置更新是一个向量的数乘和加法操作，约束的处理是位置的比较，全局最优是根据当前时刻的个体最优以及上一个时刻的全局最优获得，这些都可以并行处理且个体最优获得和每个粒子的更新也是并行的。因此，粒子群算法本身有很大的并行性，为硬件加速提供了空间。通过 PSO 算法得到 NPMC 控制器的最优解后，可利用 MATLAB 的 M 语言对控制器进行整体描述并验证 PSO-NPMC 的控制效果，所采用的 PSO-NMPC 参数见表 5－2。

表 5－2　PSO 算法参数

符号	描述	值
D	粒子的维数/待优化变量个数	2
N	粒子数	20
k	迭代次数	20
c_1	加速度常数	2
c_2	加速度常数	2

此外，由于 FPGA 不支持复杂的除法运算，需要对轮胎模型式（5－7）进一步处理，使用泰勒展开的方法对轮胎力表达式在 $\alpha_i = 0$ 处进行展开，使除法运算转换为乘法运算，展开后，有：

$$F_{yi}(\alpha_i) = F_{yi}(0) + \frac{F'_{yi}(0)(\alpha_i - 0)}{1!} + \frac{F''_{yi}(0)(\alpha_i - 0)^2}{2!} + \cdots + \frac{F^n_{yi}(0)(\alpha_i - 0)^n}{n!}$$

$$(5-35)$$

在保证精度的前提下，取 $n = 6$ 可得到泰勒展开之后的轮胎模型，有：

$$F_{yi}\ (\alpha_i)\ =\ -\frac{\mu F_{zi}\gamma_{zi}C_i\ (\alpha_i - \gamma_{\alpha_i}\alpha_i^3 + \gamma_{\alpha_i}\alpha_i^5)}{\mu_0 F_{zio}},\ i = f,\ r \qquad (5-36)$$

（2）浮点与定点模型设计

由于使用 Catapult C 高级综合工具实现 NMPC 控制器，所以在完成 M 语言的算法描述和验证后需要将 M 语言转换为 Catapult C 支持的 C/C++ 语言进行描述，也就是控制器的浮点模型设计。Catapult C 支持 AC 数据类型，具体的模型设计规范如图 5-10 所示，其中 I 是整数位宽，如果定义为有符号的 *true* 类型则包含一位符号位，*false* 类型则不包含符号位。W 是整个数据的位宽，f 是小数位宽。此外规范还包括量化模式和溢出模式。对于量化模式，由于二进制位无法精确表示小数，计算中需舍位。舍位的策略包括直接舍位、四舍五入，直接舍位不需要逻辑判断，相比四舍五入无须消耗额外资源。对于溢出模式，在设计时用足够的整数位宽即可避免溢出，可以不用考虑。可以看到量化模式要求 f 足够大，满足精度，溢出模式要求 I 足够大，避免溢出。此外，还需要注意数据类型的范围和精度，其属性见表 5-3。

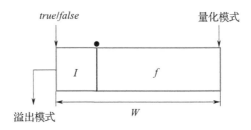

图 5-10　定点模型设计规范

表 5-3　数据类型范围和精度

数据类型	描述	范围	精度
$ac\_\ int < W,\ false >$	无符号整数	$0 \sim 2^W - 1$	1
$ac\_\ int < W,\ true >$	有符号整数	$-2^W \sim 2^W - 1$	1
$ac\_\ fixed < W,\ I,\ false >$	无符号小数	$0 \sim (1 - 2^W)\ 2^I$	2^{I-W}
$ac\_\ fixed < W,\ I,\ true >$	有符号小数	$-2^{I-1} \sim 2^{I-1} - 2^{I-W}$	2^{I-W}

定点模型设计即在满足需求的前提下，使得 I 和 f 尽量小。为了更好进行定点模型的设计，可先将涉及的变量进行数据分类，包括：①已经固定的数据类型，如控制器与串口的接口数据；②数据常量，如车辆系统动力学常数；③便于观察或有物理意义的数据，如系统的输入/输出；④难以观察变量，如适应度

函数值，采用估计的方法获得，在设计时保留一定的裕度。综上所述，控制器设计涉及的典型数据类型设计见表 5 - 4。

表 5 - 4　典型数据类型设计

变量	范围	单位	数据类型
接口数据	(- 20000，20000)	无	$ac\_\ fixed < 16,\ 16,\ true >$
随机数	(0，1)	无	$ac\_\ fixed < 24,\ 0,\ false >$
状态变量	(- 0.1，0.1)	rad	$ac\_\ fixed < 40,\ 2,\ true >$
横摆角速度	(- 0.5，0.5)	rad/s	$ac\_\ fixed < 20,\ 2,\ true >$
纵向速度	(0，30)	m/s	$ac\_\ fixed < 15,\ 6,\ true >$

（3）Catapult 综合

定点模型设计完成并通过测试之后，通过 Catapult 高级综合工具可直接将 C 代码自动转换为 Verilog 硬件语言文件，操作界面如图 5 - 11 所示。首先在 Catapult C 综合过程中设置芯片型号为 Altera Stratix Ⅲ EP3SL150F1152、时钟频率为 40MHz，然后采用设计目标选择面积最优，选择寄存器存储结构的方案进行综合，其综合报告见表 5 - 5。

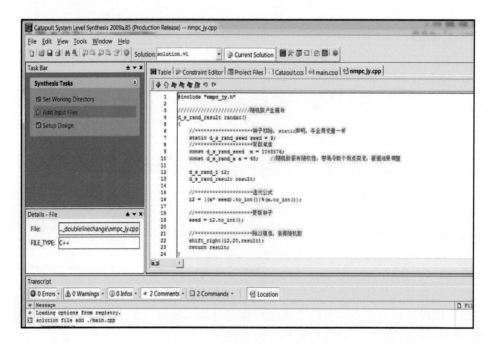

图 5 -11　Catapult C 操作界面

表 5 – 5　Catapult C 综合报告

指标	Latency Cycles	Latency Time	Throughput Cycles	Throughput Time	Slack	Total Area
值	249729	4.995ms	249730	4.995ms	1.49	29165.31

表 5 – 5 中，Latency 是时滞，即控制器数据输入到计算完成数据输出之间的时间，Latency Time 必须小于控制器采样时间 0.01s；Throughput 是吞吐量，即一个时钟周期内处理的数据量或者是处理单位数据量所需要的时间；Slack 是建立/保持时间余量，即数据到达的期望时间与实际时间之间的差值，其值需为正，以保证时序的正确性；Area 是设计逻辑占用的面积，该值应小于 FPGA 所允许的值。通过分析 Catapult C 综合报告中各项指标的数值结果，可以看出该方案使得时滞、面积和时序都满足要求，且处于较理想的值，所以可选择该方案生成的全硬件描述语言即 Verilog 文件进行下一步的 FPGA 实现。

生成的 Verilog 全硬件语言文件，在 Quartus 软件中经过综合、布局、布线后可生成 .sof 文件，可用于下载到 FPGA 开发板中。表 5 – 6 给出了经 Quartus 软件综合之后的控制器占用硬件资源的情况，可以看出控制器占用整个电路板的资源并不是很多，其中 DSP 模块占用较多，但仍有余量，说明控制器满足硬件资源的要求。

表 5 – 6　控制器占用硬件资源报告

指标	Logic utilization	Combinational ALUTs	Block memory	DSP block 18 – bit	PLL
值	—	15525/113600	577536/5630976	302/384	1/8
百分比	20%	14%	10%	79%	13%

5.3.4　仿真与试验结果分析实例

（1）集成控制器仿真验证

要将车辆仿真动力学模型全部建立较为复杂，故在车辆动力学仿真软件 veDYNA 中已有的红旗 HQ430 轿车动力学仿真模型基础上建立车辆仿真模型，并对控制器进行验证，模型框架结构如图 5 – 12 所示。

图 5 – 12 中，方向盘转角、制动踏板及加速踏板信号是模型的输入，输入车辆模型的信号经过发动机、传动系统、转向系统、制动系统等系统模型的传递，车辆模型开始进行仿真并输出车辆状态信号。

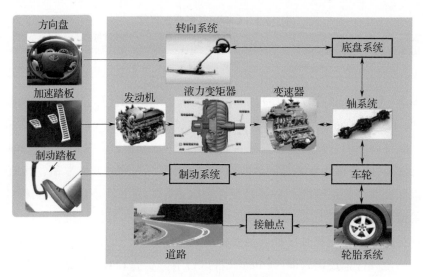

图 5-12　车辆动力学模型结构图

在模型建立过程中，HQ430 轿车的发动机和传动系统的变速器两部分动力学模型通过对车辆的纵向动力学分析建立，其余部分采用 veDYNA 动力学软件中已有的结构。结合红旗 HQ430 轿车，对上述建立的车辆模型结构进行参数匹配，可获得红旗 HQ430 轿车的完整动力学模型。基于 veDYNA 建立的模型十分复杂，所需参数达 2000 多组，需要通过多种渠道获取所需参数并匹配到 veDYNA 参数 GUI 界面里，包括：进行轮胎特性试验、悬架 K&C 特性试验等台架试验获取参数；在参考资料选取参数；利用试验数据辨识参数等。veDYNA 车辆仿真模型参数匹配表见表 5-7。在实际仿真模型中，纵向空气阻力系数及滚动阻力系数通过实车滑行试验数据进行辨识得到。得到红旗 HQ430 车辆仿真模型后对其进行模型验证，验证结果表明建立的车辆仿真动力学模型为高精度的动力学模型，输出曲线与实车试验输出曲线基本一致，模型的纵向动力学精度为 91.3%，模型的侧向动力学精度为 79.4%，可替代真实车辆用于仿真研究。

表 5-7　veDYNA 车辆仿真模型参数匹配表

名称	车辆基本参数	特性参数	其他参数
1	整车质量	纵向空气阻力系数	侧向空气阻力系数
2	变速比	滚动阻力系数	汽车旋转质量系数
3	转向传动比	悬架弹簧刚度	转向扭转柱扭转刚度
4	绕轴转动惯量	横向稳定杆刚度	制动压力滞后时间
5	车辆质心到前轴距离	轮胎纵向滑移刚度	发动机力矩延迟时间
⋮	⋮	⋮	⋮
获取方式	红旗 HQ430 轿车技术说明书	特性试验辨识	经验值

为了进行离线仿真验证，还需要获得轮胎模型式（5－8）中的轮胎模型参数 γ_{zi}、$\gamma_{\alpha i}$，可采用辨识的方法得到。参数辨识采用 MATLAB 中的 fminsearch 方法，γ_{zi} 和 $\gamma_{\alpha i}$ 作为优化变量，而目标函数，有：

$$J_{identi} = \sum_{i=1}^{N} (F_y - F_{y\_veDYNA})^2 \tag{5-37}$$

式中，F_y 和 F_{y_veDYNA} 分别是相同轮胎侧偏角输入情况下轮胎模型的侧偏力和车辆动力学仿真软件 veDYNA 中轮胎模型输出的轮胎侧偏力；N 是单个变量的总个数。

参数辨识的结果如图 5－13 所示，可以看出在垂直载荷 F_z = 13112N、F_z = 6566N 两种条件下，辨识结果都与 veDYNA 中的数据匹配度较高，因此，可通过该方法辨识得到模型参数 γ_{zi} 和 $\gamma_{\alpha i}$。

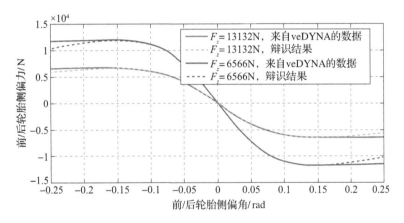

图 5 -13　参数辨识结果

最后，将 HQ430 模型与集成控制器进行联合仿真，验证所设计的非线性集成控制器（NMPC）对于车辆侧向稳定性的控制作用，仿真工况包括初始状态响应、实车试验对比验证、双移线极限工况验证。轮胎参数辨识及仿真过程中用到的主要车辆模型参数及控制器参数见表 5－8。此外，车辆前后轮胎侧偏角的约束界限根据 5.3.1 节中系统相图的稳定范围，有：

$$\begin{aligned} \alpha_{f,min} = -\alpha_{f,max} = -0.1\text{rad} \\ \alpha_{r,min} = -\alpha_{r,max} = -0.15\text{rad} \end{aligned} \tag{5-38}$$

前轮转角变化率的约束界限根据相关文献，有：

$$\varphi_{min} = -\varphi_{max} = -0.09\text{rad/s} \tag{5-39}$$

附加横摆力矩根据经验，有：

$$\Delta M_{zmin} = -\Delta M_{zmax} = -10000\text{N} \cdot \text{m} \qquad (5-40)$$

表 5 – 8　主要参数

符号	描述	值	单位
L_f	质心到前轴的距离	1.25	m
L_r	质心到后轴的距离	1.32	m
I_z	质心绕 z 的转动惯量	1750	kg·m²
m	汽车质量	1296	kg
C_1、C_2	前、后轮侧偏刚度	87594	N/rad
γ_{x1}、γ_{x2}	前、后轮模型参数	1.0997	null
$\gamma_{\alpha1}$、$\gamma_{\alpha2}$	前、后轮模型参数	43.4202	null
$\tau_{y,n}(n=1,\ ...,\ N_p)$	横摆角速度跟踪的权重	0.32	null
$\tau_{st,n}(n=1,\ ...,\ N_u)$	前轮转角变化率权重	0.015	null
$\tau_{M,n}(n=1,\ ...,\ N_u)$	附加横摆力矩权重	0.005	null
N_u	控制时域	4	null
N_p	预测时域	4	null

为了验证车辆系统在集成控制器作用下，从一个初始状态恢复到稳定的能力，令车辆的前轮侧偏角 $\alpha_f = 0.09\text{rad}$，纵向速度保持 $v_x = 80\text{km/h}$ 不变。同一初始条件下，集成控制器、只有制动控制及无控制三种情况的仿真对比结果如图 5 – 14 ~ 图 5 – 18 所示。从图 5 – 14、图 5 – 15 对比可以看出，在三种控制策略下，车辆的前轮转角均能从初始值恢复到稳定值，但使用集成控制器的车辆系统响应速度明显最快；其次是用制动控制器；最慢的是不使用任何控制的车辆。从车辆后轮侧偏角的对比响应曲线也可看出相似的结论。从图 5 – 16、图 5 – 17 可知，只有制动控制的系统对前轮转角无优化，因此只有附加横摆力矩 M 的控制作用；集成控制器作用的车辆系统则既有前轮转角又有附加横摆力矩的控制输出。正是因为集成控制器对前轮转角及附加横摆力矩均有优化，所以使用集成控制器控制的系统响应速度更快。另外，同样条件下，集成控制器优化输出的附加横摆力矩较小，进而分配到车轮的制动力变小，减弱了控制器作用时对车辆纵向动力学的影响。

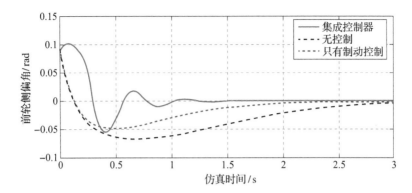

图 5-14　初始状态响应下的车辆前轮侧偏角

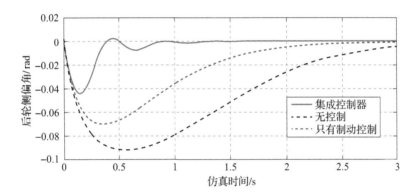

图 5-15　初始状态响应下的车辆后轮侧偏角

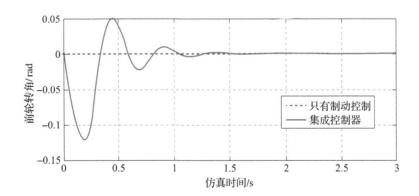

图 5-16　初始状态响应下的控制器输出前轮转角

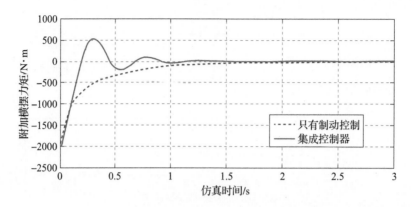

图 5-17　初始状态响应下的控制器输出附加横摆力矩

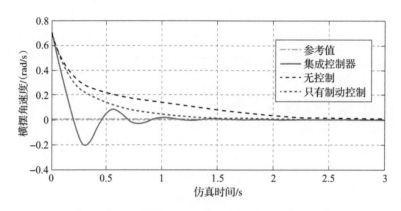

图 5-18　初始状态响应下的车辆输出横摆角速度

　　为了进一步验证集成控制器在极限工况下的控制效果，设置双移线实验工况进行仿真，令纵向速度为 $v_x = 80\text{km/h}$，路面附着系数为 $\mu = 0.4$。车辆输出的前后轮胎侧偏角及横摆角速度如图 5-19、图 5-20 所示，从中可以看出，在集成控制和只有制动控制作用的两种情况下，车辆输出的前后轮侧偏角均在稳定范围内。但是，集成控制器作用情况下输出的前后轮侧偏角更小，车辆稳定性更好；对于车辆横摆角速度的跟踪，二者效果相近。

　　控制器决策输出如图 5-21～图 5-23 所示。由图可知，集成控制器决策输出的附加横摆力矩明显小于只用制动控制的，优化输出的车辆前轮转角也明显小于只有制动作用的情况，这表明使用集成控制器侧向稳定性更好。同时，集成控制决策输出的附加横摆力矩较小，因此纵向动力学的影响也相应变小，控制器输出的纵向速度如图 5-23 所示。综上所述，所设计的集成控制器在极限工况下具有较好的控制作用。

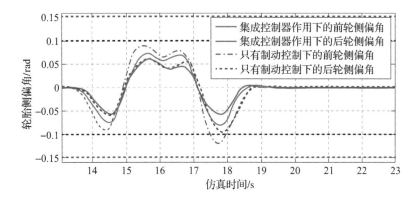

图 5-19　双移线工况下的车辆前后轮侧偏角

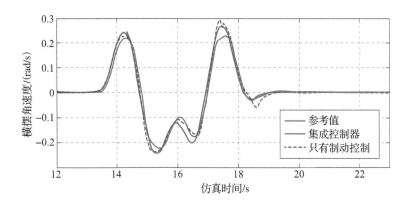

图 5-20　双移线工况下的车辆横摆角速度

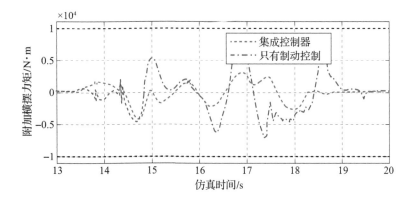

图 5-21　双移线工况下的控制器输出的附加横摆力矩

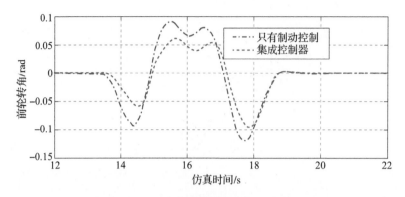

图 5-22 双移线工况下的控制器输出的前轮转角

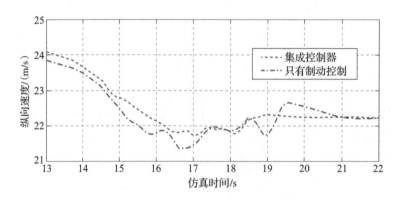

图 5-23 双移线工况下的控制器输出的纵向速度

（2）FPGA 与 xPC-Target 联合仿真

为了验证 PSO－NMPC 控制器，建立了如图 5－24 所示的 FPGA 开发板与 xPC-Target 联合仿真平台。图 5－24 中，xPC-Target 的上位机用于下载 HQ430 车辆仿真模型，并运行 FPGA 开发软件 Quartus Ⅱ；通过 JTAG 下载线 Quartus Ⅱ 可以将 PSO－NMPC 控制器的 . sof 文件下载到 FPGA 芯片中，并对 FPGA 进行配置和调试；下位机则用于监测车辆状态、输入输出等变量。FPGA 与 xPC-Target 之间通过 UART RS232 串口进行通

图 5-24 实时仿真实验图

信。仿真实验平台的通信框图如图 5 – 25 所示，xPC-Target 每隔 0.01 s 向 FPGA
发送一次数据，发送完成启动控制器计算，并在计算完成之后将控制量发送给
xPC-Target 作用于车辆，整个运行过程受 xPC-Target 控制。

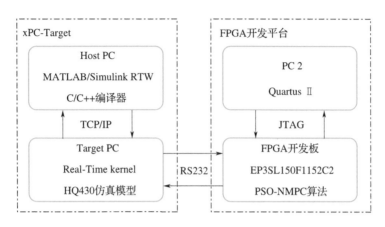

图 5 – 25　实时仿真实验平台通信框图

在双移线工况下设置 $v_x = 80 \text{km/h}$、$\mu = 0.4$，在上述联合实验仿真平台上进
行仿真实验，实验仿真结果与没有任何控制器作用的对比，如图 5 – 26 ~ 图 5 – 28
所示。从这组仿真可以看出，在没有任何控制器作用的情况下，车辆的轮胎侧
偏角及横摆角速度都不能恢复到稳定值，这说明车辆已经失去稳定，不能完成
双移线实验。而在 PSO – NMPC 控制器的作用下，轮胎侧偏角在稳定的范围内，
车辆横摆角速度能够跟踪上参考值。这表明所设计的非线性集成控制器经过硬
件实现后，仍能够提高车辆的侧向稳定性。

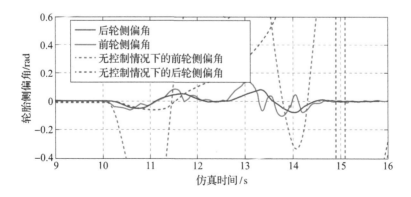

图 5 – 26　双移线工况下实时实验轮胎侧偏角对比图

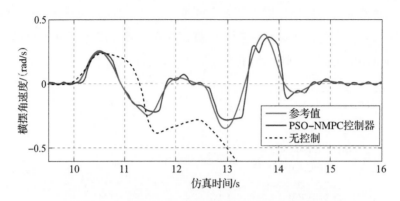

图 5-27　双移线工况下实时实验横摆角速度对比图

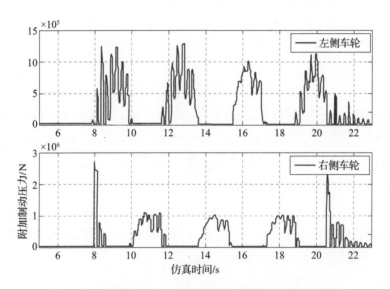

图 5-28　双移线工况下实时实验附加制动压力的分配结果

　　综上所述，FPGA 全硬件实现方案能够使 PSO - NMPC 的单步运算时间保持在 10ms 以内，使其满足车辆主动安全系统的快速性需求，而且集成控制器在极限工况下能够保证车辆的稳定，满足车辆主动安全性的要求。

5.4　智能车辆横摆与侧倾集成稳定性控制

5.4.1　问题描述

　　车辆发生侧滑主要是由车辆的横摆运动引起的，质心侧偏角也是表征车辆横摆运动状态的重要变量，而横摆角速度能够直接表征车辆的侧向稳定性。车辆保持横摆稳定性应该满足两个条件，即车辆系统实际的横摆角速度 r 尽量逼近其参考值 r_{ref}；质心侧偏角的 $\dot{\beta} - \beta$ 相轨迹曲线应保持在稳定范围内[18]。车辆发生侧翻主要与车辆的侧倾运动有关，确保侧倾稳定性应尽量减小车辆的动态侧翻指标——侧向转移率（LTR）的大小[19]，保证轮胎垂直载荷在稳定的范围内波动。

差动制动的车辆稳定性控制系统对于车辆的侧向稳定性有较好的控制效果，但会对车辆的纵向动力学特性产生影响[20]。转向控制则完全基于车辆的侧向控制，对车辆的纵向动力学几乎不会有影响，但在轮胎的非线性饱和区会失去控制作用[21]。基于此，可将两者结合，以前轮转角和轮胎制动力为控制变量设计集成控制器，进而削弱侧向运动控制对车辆纵向速度的影响，同时能够保证轮胎在任何区域均有良好的控制效果，确保车辆的稳定性。综上，对车辆横摆与侧倾稳定性控制系统提出以下几点功能要求：保证车辆的 $\dot{\beta} - \beta$ 相轨迹在稳定的边界范围内；尽量使实际横摆角速度 r 逼近其参考值 r_{ref}，两者偏差的绝对值不超过 Δr_{th}；尽量减少 LTR，不得超过其最大阈值 LTR_{th}；考虑执行机构的饱和作用，保证其控制动作在约束的范围内。

在极限工况下，若驾驶员对方向盘操作不当，可能会引发车辆侧滑，严重时甚至导致车辆发生侧翻。若车辆行驶时能够提前获取未来一段时间内的车辆状态信息，提前预知到危险，并施以相应的控制措施，则能够有效提高车辆侧向稳定性。模型预测控制算法能够基于简化的模型和当前时刻的状态对未来一段时间内的信息进行预测，然后在每一个采样时刻进行滚动式优化，虽然得到的并非全局最优解，但其滚动优化的方式能够及时补偿由于外部不确定性因素所带来的对系统的影响，减小外部干扰[22]。因此，可采用模型预测的控制策略设计汽车横摆与侧倾稳定集成控制器。

综合车辆稳定性能需求，车辆横摆与侧倾稳定性集成控制系统的控制框图如图 5 - 29 所示。首先根据驾驶员意图识别出车辆参考横摆角速度，同时相平面模块根据测量系统的反馈信息实时更新出关于质心侧偏角的 $\dot{\beta} - \beta$ 相轨迹稳定边界线；其次集成控制器充分考虑车辆的横摆稳定性对于质心侧偏角 $\dot{\beta} - \beta$ 相轨迹以及实际横摆角速度与参考值偏差的稳定性约束，车辆侧倾稳定性对侧向载荷转移率的稳定性约束以及执行机构的饱和安全性约束；最后选用模型预测控制策略，以三自由度车辆模型为预测模型进行车辆状态预测和控制变量的优化，并将得到的优化控制变量作用于转向执行机构和制动执行机构，使车辆保持稳定行驶。

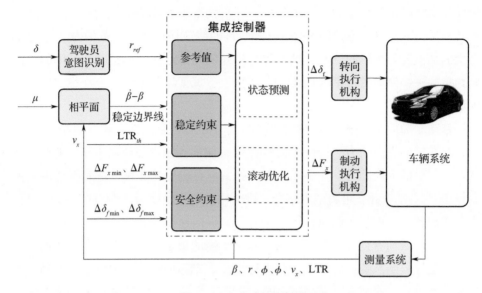

图 5-29　集成控制框图

（1）驾驶员意图识别

横摆角速度可以通过直接测量得到，因此可基于使汽车质心侧偏角最小化的思想，将横摆角速度作为虚拟控制变量，利用李雅普诺夫第二稳定性判定方法，根据当前汽车测量系统反馈回来的状态值规划出参考的横摆角速度。相比于传统的基于线性二自由度简化模型，根据驾驶员给出的方向盘转角信号和当前的车速信号，线性地计算出车辆的参考状态的方法，在驾驶员处于慌乱等失控状态时，也不会失去其有效性。

根据 5.2 节中三自由度简化车辆模型，针对汽车横摆运动的驾驶员意图辨识问题，将双轨车辆模型转换成单轨车辆模型，忽略车辆的侧倾运动，假设左前轮和右前轮、左后轮和右后轮分别具有相同的特性，如图 5-30 所示。

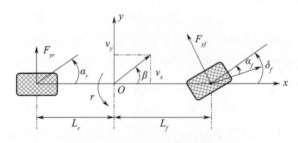

图 5-30　单轨车辆模型示意图

根据式（5-9）和式（5-14），并对前轮转角进行小角度假设，即 $\cos\delta_f = 1$，从而得到车辆侧向运动表达式如下：

$$m\ (r \cdot v_x + \dot{v}_y)\ = F_{yf} + F_{yr}$$

$$F_{yf} = F_{yfl} + F_{yfr} \tag{5-41}$$

$$F_{yr} = F_{yrl} + F_{yrr}$$

在侧向运动控制中，车辆的纵向车速近似为恒定值，质心侧偏角的值较小，则近似有：

$$\beta = \frac{v_y}{v_x} \quad \dot{\beta} = \frac{\dot{v}_y}{\dot{v}_x} \tag{5-42}$$

综合式（5-42）、式（5-41），有：

$$mv_x\ (\dot{\beta} + r)\ = F_{yf} + F_{yr} \tag{5-43}$$

为了反映轮胎的非线性特性，选用如下轮胎模型来表征轮胎的侧向力和侧偏角的关系：

$$F_{yf} = -2C_f\ (1 - K_a\alpha_f^2)\ \alpha_f = 2K_aC_f\alpha_f^3 - 2C_f\alpha_f$$

$$F_{yr} = -2C_r\ (1 - K_b\alpha_r^2)\ \alpha_r = 2K_bC_r\alpha_r^3 - 2C_r\alpha_r \tag{5-44}$$

式中，K_a、K_b、C_f、C_r 是轮胎参数。为了便于参数辨识，假设：

$$F_{yf} = A_f\alpha_f + B_f\alpha_f^3$$

$$F_{yr} = A_r\alpha_r + B_r\alpha_r^3 \tag{5-45}$$

式中，α_f、α_r 是前后轮侧偏角，其与车辆运动参数的关系为：

$$\alpha_f = -\delta_f + \frac{L_f r}{v_x} + \beta - \lambda_f\phi$$

$$\alpha_r = -\frac{L_r r}{v_x} + \beta - \lambda_r\phi \tag{5-46}$$

式中，λ_f、λ_r 是车辆的侧倾运动对前、后轮侧偏角的影响系数。通常这一项对侧偏角的值影响比较小，一般可以忽略，可得到简化的侧偏角表达式为：

$$\alpha_f = -\delta_f + \frac{L_f r}{v_x} + \beta$$

$$\alpha_r = -\frac{L_r r}{v_x} + \beta \tag{5-47}$$

综合式（5-43）、式（5-45）和式（5-47），可以得到关于车辆横摆角速度和质心侧偏角非线性关系的侧向动力学方程：

$$\dot{\beta} = \frac{F_{yf}(\beta,\ r,\ \delta_f) + F_{yr}(\beta,\ r)}{mv_x} - r \qquad (5-48)$$

基于最小化质心侧偏角 β 的思想，将汽车的横摆角速度 r 看作虚拟的控制量，进而计算出参考值 r_{ref}。首先设定参考的质心侧偏角 β_{ref} 为零，有：

$$e = \beta - \beta_{ref} = \beta$$
$$\dot{e} = \dot{\beta} - \dot{\beta}_{ref} = \dot{\beta} \qquad (5-49)$$

为了使上述偏差趋近于零，系统稳定在平衡点即零点附近，选取半正定的李雅普诺夫（Lyapunov）函数为：

$$V = \frac{1}{2}e^2 \qquad (5-50)$$

从而获得沿系统轨迹的 Lyapunov 函数 $\dot{V}$ 的时间导数为：

$$\dot{V} = e\,\dot{e} = \beta\,\dot{\beta} \qquad (5-51)$$

根据 Lyapunov 第二稳定性判定方法可知其函数的导数 $\dot{V}$ 应该为半负定的，才能保证系统的稳定性，因此设定：

$$\dot{V} = -K\beta^2 < 0 \quad (K>0) \qquad (5-52)$$

将式（5-48）和式（5-51）代入式（5-52），有：

$$\frac{F_{yf}(\beta,\ r,\ \delta_f) + F_{yr}(\beta,\ r)}{mv_x} - r + K\beta = 0 \qquad (5-53)$$

将非线性轮胎模型式（5-45）和前后轮侧偏角式（5-47）代入上面的公式，得：

$$\frac{A_f(\beta + Er - \delta_f) + B_f(\beta + Er - \delta_f)^3 + A_r(\beta - Fr) + B_r(\beta - Fr)^3}{H} - r + K\beta = 0$$
$$(5-54)$$

式中，$E = L_f/V_x$；$F = L_r/V_x$；$H = mV_x$。

将式（5-54）看成是关于横摆角速度 r 的等式，整理可得：

$$ar^3 + br^2 + cr + d = 0 \qquad (5-55)$$

$$a = B_f E^3 - B_r F^3$$
$$b = (3B_f E^2 + 3B_r F^2)\beta - 3B_f E^2 \delta_f$$
$$c = 3EB_f(\beta - \delta_f)^2 - 3B_r F\beta^2 + A_f E - A_r F - H$$
$$d = B_f(\beta - \delta_f)^3 + B_r\beta^3 + (A_f + A_r)\beta - A_f\delta_f + KH\beta$$
$$(5-56)$$

选用盛金求解法对上述一元三次方程进行求解，设定根判别式如下：

$$A = b^2 - 3ac$$
$$B = bc - 9ad \qquad\qquad (5-57)$$
$$C = c^2 - 3bd$$

则得到方程的总的判别式为：

$$\Delta = B^2 - 4AC \qquad\qquad (5-58)$$

由于 $\Delta > 0$，有：

$$X = \frac{-b - (\sqrt[3]{Y_1} + \sqrt[3]{Y_2})}{3a} \qquad\qquad (5-59)$$

式中，$Y_1 = Ab + 3a\left(\dfrac{-B + \sqrt[2]{B^2 - 4AC}}{2}\right)$；$Y_2 = Ab + 3a\left(\dfrac{-B - \sqrt[2]{B^2 - 4AC}}{2}\right)$。

车辆在道路上行驶时，参考的状态 r_{ref} 因路面附着系数等外在条件而受到限制，设定车辆的侧向加速度为 a_y，其最大值不能超过轮胎与路面的最大附着极限，有：

$$|a_y| \leqslant \mu \cdot g \qquad\qquad (5-60)$$

式中，μ 为路面附着系数。而当 β 较小时，$a_y \approx \mu \cdot g$，因此车辆的最大横摆角速度 r_{max} 应不超过：

$$r_{max} = \frac{\mu q}{v_x} \qquad\qquad (5-61)$$

综上，最终计算得到车辆参考的横摆角速度 r_{ref} 的值为：

$$r_{ref} = \min\{X, \ r_{max}\} \qquad\qquad (5-62)$$

（2）动态侧翻指标

为了准确地识别车辆的侧倾状态，对侧翻危险程度进行有效的评估，引入侧向载荷转移率和侧倾预警时间两个动态侧翻指标。侧向载荷转移率（Lateral-transfer-ratio，LTR）由 Preston-Thomas 首次提出，并将其作为汽车的侧翻指标，其表达式为：

$$LTR = \frac{F_{zl} - F_{zr}}{F_{zl} + F_{zr}} \qquad\qquad (5-63)$$

式中，F_{zl} 是车辆左前轮和左后轮的垂直载荷之和；F_{zr} 是车辆右前轮和右后轮的垂直载荷之和。

由式（5-63）中可知，侧向载荷转移率 LTR 随着车辆两侧垂直载荷的差值的增大而增加，与选定车型、车辆行驶状态无关，有一定的普适性。且 LTR 是一个介于 0 和 1 之间的变量，当 LTR 的数值为 0 时，车辆左侧轮胎的垂直载荷与右侧轮胎的垂直载荷相等，此时车辆正在稳定地行驶；当 LTR 的数值为 1 时，车辆左侧轮胎或右侧轮胎的垂直载荷为 0，车辆易发生侧翻事故。由此可知 LTR 越接近 1，车辆的侧翻危险程度越大，可选取阈值 LTR_{th}，当 $\mathrm{LTR} > \mathrm{LTR}_{th}$ 时，认为车辆存在侧翻危险。由于车辆行驶过程中轮胎垂直载荷不易测量，LTR 需要根据车辆结构参数与行驶状态对其动态值进行实时估算。根据三自由度车辆模型示意图，车辆的非簧载质量围绕轮距中心点做侧倾运动，具体的受力平衡方程有：

$$(F_{zl} - F_{zr}) \cdot \frac{d}{2} - m_s \cdot a_y \cdot h_R - K_\phi \cdot \phi - C_\phi \cdot \dot{\phi} = 0 \qquad (5-64)$$

式中，h_R 是侧倾中心高度；d 是前后轮平均轮距，$d = (d_1 + d_2)/2$。

车辆侧向加速度可表示为：

$$a_y = v_x \cdot (r + \dot{\beta}) - e \cdot \ddot{\phi} \qquad (5-65)$$

由于车辆总的垂直载荷与整车质量相等，在这里近似认为汽车的总质量 m 与簧载质量 m_s 相等，有：

$$F_{zl} + F_{zr} = m \cdot g = m_s \cdot g \qquad (5-66)$$

由式（5-63）~ 式（5-66）可得车辆动态侧向载荷转移率 LTR 的表达式：

$$\mathrm{LTR} = \frac{2}{d \cdot m_s \cdot g} [m_s \cdot h_R \cdot (v_x \cdot r + v_x \cdot \dot{\beta} - e \cdot \ddot{\phi}) + K_\phi \cdot \phi + C_\phi \cdot \dot{\phi}]$$

$$(5-67)$$

侧倾预警时间（Time - To - Rollover，TTR）能够预测车辆从当前位置开始到车辆发生侧翻的时间，从而给驾驶员足够的时间反应，或者使控制系统采取相应的控制动作，提高控制的精确性。选用简化的三自由度车辆模型作为车辆状态的预测模型，设定动态载荷转移率阈值为 LTR_{th}，T_s 为采样时间，预测步长为 N，即可预测车辆未来 $N \times T_s$ 时间内的侧倾状态。TTR 计算流程图如图 5-31 所示。首先采集车辆当前的状态信息作为预测模型的初值，然后模型开始循环，预测车辆未来 n（$n \leqslant N$）个步长内的 LTR，并将其与门限值 LTR_{th} 进行比较，若第 n 个步长时 $\mathrm{LTR} \geqslant \mathrm{LTR}_{th}$，则表示未来 $n \times T_s$ 时间内车辆有侧翻危险，返回 $\mathrm{TTR} = n \times T_s$，结束计算；如果在 N 个步长内 LTR 的值均小于门限值 LTR_{th}，则表示未来 $N \times T_s$ 时间内车辆没有侧翻危险，返回 $\mathrm{TTR} = N \times T_s$。显然，TTR 越小，表明车辆侧翻危险程度越大，可设定 TTR_{th} 为稳定阈值，当 $\mathrm{TTR} < \mathrm{TTR}_{th}$ 时，认为车辆有侧翻的危险，需要控制系统的介入，反之表明车辆不存在侧翻危险。

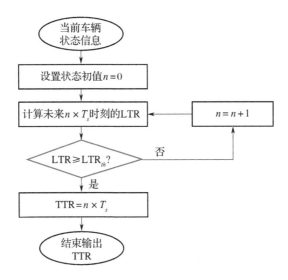

图 5-31　侧倾预警时间（TTR）算法流程图

5.4.2　车辆稳定边界

根据 5.2 节简化三自由度车辆模型，不考虑车辆的侧倾运动，综合式（5-9）、式（5-11）和式（5-13），经过整理最终得到车辆关于横摆角速度 r 和质心侧偏角 β 的表达式：

$$\dot{r} = \frac{\sum M_z}{I_z}$$

$$\dot{\beta} = \frac{\sum F_y}{m \cdot v_x} - r$$

$$(5-68)$$

为了更好地反映车辆的非线性特性，对车辆质心侧偏角的 $\dot{\beta}-\beta$ 相平面区域进行研究，需引入非线性轮胎模型对轮胎的侧向力进行描述，结合式（5-9）建立完整的车辆动力学体系。在众多经典的轮胎模型中，郭孔辉提出的"统一指数轮胎模型"能够充分体现不同因素影响下车辆轮胎的非线性特性，是进行车辆稳定性分析较为理想的轮胎模型，因此选用统一指数（Uni-Tire）轮胎模型进行相平面的研究。

因为在对车辆相平面的分析中仅考虑车辆的侧偏运动，忽略车辆的纵向滑移，所以对 Uni-Tire 轮胎模型进行一系列的简化，有：

$$F_{yi} = \left\{ 1 - \exp\left[-|\varPhi_{yi}| - E \cdot \varPhi_{yi}^2 - \left(E^2 + \frac{1}{12} \right) \cdot |\varPhi_{yi}|^3 \right] \right\} \cdot \mu \cdot F_{zi} \cdot \mathrm{sgn}\left(\varPhi_{yi} \right)$$

$$(5-69)$$

$$\varPhi_{yi} = \frac{-K_{yi} \cdot \tan\alpha_i}{\mu \cdot F_{zi}} \tag{5-70}$$

式中，$i = \{fl,\ fr,\ rl,\ rr\}$，分别是左前轮、左后轮、右前轮、右后轮；$\mu$ 是路面附着系数；E 为轮胎的结构参数；K_{yi} 是轮胎的侧偏刚度。

在纵向车速不变、纵向加速度 a_x 为零的前提下，考虑车辆在车身质量 m、侧向加速度 a_y 的作用下，各个轮胎的垂直载荷 F_{zi} 为：

$$
\begin{aligned}
F_{zfl} &= m \cdot g \cdot \frac{L_r}{2(L_f + L_r)} - m \cdot a_y \cdot \frac{h}{d} \cdot \frac{L_r}{(L_f + L_r)} \\
F_{zfr} &= m \cdot g \cdot \frac{L_r}{2(L_f + L_r)} + m \cdot a_y \cdot \frac{h}{d} \cdot \frac{L_r}{(L_f + L_r)} \\
F_{zfr} &= m \cdot g \cdot \frac{L_r}{2(L_f + L_r)} + m \cdot a_y \cdot \frac{h}{d} \cdot \frac{L_r}{(L_f + L_r)} \\
F_{zrr} &= m \cdot g \cdot \frac{L_f}{2(L_f + L_r)} + m \cdot a_y \cdot \frac{h}{d} \cdot \frac{L_f}{(L_f + L_r)}
\end{aligned}
\tag{5-71}
$$

式中，h 是汽车质心高度；d 是前后轮平均轮距，$d = (d_1 + d_2)/2$。仅考虑车辆的横摆和侧向运动，则侧向加速度的表达式为：

$$a_y = v_x \cdot (r + \beta) \tag{5-72}$$

相应地将车辆每个轮胎的侧偏角 α_f 表达为：

$$
\begin{aligned}
\alpha_{fl} &= \tan^{-1}\left(\frac{v_x \cdot \sin\beta + L_f \cdot r}{v_x \cdot \cos\beta - \dfrac{d_1}{2} \cdot r} \right) - \delta_f \\
\alpha_{fr} &= \tan^{-1}\left(\frac{v_x \cdot \sin\beta + L_f \cdot r}{v_x \cdot \cos\beta + \dfrac{d_1}{2} \cdot r} \right) - \delta_f \\
\alpha_{rl} &= \tan^{-1}\left(\frac{v_x \cdot \sin\beta - L_r \cdot r}{v_x \cdot \cos\beta - \dfrac{d_2}{2} \cdot r} \right) \\
\alpha_{rr} &= \tan^{-1}\left(\frac{v_x \cdot \sin\beta - L_r \cdot r}{v_x \cdot \cos\beta + \dfrac{d_2}{2} \cdot r} \right)
\end{aligned}
\tag{5-73}
$$

综合式（5-14）、式（5-16）及式（5-63）~式（5-68）对车辆侧向和横摆运动状态的描述，利用 MATLAB/Simulink 搭建完整的车辆动力学模型。通过参数形式传递车辆状态初值即（β_0, $\dot{\beta}_0$），通过参数赋值输入驾驶员意图和路面情况，包括方向盘转角、车速和摩擦系数等，在相同的工况下，通过改变初始状态，即可得到车辆关于质心侧偏角的 $\dot{\beta}-\beta$ 相轨迹曲线族。

车辆在 $v_x = 20\text{km/h}$，$\delta = 0\text{rad}$，$\mu = 0.1$ 工况下的 $\dot{\beta}-\beta$ 相轨迹曲线族如图 5-32 所示。红色的零点为系统稳定的焦点。当车辆的质心侧偏角及其变化率的状态位于一三象限时，其相轨迹多数处于发散状态，不能收敛到稳定焦点，而位于二四象限的相轨迹多数属于稳定区域。

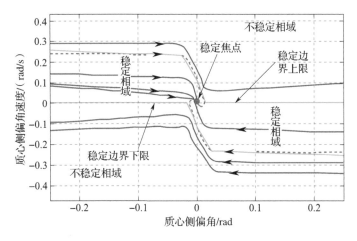

图 5-32　相平面轨迹曲线示意图

两条红色的相轨迹为该相平面的理论稳定边界轨迹，通过拟合的手段最终得到两条绿色的折线为稳定边界的上下限，将相平面分为稳定相域和不稳定相域。凡是初始状态位于稳定相域内，车辆的相轨迹曲线最终都能够通过自身动力学特性收敛到稳定焦点，区域内的车辆均处于稳定状态。反之，若初始状态位于不稳定相域内则车辆处于失稳状态。相轨迹能够反映车辆在不同工况下的稳定性区域，因此可通过分析车辆在不同条件下的 $\dot{\beta}-\beta$ 稳定边界，并作为控制器的稳定约束进行实时的更新，在一定程度上提高了控制系统的鲁棒性。

按照上述分析方法，路面附着系数分别为 0.1、0.3、0.5 和 0.7，车速为 30m/s 工况下，给定车辆不同的初始状态 $(\beta_0, \dot{\beta}_0)$，可得如图 5-33 所示相平面轨迹。由于车辆的相轨迹具有对称性质，可选用相轨迹三四象限内的稳定边界探讨。图中红色的虚线为稳定相域的边界下限相轨迹，绿色的实线为拟合出的稳定边界下限，红色零点为稳定焦点。可以看出，当其他条件相同时，随着摩擦系数的增加，$\dot{\beta}-\beta$ 稳定边界相轨迹与横轴的交点会向左移动，稳定相域范围的扩大，说明路面附着系数对 $\dot{\beta}-\beta$ 稳定相域具有很大的影响。

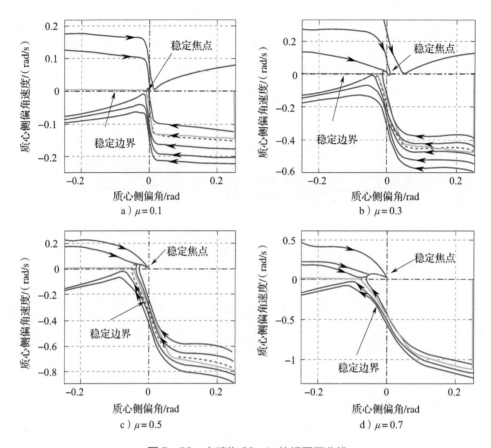

a）μ=0.1　　　　　　　　　　b）μ=0.3

c）μ=0.5　　　　　　　　　　d）μ=0.7

图 5－33　车速为 30m/s 的相平面曲线

在路面摩擦系数为 0.8 时，车辆分别以 10m/s、20m/s、25m/s、30m/s 进行直线行驶的 $\dot{\beta}-\beta$ 相平面轨迹图如图 5－34 所示。可以看出，在其他条件相同的情况下，$\dot{\beta}-\beta$ 稳定相域范围会随着车速的增加而缩小，稳定边界相轨迹与横轴的交点会向右移动，车辆系统的稳定性变差。从上述分析可知，车速和路面附着系数均对车辆的相平面轨迹有较大的影响，因此在路面附着系数为 0.1 ~ 1（间隔为 0.1），车速为 10 ~ 35m/s（间隔为 5m/s）的直线工况下做了 60 组车辆的 $\dot{\beta}-\beta$ 相平面轨迹图，并利用插值法找出三四象限内稳定相域的边界相轨迹。下面以车辆在 $v_x = 20$m/s、$\delta_f = 0$rad、$\mu = 0.1$ 工况下的 $\dot{\beta}-\beta$ 相轨迹图为例对稳定边界的拟合方法进行介绍。

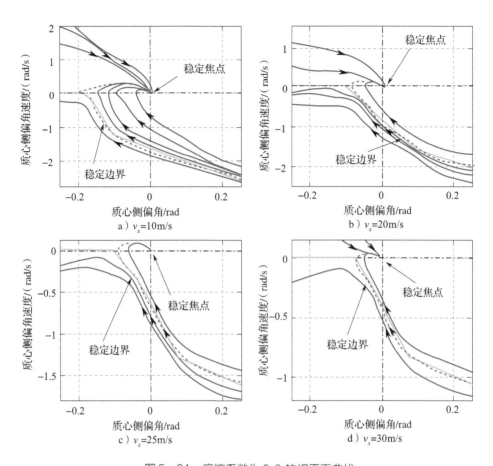

图 5 - 34　摩擦系数为 0.8 的相平面曲线

根据得到的稳定边界相轨迹曲线，采用折线段的拟合方法将其进行简化，结果如图 5 – 35 所示。针对三四象限内的稳定边界，选取特征点 $A_1(x_1, y_1)$，$A_2(x_2, y_2)$，$A_3(x_3, y_3)$，$A_4(x_4, y_4)$，其中 $y_1 = 0$，$x_4 = 0.25$，将稳定边界拟合成 4 段折线，分别为 l_1、l_2、l_3、l_4。具体表达式如下：

$$l_1: \dot{\beta} = f_1(\beta) = 0 (\beta \leqslant x_1)$$

$$l_2: \dot{\beta} = f_2(\beta) = \frac{(y_2 - y_1)}{(x_2 - x_1)} (\beta - x_2) + y_2 (x_1 < \beta \leqslant x_2)$$

$$l_3: \dot{\beta} = f_3(\beta) = \frac{(y_3 - y_2)}{(x_3 - x_2)} (\beta - x_3) + y_3 (x_2 < \beta \leqslant x_3)$$

$$l_4: \dot{\beta} = f_4(\beta) = \frac{(y_4 - y_3)}{(x_4 - x_3)} (\beta - x_4) + y_4 (x_3 < \beta)$$

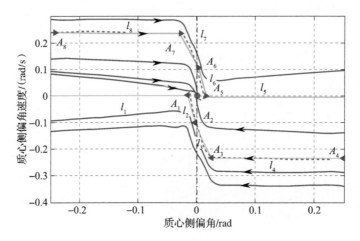

图 5-35 相平面稳定边界

根据车辆相轨迹曲线的对称性质，得到一二象限内的稳定边界特征点分别为 $A_5(-x_1, -y_1)$，$A_6(-x_2, -y_2)$，$A_7(-x_3, -y_3)$，$A_8(-x_4, -y_4)$；相对应地得到一二象限内的稳定边界折线为 l_5、l_6、l_7、l_8，表达式如下：

$$l_5: \dot{\beta} = f_5(\beta) = 0(\beta > -x_1)$$

$$l_6: \dot{\beta} = f_6(\beta) = \frac{(y_2 - y_1)}{(x_2 - x_1)}(\beta + x_2) - y_2(-x_2 < \beta \leq -x_1)$$

$$l_7: \dot{\beta} = f_7(\beta) = \frac{(y_3 - y_2)}{(x_3 - x_2)}(\beta + x_3) - y_3(-x_3 < \beta \leq -x_2)$$

$$l_8: \dot{\beta} = f_8(\beta) = \frac{(y_4 - y_3)}{(x_4 - x_3)}(\beta + x_4) - y_4(\beta \leq -x_3)$$

通过对稳定边界曲线的拟合，将折线 $l_1 \sim l_4$ 作为相平面稳定边界的下限，将折线 $l_5 \sim l_8$ 作为相平面稳定边界的上限，稳定区域由上、下限之间 6 个小区域组成，其数学描述见式（5-74）。选取不同车速、摩擦系数下的稳定相域边界线的特征点，由于特征点中 $y_1 = 0$，$x_4 = 0.25$，所以只需分别建立 x_1、x_2、x_3、y_2、y_3、y_4 关于 v_x、μ 的三维映射 map，如图 5-36 所示。通过 map 查找和式（5-74）所述的稳定区域的计算，可实时更新车辆的稳定相域约束范围。

$$F_1(\beta) < \dot{\beta} < F_2(\beta) \qquad (5-74)$$

式中，

$$x_1 < \beta \leq x_2 \text{ 时，} F_1(\beta) = f_2(\beta)，F_2(\beta) = 0；$$

$$x_2 < \beta \leq x_3 \text{ 时，} F_1(\beta) = f_3(\beta)，F_2(\beta) = 0；$$

$$x_3 < \beta \text{ 时，} F_1(\beta) = f_4(\beta) \text{，} F_2(\beta) = 0 \text{；}$$

$$\beta \leqslant -x_3 \text{ 时，} F_1(\beta) = 0 \text{，} F_2(\beta) = f_8(\beta) \text{；}$$

$$-x_3 < \beta \leqslant -x_2 \text{ 时，} F_1(\beta) = 0 \text{，} F_2(\beta) = f_7(\beta) \text{；}$$

$$-x_2 < \beta \leqslant -x_1 \text{ 时，} F_1(\beta) = 0 \text{，} F_2(\beta) = f_6(\beta) \text{。}$$

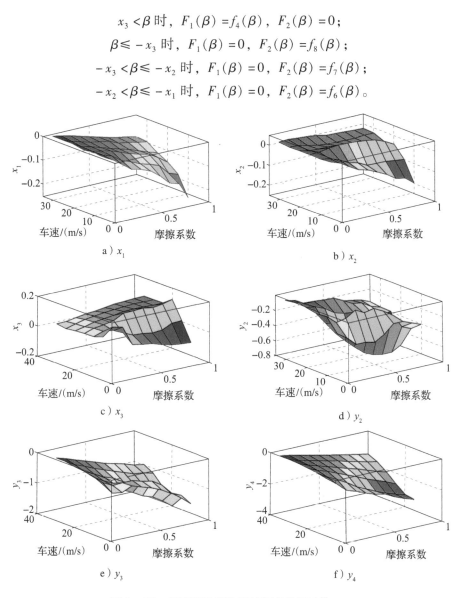

图 5-36　相平面稳定边界特征点坐标三维 map

5.4.3　车辆横摆稳定与防侧翻集成滚动优化控制器设计

在进行集成控制器的设计时，选用模型预测控制策略，三自由度车辆模型作为预测模型；质心侧偏角、横摆角速度、侧倾角以及侧倾角变化率作为状态变量，即 $x = [\beta, r, \phi, p]$；附加前轮转角和轮胎制动力作为控制输入，即

$u = [\Delta\delta_f, \ \Delta F_{xfl}, \ \Delta F_{xfr}, \ \Delta F_{xrl}, \ \Delta F_{xrr}]$；横摆角速度和侧向载荷转移率作为被控输出，即 $y = [r, \ LTR]$。系统预测模型的状态空间表达式为：

$$x(k+1) = F(x(k), \ u(k))$$
$$y(k) = G(x(k), \ u(k)) \tag{5-75}$$

设定预测时域为 p，控制时域为 m，而且 $p > m$。假设车辆当前时刻为 k，在 $k+p$ 时刻，车辆状态为 $x(k+p) = F(x(k), \ u(k+1), \ \cdots, \ u(k+m), \ \cdots, \ u(k+p-1))$。当采样时间大于控制时域 m 时，保持控制输入不变直到预测时域，$u(k+m-1) = u(k+m) = u(k+m+1) = \cdots = u(k+p-1)$。定义 k 时刻的最优控制输入序列为：

$$U(k) = \begin{bmatrix} u(k \mid k) \\ u(k+1 \mid k) \\ \vdots \\ u(k+m-1 \mid k) \end{bmatrix} \tag{5-76}$$

定义 k 时刻横摆角速度 r 的预测输出序列为：

$$Y_1(k+1 \mid k) = \begin{bmatrix} r(k+1 \mid k) \\ r(k+2 \mid k) \\ \vdots \\ r(k+p \mid k) \end{bmatrix} \tag{5-77}$$

定义 k 时刻的侧向载荷转移率 LTR 预测输出序列为：

$$Y_2(k+1 \mid k) = \begin{bmatrix} LTR(k+1 \mid k) \\ LTR(k+2 \mid k) \\ \vdots \\ LTR(k+p \mid k) \end{bmatrix} \tag{5-78}$$

根据驾驶员意图识别模块，定义参考横摆角速度输入序列为：

$$R(k+1 \mid k) = \begin{bmatrix} r_{ref}(k+1) \\ r_{ref}(k+2) \\ \vdots \\ r_{ref}(k+p) \end{bmatrix} \tag{5-79}$$

考虑车辆的横摆稳定性和侧倾稳定性需求，车辆实际的横摆角速度 r 应该尽快跟踪上参考横摆角速度 r_{ref}，同时侧向载荷转移率 LTR 应该尽量减小，可以得到集成控制器的目标函数为：

$$J = \Gamma_y \parallel (Y_1(k+1 \mid k) - R(k+1)) \parallel^2 + \Gamma_r \parallel (Y_2(k+1 \mid k)) \parallel^2$$

$$(5-80)$$

式中，$\Gamma_y = \mathrm{diag}(\tau_{y,1}, \tau_{y,2}, \cdots, \tau_{y,p})$ 是车辆横摆稳定性控制的权重系数；$\Gamma_r = \mathrm{diag}(\tau_{r,1}, \tau_{r,2}, \cdots, \tau_{r,p})$ 是车辆侧倾稳定性控制的权重系数。

当 Γ_y 较大时，控制系统侧重于对横摆运动的控制，横摆角速度对其参考值有较好的跟踪效果；而 Γ_r 较大时，控制系统侧重于对侧倾运动的控制，减小侧向载荷转移率的大小。

为了保证车辆在普通工况和极限工况下都能稳定行驶，需要集成控制方案能够根据车辆不同的状态，对车辆的稳定性需求进行辨识，实时更新目标函数中的权重系数。目标函数式（5-80）中的权重系数的更新，可使用模糊逻辑工具箱（Fuzzy Logic Toolbox）对其进行实时的在线辨识。目标函数中的权重系数 Γ_y 和 Γ_r 具有相对的意义，因此可固定 Γ_y 的值，改变 Γ_r 的值。车辆的侧向载荷转移率 LTR 是表征车辆侧倾状态的变量，而方向盘转角 δ 是直接导致车辆发生侧翻的输入量，这两个参数变量对汽车侧倾状态的影响最大，所以可设计一个 $|LTR|$ 和 δ 为输入量，Γ_y 为输出量的模糊控制器。驾驶员操作转向加剧时，车辆的 LTR 逐渐增大，汽车侧翻的危险增加，侧倾控制在集成控制中越来越重要，所以 Γ_y 应该随着 $|LTR|$ 和 δ 的增加而逐渐增加。此外，$|LTR|$ 较小时，车辆侧翻危险程度较低，Γ_y 应该随着 δ 的增加缓慢增加；当 $|LTR|$ 较大时，车辆侧翻危险程度急剧上升，Γ_y 也应随着 δ 的增加而增加。

对 $|LTR|$ 进行模糊化，分为 3 级：S（低）、M（中）、B（高）；将 δ 模糊化，分为 3 级：S（低）、M（中）、B（高）；将 Γ_y 模糊化，分为 4 级：S（低）、M（中）、MB（较高）、B（高）。输入变量 $|LTR|$ 和 δ 的隶属度函数如图 5-37 所示，输出变量 Γ_y 的隶属度函数如图 5-38a 所示。根据上述理论分析和仿真经验，设计出的权重系数 Γ_y 关于 $|LTR|$ 和 δ 的具体模糊控制规则，见表 5-9。

表 5-9　模糊控制规则

$\delta/\ |LTR|$	S	M	B
S	S	MB	B
M	M	MB	B
B	M	B	B

采用 Mamdani 极大极小推理法对输入输出变量进行模糊化和反模糊化运算，最终得到权重系数 Γ_y 关于 $|LTR|$ 和 δ 的三维 map 曲面，如图 5-38b 所示。根据上述模糊控制策略，可将权重系数进行最优化的设计。

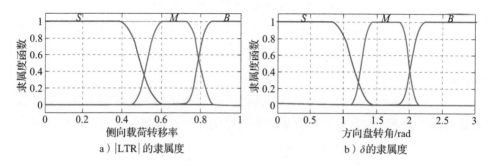

a）$|LTR|$ 的隶属度   b）δ 的隶属度

图 5-37 输入变量的隶属度函数

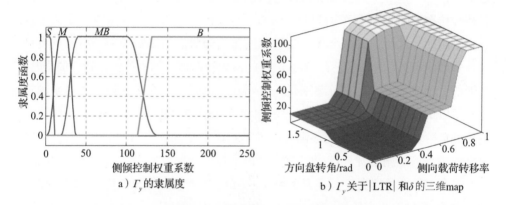

a）Γ_y 的隶属度   b）Γ_y 关于 $|LTR|$ 和 δ 的三维 map

图 5-38 输出变量的隶属度函数以及关于输入变量的三维 map

针对车辆的稳定性约束问题，根据图 5-32 中的 $\dot{\beta}-\beta$ 相平面稳定相域边界特征点坐标关于车速和摩擦系数的三维 map，可对 $\dot{\beta}-\beta$ 相平面稳定边界进行实时更新，因此车辆的 $\dot{\beta}-\beta$ 相平面运动轨迹不等式约束为：

$$F_1(\beta) < \dot{\beta} < F_2(\beta) \tag{5-81}$$

其次车辆实际横摆角速度 r 与参考横摆角速度 r_{ref} 的偏差 Δr、侧向载荷转移率 LTR 的大小应该限定在稳定阈值之内，因此有：

$$|\Delta r| < \Delta r_{th}$$
$$0 \leqslant |LTR| \leqslant LTR_{th} \tag{5-82}$$

最后考虑车辆系统机械结构的饱和特性，控制输入应有安全性约束：

$$\Delta \delta_{fmin} \leqslant \Delta \delta_f \leqslant \Delta \delta_{fmax}$$

$$\Delta F_{xmin} \leqslant \Delta F_{xi} \leqslant \Delta F_{xmax} \tag{5-83}$$

式中，ΔF_{xi} 分别是四个轮胎的制动力；$i = \{fl, fr, rl, rr\}$。基于以上的分析，最终将上述车辆稳定性集成控制问题描述为下列优化问题：

$$\min_{U(k)} J(Y(k), U(k), m, p)$$

$$F_1(\beta) < \dot{\beta} < F_2(\beta) \mid \Delta r \mid < \Delta r_{th} \tag{5-84}$$

$$满足 \quad 0 \leqslant \mid LTR \mid \leqslant LTR_{th}$$

$$\Delta \delta_{fmin} \leqslant \Delta \delta_f \leqslant \Delta \delta_{fmax}$$

$$\Delta F_{xmin} \leqslant \Delta F_{xi} \leqslant \Delta F_{xmax}$$

通过非线性求解工具求解式（5-84）的优化问题，并将优化变量的第一项 $U(k)$ 作用于车辆系统，虽然不能完全实现系统的全局最优，但能够保证在每一采样时刻的全局次优，实现车辆的稳定性控制。

5.4.4 仿真实例

为了验证所设计的集成控制系统的控制效果，下面基于红旗 HQ430 车辆高精度仿真动力学模型，进行极限工况仿真实验、双移线实验、鱼钩实验，并给出集成控制和无控制两种控制策略作用下的 $\dot{\beta} - \beta$ 运动轨迹、横摆角速度、侧向载荷转移率、集成控制中侧倾控制权重系数、前轮转角、集成控制优化输出的轮胎制动力等。

（1）极限工况仿真实验

极限工况下仿真实验结果如图 5-39 所示。从图中能够看出，相比于对车辆无控制作用，在集成控制器的控制作用下，车辆的 $\dot{\beta} - \beta$ 相平面轨迹均在稳定的上下限范围之内，横摆角速度能较好地跟踪上参考值，同时侧向载荷转移率也能保持在稳定阈值之下，说明控制器能保证车辆的横摆和侧倾稳定性。且从前轮转角和制动力的仿真对比曲线也能看出，集成控制器优化输出值会相对平稳地变化，满足转向执行机构和制动执行机构的安全约束。上述仿真结果有效地证明了集成控制器的有效性。

（2）双移线实验

为测试车辆在集成控制下紧急转向、避障或超车换道的性能，进行了双移线实验。设定的工况为车辆在高附着路面（摩擦系数为 1）从静止加速到 100km/h 开始转向操作，给定方向盘转角随时间的变化曲线如图 5-40 所示，实验结果如图 5-41 所示。

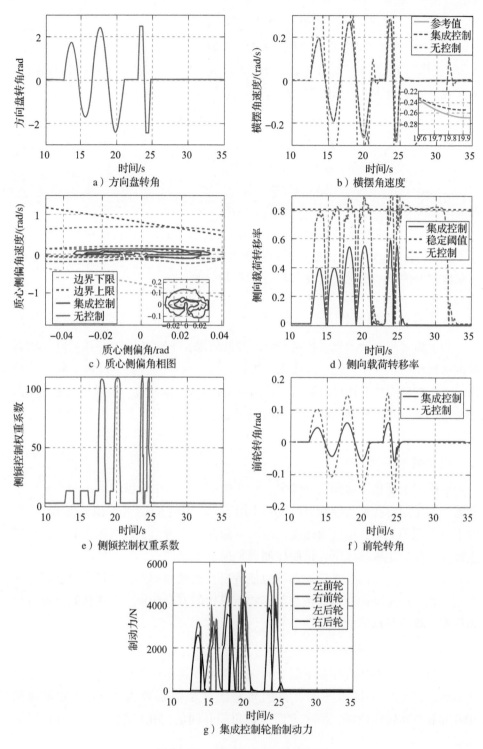

图 5-39 极限工况仿真实验结果

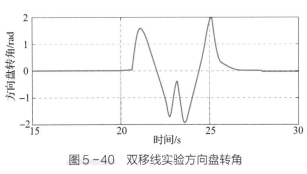

图 5-40 双移线实验方向盘转角

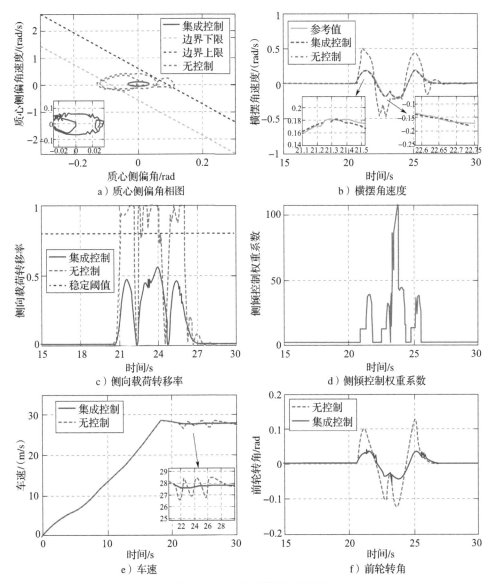

图 5-41 双移线仿真实验结果

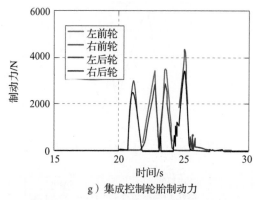

g）集成控制轮胎制动力

图5-41 双移线仿真实验结果（续）

从图5-41中可以看出，在没有控制的情况下，车辆关于质心侧偏角的 $\dot{\beta}-\beta$ 运动轨迹虽然最终能稳定，但严重超出了稳定边界的范围，横摆角速度也大大偏离了参考状态的值。而在集成控制作用下的 $\dot{\beta}-\beta$ 运动轨迹能够收敛到稳定相域内，同时横摆角速度也能够跟踪上参考值，较好地抑制了车辆的侧滑，说明集成控制器对车辆的横摆运动有较好的控制效果。对于侧倾运动，在无控制时，车辆的侧向载荷转移率在21~27s之间几乎全部都超过了稳定阈值，甚至达到了最大值1，车辆极易发生侧翻。而在控制器的控制作用之下，车辆的侧向载荷转移率能被稳定到阈值之下，有效防止车辆发生侧翻。集成控制中侧倾控制权重系数随时间的变化曲线如图5-41d所示，其值随着侧向载荷转移率和方向盘转角的变化而不断变化，对横摆控制和侧倾控制所占的比重进行权衡。此外，在控制器的作用下，车辆的纵向车速相对平稳地变化，降低了侧向运动控制对于纵向动力学的影响，间接地提高了车辆的乘坐舒适性。

（3）鱼钩实验

为了进一步验证控制器的控制效果，进行了开环鱼钩仿真实验。设定工况为：车辆在摩擦系数为0.8的路面上行驶，加速到80km/h，给定方向盘转角信号如图5-42所示，最大转向角为1.8rad，实验结果如图5-43所示。

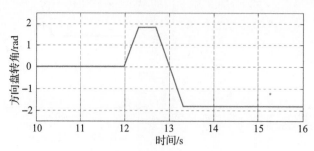

图5-42 鱼钩实验方向盘转角

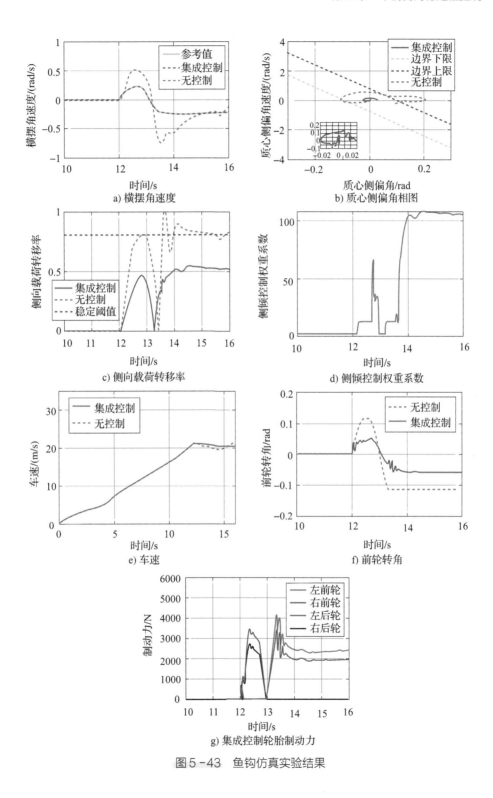

图 5-43　鱼钩仿真实验结果

从图 5 – 43a、图 5 – 43b 分析可知，在该极限工况下，没有控制器作用时，车辆的 $\dot{\beta} - \beta$ 运动轨迹超出了稳定区域，且无法收敛到稳定状态，实际横摆角速度的值也远远超出了参考值，最大值已经达到 0.6rad/s，车辆失去了横摆稳定性，发生了侧滑。而在控制器的控制作用下，车辆质心侧偏角的 $\dot{\beta} - \beta$ 运动轨迹能被稳定在稳定边界之间一个较小的包络范围内，横摆角速度几乎与参考值一致。这表明车辆对于驾驶员的预期轨迹具有较好的跟随能力，能保证车辆的横摆稳定性。从图 5 – 43c 可以看出，在没有控制的情况下，侧向载荷转移率在 13s 附近已经达到所设定的侧倾稳定阈值，在 13.6 ~ 16s 之间持续超过了稳定阈值，车辆处于侧翻的边缘。而在控制作用下，侧向载荷转移率均被降低到稳定范围内，有效地提高了车辆的侧倾稳定性。从图 5 – 43e ~ 图 5 – 43g 所示的对比曲线可以看出，无控制时驾驶员的转向操作会导致车速的波动和下降，而控制器作用下的纵向车速能够保持平稳变化，且根据前轮转角和轮胎制动力的对比曲线可知，集成控制器优化输出的变量均平稳变化，能减少执行机构的磨损，避免产生不利的影响。

综上所述，所设计的集成控制器对车辆的横摆和侧倾运动均具有较好的控制效果，能够在极限工况下保持车辆稳定性，防止车辆的侧滑和侧翻。

本章小结

本章主要介绍了车辆动力学模型的建立和集成控制器的设计方法，并对所设计的控制器的控制效果进行了仿真验证。由于本章介绍的两种集成控制方案均采用模型预测控制策略，所以在设计控制器之前首先建立二自由度、三自由度的车辆动力学模型，以便于控制器的设计研究。

在设计车辆主动前轮转向与直接横摆力矩集成控制器过程中，考虑轮胎的侧偏特性，在简化二自由度车辆动力学模型基础上，选用非线性的分式轮胎模型，并以轮胎侧偏角为车辆系统的状态变量，通过对系统相图的分析，确定状态变量稳定范围；在控制器的设计上，应用非线性模型预测控制的方法，考虑安全性及物理执行机构的约束，最终将控制问题转化为非线性约束问题并进行优化求解，优化得到前轮转角及附加横摆力矩。其中，附加横摆力矩通过侧车轮分配的原则分配为制动力作用到车辆。在控制器的验证上，本章首先设计了初始状态响应实验，实验结果表明使用集成控制的车辆系统较无控制、单独制动控制的车辆系统，能够更快地恢复稳定，响应速度更快，减弱对纵向动力学的影响。本章还利用 FPGA 的可配置性和并行计算特性，进行非线性模型预测控制器的 FPGA 硬件实现，验证了集成控制器的实时性。

在设计汽车横摆与侧倾稳定性集成控制器过程中，基于车辆质心侧偏角最小化的思想和李雅普诺夫第二稳定性判定方法，根据当前车辆的状态值，获取车辆期望的横摆角速度；考虑质心侧偏角对车辆横摆运动的作用，结合三自由度车辆动力学模型，绘制出不同车速和路面附着系数下的质心侧偏角相图，并根据稳定边界确定方法，得出相平面稳定相域边界线特征点坐标关于车速和路面附着系数的三维 map，作为后续控制器的稳定约束；综合考虑车辆的稳定性及安全性约束，设计车辆横摆与侧倾稳定性集成控制系统，针对车辆行驶状态，采用模糊控制策略对目标函数中的权重系数实时更新，最终将控制问题转化为非线性优化问题，并将求解出的优化变量附加前轮转角和各个轮胎的制动力作用于转向执行机构和制动执行机构。为了验证控制系统的有效性，基于 veDYNA 构架搭建的红旗 HQ430 车辆模型作为被控对象，进行了多组离线仿真实验。仿真结果表明，集成控制系统能够保证车辆的横摆和侧倾稳定性，满足车辆的稳定性和安全性约束，有效地防止了车辆的侧翻和侧滑。

参考文献

[1] 张宏. 北京道路交通事故特点分析及对策 [J]. 才智, 2011 (9)：295.

[2] ZHAO H, GAO B, REN B, et al. Integrated control of in-wheel motor electric vehicles using a triple-step nonlinear method [J]. Journal of the Franklin Institute, 2015, 352 (2)：519 - 540.

[3] YAO X, GU X, JIANG P. Coordination control of active front steering and direct yaw moment control based on stability judgment for AVs stability enhancement [J]. Proceedings of the Institution of Mechanical Engineers, Part D：Journal of Automobile Engineering, 2022, 236 (1)：59 - 74.

[4] MA L, CHENG C, GUO J, et al. Direct yaw-moment control of electric vehicles based on adaptive sliding mode [J]. Mathematical Biosciences and Engineering, 2023, 20 (7)：13334 - 13355.

[5] 刘树伟, 李刚, 郑利民. 基于 LQR 的汽车横摆力矩控制研究 [J]. 汽车实用技术, 2013 (12)：55 - 60.

[6] PARK J Y, NA S, CHA H, et al. Direct yaw moment control with 4WD torque-vectoring for vehicle handling stability and agility [J]. International Journal of Automotive Technology,

2022, 23 (2): 555 - 565.

[7] CAI L, LIAO Z, WEI S, et al. Novel direct yaw moment control of multi-wheel hub motor driven vehicles for improving mobility and stability [J]. IEEE Transactions on Industry Applications, 2022, 59 (1): 591 - 600.

[8] WANG H, SUN Y, GAO Z, et al. Extension coordinated multi-objective adaptive cruise control integrated with direct yaw moment control [J]. Actuators. MDPI, 2021, 10 (11): 295.

[9] 陈华武. 汽车 ESP 硬件在环测试平台开发及测试方法研究 [D]. 长春: 吉林大学, 2017.

[10] SHOUVIK C, ASHOKE S, ANINDITA S. Modular estimation of lateral vehicle dynamics and application in optimal AFS control [J]. Proceedings of the Institution of Mechanical Engineers, Part D: Journal of Automobile Engineering, 2021, 235 (14): 3442 - 3458.

[11] FU Z, LU Y, ZHOU F, et al. Parametric Neural Network-Based Model Free Adaptive Tracking Control Method and Its Application to AFS/DYC System [J]. Computational Intelligence and Neuroscience, 2022 (2022): 1 - 9.

[12] 高晓杰, 余卓平, 张立军. 基于车辆状态识别的 AFS 与 ESP 协调控制研究 [J]. 汽车工程, 2007 (4): 283 - 291.

[13] ZHOU Z, ZHANG J, YIN X. Adaptive sliding mode control for yaw stability of four-wheel independent-drive EV based on the phase plane [J]. World Electric Vehicle Journal, 2023, 14 (5): 116.

[14] 徐延海. 基于主动转向技术的汽车防侧翻控制的研究 [J]. 汽车工程, 2005 (5): 15 - 18.

[15] CHENG S, LI L, GUO H Q, et al. Longitudinal collision avoidance and lateral stability adaptive control system based on MPC of autonomous vehicles [J]. IEEE Transactions on Intelligent Transportation Systems, 2019, 21 (6): 2376 - 2385.

[16] WU J, WANG Z, ZHANG L. Unbiased-estimation-based and computation-efficient adaptive MPC for four-wheel-independently-actuated electric vehicles [J]. Mechanism and Machine Theory, 2020, 154: 104100.

[17] LIU C, LIU H, HAN L, et al. Multi-level coordinated yaw stability control based on sliding mode predictive control for distributed drive electric vehicles under extreme conditions [J]. IEEE Transactions on Vehicular Technology, 2022, 72 (1): 280 - 296.

[18] DASOL J, GEONHEE K. Estimation of sideslip angle and cornering stiffness of an articulated vehicle using a constrained lateral dynamics model [J]. Mechatronics, 2022, 85: 102810 - 102822.

［19］ CRIVELLARO C, DONHA D C. LQG/LTR robust control applied to semi-active suspension system using MR dampers ［J］. International Journal of Mechanical Engineering and Automation, 2015, 2 (1): 1 – 12.

［20］薛俊. 基于差动制动和主动悬架侧翻预警与防侧翻控制系统［D］. 南宁: 广西大学, 2013.

［21］吉岩. 车辆主动前轮转向与直接横摆力矩集成控制研究及 FPGA 实现［D］. 长春: 吉林大学, 2015.

［22］胡园波. 基于模糊 MPC 的车辆自适应巡航控制方法研究［D］. 西安: 西安理工大学, 2020.

智能汽车控制工程

第6章
车辆行驶状态估计

6.1 概述

随着汽车保有量的增加，汽车的操纵稳定性和主动安全问题受到广泛关注[1]。汽车主动安全控制系统能够有效减少交通事故的发生率，通过加装先进的传感器、控制器、执行器等装置，采用车载传感器系统和信息终端，实现人、车、路的智能信息交换，使车辆能够自动评估行驶过程中的安全态势，根据智能控制算法做出满足安全性要求的控制操作[2]，减少交通事故的发生。但现有的汽车主动安全控制系统可有效实施各种控制的前提是准确获取车辆的行驶状态，包括汽车的纵向速度、侧向速度、质心侧偏角和横摆角速度等车辆状态信息，以及道路的坡度、轮胎 – 路面附着系数等路面状态信息[3]。上述车辆状态信息与路面状态信息在批量生产的汽车上无法通过车载传感器直接测量，限制了汽车主动安全控制技术的发展，并成为制约汽车主动安全控制系统发展的瓶颈问题。

车辆行驶状态观测质量的好坏是影响车辆能否安全行驶的最直接因素，直接影响着车辆的驱动性、制动性以及操纵稳定性[4]。随着估计理论的快速发展，利用车辆上已安装的传感器获得的信息，进行车辆行驶状态估计成为研究热点。由于汽车行驶过程中环境变化迅速，道路情况极其复杂，车载传感器存在标定误差和温度漂移误差，也给车辆行驶状态带来极大挑战。在车辆行驶状态中，车辆的纵向速度与侧向速度是车辆主动安全控制系统发挥作用的必备信息，路面附着系数表征了轮胎与路面之间能够产生的最大相互作用力，因此对车辆速度与路面附着系数的研究具有重要的理论意义与工程应用价值[5]。因此，针对车辆行驶过程中表现出的非线性动态特性，基于车辆的动力学模型与非线性轮胎模型，采用较少的测量信息对车辆行驶速度与路面附着系数进行估计。

在6.1节主要介绍了本章的研究内容，阐明了车辆的纵向速度、侧向速度与路面附着系数估计的必要性。

在 6.2 节研究了车辆模型与轮胎模型，考虑到本章主要研究内容，即车辆行驶动力学的纵向速度与侧向速度以及路面附着系数估计问题，主要涉及车辆的纵向运动、侧向运动和横摆运动特性，建立车辆的三自由度动力学模型；轮胎力的研究对于车辆速度与路面附着系数的估计十分重要，采用轮胎模型对轮胎力学特性进行描述，在此节中介绍了应用较广的魔术公式轮胎模型。

在 6.3 节研究了车辆行驶过程中可靠、快速的车辆速度非线性观测器设计方法，为使研究工作具有系统性与完整性，进行了纵滑 – 侧偏工况下 Uni-Tire 轮胎模型参数辨识，在此基础上建立了车辆系统非线性模型。针对车辆行驶过程中表现出的非线性动态特性，利用车载传感器测量得到的轮速、方向盘转角及侧向加速度信息，提出了非线性全维观测器方法对车速进行估计，并对提出的观测器估计方法进行了明确的论证及推导。

在 6.4 节针对路面附着系数估计应满足预测性与准确性的需求，提出了视觉图像与动力学响应信息相融合的路面附着系数估计方法。为实现对前方路面状态的提前预测，基于轻量化卷积神经网络对路面类型进行识别。为实现路面附着系数的准确估计，充分利用车辆动力学响应信息，建立车辆三自由度动力学模型与魔术公式轮胎模型，并设计了无迹卡尔曼滤波估计器，分析讨论了两种方法识别结果进行融合时的置信度，并制定了估计系统的融合规则。

6.2　车辆行驶状态系统建模

随着汽车智能化的程度越来越高，主动安全控制系统也越来越多样化，准确、实时地获取路面附着系数能够有效发挥控制系统的作用，提升系统对复杂工况的适应能力。但由于传感器制作工艺和研发成本的限制，路面附着系数难以直接测量得到，现阶段常常采用状态估计算法来解决此类问题。

6.2.1　车辆动力学模型

车辆系统是一种复杂的非线性系统，动力学特性难以用简单的数学公式进行描述，各行驶状态变量间存在严重的耦合现象，导致模型阶次较高、非线性较强等问题。模型越复杂运算量就越大，这给基于车辆动力学响应信息的路面附着系数估计方法带来了巨大的挑战[6]。为应对复杂多变的行驶环境，解决系统模型的强非线性问题，应根据需求做出适当假设来简化车辆模型。本节主要研究车辆行驶动力学的状态参数和路面附着系数估计问题，主要涉及车辆的纵向运动、侧向运动和横摆运动特性，针对上述研究目的对车辆模型进行以下简化和假设：

1）忽略较小的空气阻力和滚动阻力。

2）假设车辆行驶在水平路面上，忽略侧倾运动和俯仰运动。

3）忽略悬架的作用，假设车轮和簧载质量部分之间是刚性连接。

4）轮胎的轮胎特性一致。

为了方便研究车辆动力学响应特性，首先需要建立一套规范化的坐标系，定义如下的车辆动力学坐标系[7]：车身坐标系选用 ISO 标准坐标系，以车辆系统的质心处作为坐标原点 O，车辆行驶方向为 x 坐标轴正方向且平行于路面，z 坐标轴垂直路面向上，由右手定则可以得到 y 坐标轴的正方向；轮胎坐标系同样采用 ISO 标准坐标系，选取轮胎悬架中心作为坐标原点，每个轮胎都有自己的参考坐标系，轮胎前进的方向为 x 坐标轴正方向且平行于路面，z 坐标轴垂直路面向上，由右手定则可以得到 y 坐标轴的正方向。当车辆直线行驶时轴线方向与车身坐标系相一致，而转向时存在轮胎转向角，即轮胎坐标系相对车身坐标系旋转一定角度。

基于上述假设条件和定义的坐标系，本节选用三自由度车辆动力学模型，用于表征车辆的纵向、侧向和横摆运动，模型简洁明了并且能够整合车辆结构的大部分参数。简化模型示意图如图 6 – 1 所示。

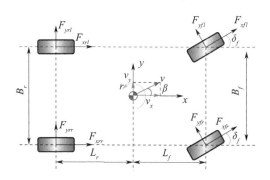

图 6 – 1　三自由度车辆动力学模型示意图

根据达朗贝尔原理的表述内容，在车辆行驶过程中，作用于车辆质心处的主动力、约束力和惯性力相互平衡，从而推导出如下的车辆动力学方程。

车辆沿 x 轴运动：

$$a_x = ((F_{xfl} + F_{xfr})\cos\delta_f - (F_{yfl} + F_{yfr})\sin\delta_f + F_{xrl} + F_{xrr})/m \qquad (6-1)$$

式中，fl、fr、rl、rr 分别表示左前轮、右前轮、左后轮和右后轮；F_x、F_y 分别表示纵向轮胎力和侧向轮胎力；δ_f 为前轮转角；m 为整车质量。

纵向加速度 a_x 也可以表示为：

$$a_x = \dot{v}_x - rv_y \tag{6-2}$$

式中，v_x、v_y 分别表示纵向车速和侧向车速；r 为横摆角速度。

车辆沿 y 轴运动：

$$a_y = ((F_{xfl} + F_{xfr})\sin\delta_f + (F_{yfl} + F_{yfr})\cos\delta_f + F_{yrl} + F_{yrr})/m \tag{6-3}$$

侧向加速度 a_y 还可以表示为：

$$a_y = \dot{v}_y + rv_x \tag{6-4}$$

车辆绕 z 轴运动：

$$\dot{r} = M_z/I_z \tag{6-5}$$

式中，I_z 为绕 z 轴的转动惯量。回正力矩 M_z 计算公式如下：

$$M_z = (F_{xfl} + F_{xfr})L_f\sin\delta_f - (F_{xfl} - F_{xfr})\frac{B_f}{2}\cos\delta_f - (F_{xrl} - F_{xrr})\frac{B_r}{2} +$$

$$(F_{yfl} - F_{yfr})\frac{B_f}{2}\sin\delta_f + (F_{yfl} + F_{yfr})L_f\cos\delta_f - (F_{yrl} + F_{yrr})L_r \tag{6-6}$$

式中，L_f、L_r 分别为车辆质心与前/后轴的距离；B_f、B_r 分别为前轴轮距和后轴轮距。

6.2.2 轮胎模型

轮胎力的研究对路面附着系数估计十分重要，是构建车辆动力学描述时至关重要的信息，准确地估计轮胎力才能为之后的估计器设计提供输入来源[8]。轮胎力学特性的数学描述便是轮胎模型，在仿真实验中可按照应用场景的不同选择合适的轮胎模型。本节对车辆轮胎的建模采用魔术公式（Magic Formula，MF）轮胎模型，其特点在于用一套形式相同的三角函数公式就可以完整地表达轮胎力学特性，包括纯纵滑工况、纯侧偏工况和复合滑移工况等，还可通过实验数据外推到极限工况当中。MF 轮胎模型在车辆控制领域应用广泛，凭借其可通过调整系数来拟合任意实验测得的轮胎参数曲线的优势，常作为参考模型来对比分析其他轮胎模型的性能。

对于纯纵滑和纯侧偏工况下给定垂直载荷和外倾角值[9]，公式的一般形式为：

$$y = D\sin\{C\arctan[Bx - E(Bx - \arctan Bx)]\} \tag{6-7}$$

并且满足

$$\begin{cases} Y(X) = y(x) + S_V \\ x = X + S_H \end{cases} \tag{6-8}$$

式中，Y 表示输出变量纵向轮胎力 F_x 或侧向轮胎力 F_y；X 表示输入变量分别对应于纵向滑移率 κ 和轮胎侧偏角 α。

图 6-2 显示了魔术公式中各曲线参数的含义，其中的参数介绍如下：

1）B 为刚度因子：输入值系数决定了曲线在原点处的斜率。

2）C 为形状因子：决定三角函数范围值，从而确定曲线的形状。$C<1$ 时，曲线无峰值；$1 \leqslant C \leqslant 2$ 时，曲线峰值存在；$C>2$ 时，曲线与 x 轴有交点。

3）D 为峰值因子：决定曲线峰值大小。

4）E 为曲率因子：决定曲线峰值处的曲率以及峰值的水平位置。

5）S_H 为水平偏移，S_V 为垂直偏移：轮胎因其结构不对称性导致的胎体锥度和帘布层转向效应，以及可能存在的滚动阻力导致公式曲线不经过原点。

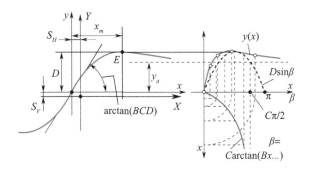

图 6-2　魔术公式中各曲线参数含义

引入轮胎垂直载荷 F_z 的标准化增量 $\mathrm{d}f_z$，标称载荷记为 F_{z0}，并使用系数因子 λ_{F_z0} 粗略近似不同轮胎标称载荷的影响：

$$\begin{cases} \mathrm{d}f_z = \dfrac{F_z - F'_{z0}}{F'_{z0}} \\ F'_{z0} = \lambda_{F_z0} F_{z0} \end{cases} \tag{6-9}$$

同理，轮胎气压 p_i 的标准化增量 $\mathrm{d}p_i$ 为：

$$\mathrm{d}p_i = \frac{p_i - p_{i0}}{p_{i0}} \tag{6-10}$$

此外，峰值附着系数记作 $\mu_{x,y\max}$，曲线垂直偏移因子 $\lambda_{\mu x,y}$ 满足：

$$\lambda_{\mu x,y} = A_\mu \mu_{x,y\max} / (1 + (A_\mu - 1)\mu_{x,y\max}) \tag{6-11}$$

通常比例系数 $A_\mu = 10$，然后在假设轮胎气压增量 $\mathrm{d}p_i = 0$ 且放大系数因子 $\lambda_i = 1$ 的情况下得到各工况下简化后的 MF 轮胎模型，模型公式中的各参数含义及具体给定值（参考 CarSim 中 MF-Swift 模型）见表 6-1、表 6-2。

表 6-1 纯纵滑工况下纵向轮胎力模型参数含义及给定值

参数	参数含义	给定值
p_{Cx1}	纵向力曲线形状因子	1.579
p_{Dx1}	标称载荷下的纵向附着系数 μ_x	1.0422
p_{Dx2}	纵向附着系数 μ_x 随载荷变化系数	-0.0827
p_{Dx3}	纵向附着系数 μ_x 随外倾角平方变化系数	0
p_{Ex1}	标称载荷下的纵向曲率因子 E_x	0.11185
p_{Ex2}	纵向曲率因子 E_x 随载荷变化系数	0.3127
p_{Ex3}	纵向曲率因子 E_x 随载荷平方变化系数	0
p_{Ex4}	驱动时的纵向曲率因子 E_x	0.001603
p_{Kx1}	标称载荷下的纵滑刚度 $K_{x\kappa}/F_z$	21.69
p_{Kx2}	纵滑刚度 $K_{x\kappa}/F_z$ 随载荷变化系数	13.774
p_{Kx3}	纵滑刚度 $K_{x\kappa}/F_z$ 随载荷变化指数系数	-0.4119
p_{Hx1}	标称载荷下的水平偏移 S_{Hx}	2.1585×10^{-4}
p_{Hx2}	水平偏移 S_{Hx} 随载荷变化系数	0.0011538
p_{Vx1}	标称载荷下的垂直偏移 S_{Vx}/F_z	1.5973×10^{-5}
p_{Vx2}	垂直偏移 S_{Vx}/F_z 随载荷变化系数	1.043×10^{-4}

（1）纵向轮胎力表达式（纯纵滑工况，$\alpha = 0$）

对于稳态 MF 轮胎模型，纯纵滑工况下纵向轮胎力模型具体参数值见表 6-1。

$$F_{x0} = D_x \sin\left(C_x \arctan\left(B_x \kappa_x - E_x \left(B_x \kappa_x - \arctan\left(B_x \kappa_x \right) \right) \right) \right) + S_{Vx} \quad (6-12)$$

纵向滑移率可由公式 $\kappa_x = \kappa + S_{Hx}$ 计算得到，并且式中各系数因子满足以下关系：

$$\begin{aligned}
C_x &= p_{Cx1} \ (>0) \\
D_x &= \mu_x \cdot F_z \ (>0) \\
\mu_x &= (p_{Dx1} + p_{Dx2}\mathrm{d}f_z)(1 - p_{Dx3}\gamma^2) \cdot \mu_{x\max} \\
E_x &= (p_{Ex1} + p_{Ex2}\mathrm{d}f_z + p_{Ex3}\mathrm{d}f_z^2)(1 - p_{Ex4}\mathrm{sgn}(\kappa_x)) \ (\leqslant 1)
\end{aligned} \quad (6-13)$$

$$K_{x\kappa} = F_z (p_{Kx1} + p_{Kx2} \mathrm{d}f_z) \exp(p_{Kx3} \mathrm{d}f_z)$$

$$(= B_x C_x D_x = \partial F_{x0} / \partial \kappa_x, \quad \kappa_x = 0)$$

$$B_x = K_{xk} / (C_x D_x)$$

$$S_{Hx} = p_{Hx1} + p_{Hx2} \mathrm{d}f_z$$

$$S_{Vx} = F_z (p_{Vx1} + p_{Vx2} \mathrm{d}f_z) \cdot \lambda_{\mu x}$$

（2）侧向轮胎力表达式（纯侧偏工况，$\kappa = 0$）

对于稳态 MF 轮胎模型，纯侧偏工况下侧向轮胎力模型具体参数值见表 6 - 2。

表 6 - 2　纯侧偏工况下侧向轮胎力模型参数含义及给定值

参数	参数含义	给定值
p_{Cy1}	侧向力曲线形状因子	1.3332
p_{Dy1}	标称载荷下的侧向附着系数 μ_y	0.8784
p_{Dy2}	侧向附着系数 μ_y 随载荷变化系数	- 0.06445
p_{Dy3}	侧向附着系数 μ_y 随外倾角平方变化系数	0
p_{Ey1}	标称载荷下的侧向曲率因子 E_y	- 0.8227
p_{Ey2}	侧向曲率因子 E_y 随载荷变化系数	- 0.6062
p_{Ey3}	侧向曲率因子 E_y 随侧偏角变化系数	0.09825
p_{Ey4}	侧向曲率因子 E_y 随外倾角变化系数	- 6.546
p_{Ey5}	侧向曲率因子 E_y 随外倾角平方变化系数	0
p_{Ky1}	标称载荷下的侧偏刚度 $K_{y\alpha} / F_{z0}$	- 15.314
p_{Ky2}	侧偏刚度 $K_{y\alpha} / F_{z0}$ 达到最大时的载荷	1.7044
p_{Ky3}	侧偏刚度 $K_{y\alpha} / F_{z0}$ 随外倾角变化系数	0.36986
p_{Hy1}	标称载荷下的水平偏移 S_{Hy}	- 0.0018043
p_{Hy2}	水平偏移 S_{Hy} 随载荷变化系数	0.003518
p_{Hy3}	水平偏移 S_{Hy} 随外倾角变化系数	0.045
p_{Vy1}	标称载荷下的垂直偏移 S_{Vy} / F_z	- 0.006642
p_{Vy2}	垂直偏移 S_{Vy} / F_z 随载荷变化系数	0.03597
p_{Vy3}	垂直偏移 S_{Vy} / F_z 随外倾角变化系数	- 0.1621
p_{Vy4}	垂直偏移 S_{Vy} / F_z 随外倾角和载荷变化系数	- 0.4908

$$F_{y0} = D_y \sin(C_y \arctan(B_y \alpha_y - E_y(B_y \alpha_y - \arctan(B_y \alpha_y)))) + S_{Vy} \quad (6-14)$$

纵向加速度可由公式 $\alpha_y = \alpha + S_{Hy}$ 计算得到，并且各系数因子满足以下关系：

$$C_y = p_{Cy1} \ (\ >0)$$

$$D_y = \mu_y \cdot F_z$$

$$\mu_y = (p_{Dy1} + p_{Dy2} \, \mathrm{d}f_z)(1 - p_{Dx3}\gamma^2) \cdot \mu_{ymax}$$

$$E_y = (p_{Ey1} + p_{Ey2} \, \mathrm{d}f_z)(1 + p_{Ey5}\gamma^2 - (p_{Ey3} + p_{Ey4}\gamma) \, \mathrm{sgn}(\alpha_y)) \ (\leqslant 1)$$

$$K_{y\alpha} = p_{Ky1} F'_{z0} (1 - p_{Ky3} |\gamma|) \sin \left(p_{Ky4} \arctan \left(\frac{F_z/F'_{z0}}{p_{Ky2} + p_{Ky5}\gamma^2} \right) \right) \qquad (6-15)$$

$$B_y = K_{y\alpha}/(C_y D_y)$$

$$S_{Hy} = (p_{Hy1} + p_{Hy2} \, \mathrm{d}f_z) + p_{Hy3}\gamma$$

$$S_{Vy\gamma} = F_z (p_{Vy3} + p_{Vy4} \, \mathrm{d}f_z)\gamma \cdot \lambda_{\mu y}$$

$$S_{Vy} = F_z (p_{Vy1} + p_{Vy2} \, \mathrm{d}f_z) \cdot \lambda_{\mu y} + S_{Vy\gamma}$$

垂直载荷 $F_{zi}(i = fl, \ fr, \ rl, \ rr)$：轮胎载荷转移包括静态转移、俯仰转移以及侧倾转移三个部分。其计算公式如下：

$$\begin{cases} F_{zfl} = mg \cdot \dfrac{L_r}{2(L_f + L_r)} - ma_x \cdot \dfrac{h}{2(L_f + L_r)} - \dfrac{K_{f\phi}}{K_{f\phi} + K_{r\phi}} \cdot \dfrac{2ma_y \cdot h}{B_f + B_r} \\[3mm] F_{zfr} = mg \cdot \dfrac{L_r}{2(L_f + L_r)} - ma_x \cdot \dfrac{h}{2(L_f + L_r)} + \dfrac{K_{f\phi}}{K_{f\phi} + K_{r\phi}} \cdot \dfrac{2ma_y \cdot h}{B_f + B_r} \\[3mm] F_{zrl} = mg \cdot \dfrac{L_f}{2(L_f + L_r)} + ma_x \cdot \dfrac{h}{2(L_f + L_r)} - \dfrac{K_{r\phi}}{K_{f\phi} + K_{r\phi}} \cdot \dfrac{2ma_y \cdot h}{B_f + B_r} \\[3mm] F_{zrr} = mg \cdot \dfrac{L_f}{2(L_f + L_r)} + ma_x \cdot \dfrac{h}{2(L_f + L_r)} + \dfrac{K_{r\phi}}{K_{f\phi} + K_{r\phi}} \cdot \dfrac{2ma_y \cdot h}{B_f + B_r} \end{cases} \qquad (6-16)$$

式中，h 为车辆质心到地面的距离；$K_{f\phi}$、$K_{r\phi}$ 分别表示前轴和后轴的侧倾角刚度。

纵向滑移率 κ_i：为了避免在车速较低的情况下轮胎性能不稳定，参考仿真软件 CarSim 中的定义，选用低速门限值 v_{low}。其计算公式如下：

$$\kappa_i = \frac{w_i R_e - v_{xi}}{\max(|v_{xi}|, \ v_{low})} \qquad (6-17)$$

式中，w_i 为车轮转速；R_e 为车轮滚动有效半径；低速门限值设为 $v_{low} = 0.1 \mathrm{km/h}$；$v_{xi}$ 为轮心坐标系下的纵向速度。

v_{xi} 与车辆坐标系下车速的转换关系如下：

$$\begin{cases} v_{xi} = (v_x + R_{xi} \cdot r)\cos\delta_i + (v_y + R_{yi} \cdot r)\sin\delta_i \\ v_{yi} = (v_y + R_{yi} \cdot r)\cos\delta_i - (v_x + R_{xi} \cdot r)\sin\delta_i \end{cases} \qquad (6-18)$$

转矩 R_{xi} 和车轮轴距存在以下关系：

$$R_{x1} = -\frac{B_f}{2}, \ R_{x2} = \frac{B_f}{2}, \ R_{x3} = -\frac{B_r}{2}, \ R_{x4} = \frac{B_r}{2} \qquad (6-19)$$

转矩 R_{yi} 和车辆质心与前后轴距离存在以下关系：

$$R_{y1} = L_f, \ R_{y2} = L_f, \ R_{y3} = -L_r, \ R_{y4} = -L_r \qquad (6-20)$$

轮胎侧偏角 α_i 计算公式如下：

$$\begin{cases} \alpha_{fl} = \delta_f - \arctan\left(\dfrac{v_y + rL_f}{v_x + rB_f/2}\right), \ \alpha_{fr} = \delta_f - \arctan\left(\dfrac{v_y + rL_f}{v_x - rB_f/2}\right) \\ \alpha_{rl} = \delta_r - \arctan\left(\dfrac{v_y - rL_r}{v_x + rB_r/2}\right), \ \alpha_{rr} = \delta_r - \arctan\left(\dfrac{v_y - rL_r}{v_x - rB_r/2}\right) \end{cases} \qquad (6-21)$$

6.3　车辆行驶速度估计

6.3.1　问题描述

随着社会的不断发展，汽车进入千家万户，同时每个家庭对汽车的主动安全性和操作稳定性也更加关注。近年来，基于车辆内置的如电子稳定控制系统、制动防抱死系统以及牵引力控制系统等主动安全系统，可以有效地规避很多安全隐患，保证车辆可以稳定安全地行驶[10]。由于搭建可靠的汽车安全系统是实现上述安全功能的前提和基础，因而如何准确获取以汽车的纵向速度、侧向速度以及横摆角速度为核心的车辆状态信息，就成为问题的关键所在。但是在现有技术层面，很难由传感器直接测得车辆的纵向速度以及侧向速度，同时由于车辆的行驶状态复杂，动力学系统变量间存在严重耦合，这也使得测得车辆的纵向速度和侧向速度成为重点与难点[11]。因此，设计通过车辆上配置的其他传感器测取的车辆信息（如车轮转速、加速度、横摆角速度等），来搭建非线性观测器对车辆速度进行估计。

基于 6.2 节通过刚体的运动学理论以及 Uni-Tire 轮胎模型搭建的包含汽车纵向速度、侧向速度、横摆角速度的三自由度车辆运动模型，可以较为全面地表征车辆的运动情况[12]。而且在选取合适的状态变量以及输出变量时，可以构建车辆系统的状态空间表达式。

首先，选取车辆速度粗略测量值为车辆的一个输出，即：

$$y_1 = v_{x,i} \qquad (6-22)$$

另外，选取 Uni-Tire 轮胎模型输出的轮胎力在车辆侧向上的合力作为系统的第二个输出：

$$y_2 = f_y(v,\ p) = (F_{x1} + F_{x2})\cos\delta + (F_{y1} + F_{y2})\sin\delta + F_{x3} + F_{x4} \qquad (6-23)$$

将横摆角速度作为车辆的另一个输出：

$$y_3 = r \qquad\qquad\qquad\qquad\qquad (6-24)$$

综上，由式(6-2)~式(6-5)，结合式(6-22)~式(6-24)，可将系统的汽车动力学方程转化为状态空间方程形式：

$$\begin{aligned} \dot{v} &= f(v,\ p)\\ y &= g(v,\ p) \end{aligned} \qquad\qquad (6-25)$$

式中，$\boldsymbol{v} = \begin{bmatrix} v_x & v_y & r \end{bmatrix}^T$，为车辆系统的状态；$\boldsymbol{p} = \begin{bmatrix} \omega_i & \delta_i \end{bmatrix}^T$，$(i = 1,\ \cdots,\ 4)$，为车辆系统的输入；$\boldsymbol{y} = \begin{bmatrix} y_1 & y_2 & y_3 \end{bmatrix}^T = \begin{bmatrix} v_{x,i} & f_y(v,\ p)r \end{bmatrix}^T$，为车辆系统的输出。

下面将以此模型为基础，讨论车辆速度的非线性全维观测器的设计问题。

基于上述建立的车辆的数学模型，为了便于分析和描述本章提出的车辆速度估计问题，首先对车辆系统中可直接通过传感器测量得到的信息做如下介绍：

对于带有 ESP 配置的汽车，车辆质心处的侧向加速度 a_y、横摆角速度 r、汽车每个车轮的轮速 $\omega_1 \sim \omega_4$，以及由方向盘转角信号，可直接通过车载传感器测量得到[13]，进而可以借助方向盘转角信号计算得出前轮转角信号 δ[14]。

综上所述，可将本节主要的研究问题描述为：基于 6.2 节建立的非线性三自由度车辆模型，利用可直接测量得到的车载传感器信息，设计非线性全维观测器，对车辆纵向速度 v_x、侧向速度 v_y 及横摆角速度 r 进行估计，并由此得到车辆的质心侧偏角 β 的估计值。在此基础上，利用非线性稳定性理论分析得到观测误差系统的稳定性条件，并通过实验验证非线性全维观测器的估计效果。

6.3.2 非线性全维观测器设计

为了解决 6.3.1 节所描述的车辆状态估计问题，本小节采用一种非线性全维观测器策略，并且基于建立的数学模型，进行车辆状态的估计。该观测器的结构如图 6-3 所示。

首先基于建立的车辆的数学模型，设计搭建全维观测器，用来估计车辆纵向速度 v_x、侧向速度 v_y 以及横摆角速度 r，再根据车辆纵向速度与侧向速度的关系，计算得出车辆质心侧偏角 β 的估计量。

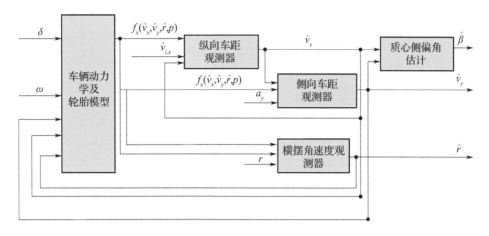

图 6-3　非线性全维观测器结构图

按上述步骤搭建如下所示的状态观测器：

$$\dot{v} = f(\hat{v},\ p) + K(y - \hat{y}) \tag{6-26}$$

式中，$K = \mathrm{diag}(K_i,\ K_y,\ K_r)$，为观测器增益。

首先选取纵向车速的测量值 $v_{x,i}$ 与纵向车速的估计值 $\hat{v}_x$ 的差值作为校正项，设计车辆纵向速度观测器如下：

$$\dot{v}_x = r\hat{v}_y + \frac{f_x(\hat{v},p)}{m} + \sum_{i=1}^{4} K_i(v_{x,i} - \hat{v}_x) \tag{6-27}$$

式中，$K_i(i=1,\ \cdots,\ 4)$ 为纵向车速观测器增益，具有分段连续且有界的特性，并且可用其取值来表示 $v_{x,i}$ 与 $\hat{v}_x$ 的接近程度[15]；$v_{x,i}(i=1,\ \cdots,\ 4)$ 为车辆纵向速度等效值，具体可以通过测量得到的车轮转动角速度和车辆横摆角速度计算得到。

通过以上公式可以分析出，纵向速度观测器本质上是以轮速信息作为校正项，从而避免车辆系统对于纵向加速度信息的依赖。

再将通过上述纵向车速观测器得到的车辆纵向速度 v_x 的估计值 $\hat{v}_x$ 作为已知量，作为纵向观测器的输入，再由车身侧向受力 ma_y 与车身侧向受力的计算值 $f_y(\hat{v},\ p)$ 之间的偏差作为校正项，构造侧向车速观测器如下：

$$\dot{v}_y = -r\hat{v}_x + \frac{f_y(\hat{v},\ p)}{m} + K_y(ma_y - f_y(\hat{v},\ p)) \tag{6-28}$$

式中，K_y 为可调的纵向观测器增益；a_y 为车辆的侧向加速度；$f_y(\hat{v},\ p)$ 为基于 Uni-Tire 轮胎模型计算得到的车辆侧向受力。

然后考虑到车辆的横摆角速度与车辆的纵向速度 v_x 和侧向速度 v_y 存在的耦

合关系，我们可以对车辆的横摆角速度进行估计。

在 Uni-Tire 轮胎模型中，将车辆的纵向车速 v_x、侧向车速 v_y 的估计值 $\hat{v}_x$ 和 $\hat{v}_y$，以及横摆角速度的估计值 $\hat{r}$ 代入，然后选用车载传感器测量得到的横摆角速度 r 与横摆角速度的估计值 $\hat{r}$ 之间的偏差构成校正项，为车辆设计如下的横摆角速度观测器：

$$\dot{\hat{r}} = \frac{M_z(\hat{v},\ p)}{I_z} + K_r(r - \hat{r}) \qquad (6-29)$$

最后基于上述设计的车辆纵向和侧向速度非线性观测器，通过质心侧偏角与车辆纵向速度、侧向速度的数学关系，计算得到车辆质心侧偏角估计为：

$$\hat{\beta} = \arctan\left(\frac{\hat{v}_y}{\hat{v}_x}\right) \qquad (6-30)$$

6.3.3　观测器稳定性分析

本小节将利用非线性稳定性理论，对所设计的非线性全维状态观测器进行稳定性分析，为了更好地分析观测器的稳定性，对车辆模型做出如下假设：

1）车辆正常行驶过程中，车身所受的纵向力 $f_x(v,\ p)$ 与侧向力 $f_y(v,\ p)$ 对于状态变量 $v = [v_x,\ x_y,\ r]^{\mathrm{T}}$ 是连续可微的。

2）车辆正常行驶过程中，车身的纵向加速度、侧向加速度以及车轮转速都是有界的，即：$|a_x| \leqslant \bar{a}_x$，$|a_y| \leqslant \bar{a}_y$，$|\omega_i| \leqslant \bar{\omega}$。

下面根据所设计的全维状态观测器，结合相关模型的计算值定义观测器误差，并代入得到观测误差方程，用来进行观测器的稳定性分析。

分别定义车辆的纵向车速、侧向速度、横摆角速度观测误差为：

$$\begin{aligned}
\tilde{v}_x &= v_x - \hat{v}_x \\
\tilde{v}_y &= v_y - \hat{v}_y \\
\tilde{v}_y &= v_y - \hat{v}_y
\end{aligned} \qquad (6-31)$$

那么，由式（6-31）分别代入式（6-27）~式（6-29）中，可以得到关于纵向车速 v_x、侧向车速 v_y 和横摆角速度 r 的观测误差方程为：

$$\dot{\tilde{v}}_x = r\tilde{v}_y + \frac{f_x(v,p)}{m} - \frac{f_x(\hat{v},p)}{m} - \sum_{i=1}^{4} K_i \tilde{v}_x + u \qquad (6-32)$$

$$\dot{\tilde{v}}_y = -r\tilde{v}_x + \frac{f_y(v,p)}{m} - \frac{f_y(\hat{v},p)}{m} - K_y(f_y(v,p) - f_y(\hat{v},p)) \qquad (6-33)$$

$$\dot{\tilde{r}} = \frac{M_z(v,p)}{I_z} - \frac{M_z(\hat{v},p)}{I_z} - K_r(r-\hat{r}) \tag{6-34}$$

式中，$u = \sum_{i=1}^{4} K_i(v_x - v_{x,i})$，既为纵向车速的建模误差，同时还为纵向车速估计误差系统的叠加输入；$f_y(v,\ p)$ 可由车辆所受纵向力由侧向加速度 a_y 计算得到。

根据拉格朗日中值定理可知：

$$f_x(v,\ p) - f_x(\hat{v},\ p) = \frac{\partial f_x(\bar{v},\ p)}{\partial v_x}\tilde{v}_x + \frac{\partial f_x(\bar{v},\ p)}{\partial v_y}\tilde{v}_y + \frac{\partial f_x(\bar{v},\ p)}{\partial r}\tilde{r}$$

$$f_y(v,\ p) - f_y(\hat{v},\ p) = \frac{\partial f_y(\bar{v},\ p)}{\partial v_x}\tilde{v}_x + \frac{\partial f_y(\bar{v},\ p)}{\partial v_y}\tilde{v}_y + \frac{\partial f_y(\bar{v},\ p)}{\partial r}\tilde{r}$$

$$M_z(v,\ p) - M_z(\hat{v},\ p) = \frac{\partial M_z(\bar{v},\ p)}{\partial v_x}\tilde{v}_x + \frac{\partial M_z(\bar{v},\ p)}{\partial v_y}\tilde{v}_y + \frac{\partial M_z(\bar{v},\ p)}{\partial r}\tilde{r}$$

$$\tag{6-35}$$

式中，$\bar{v}$ 是 v 和 $\hat{v}$ 之间的一点。

将式（6-35）分别代入式（6-32）~式（6-34）可得：

$$\dot{\tilde{v}}_x = r\tilde{v}_y + \frac{1}{m}\left[\frac{\partial f_x(\bar{v},p)}{\partial v_x}\tilde{v}_x + \frac{\partial f_x(\bar{v},p)}{\partial v_y}\tilde{v}_y + \frac{\partial f_x(\bar{v},p)}{\partial r}\tilde{r}\right] - \sum_{i=1}^{4}K_i\tilde{v}_x + u$$

$$\dot{\tilde{v}}_y = -r\tilde{v}_x + \left(\frac{1}{m} - K_y\right)\left[\frac{\partial f_y(\bar{v},p)}{\partial v_x}\tilde{v}_x + \frac{\partial f_y(\bar{v},p)}{\partial v_y}\tilde{v}_y + \frac{\partial f_y(\bar{v},p)}{\partial r}\tilde{r}\right]$$

$$\dot{\tilde{r}} = \frac{1}{I_z}\left[\frac{\partial M_z(\bar{v},p)}{\partial v_x}\tilde{v}_x + \frac{\partial M_z(\bar{v},p)}{\partial v_y}\tilde{v}_y + \frac{\partial M_z(\bar{v},p)}{\partial r}\tilde{r}\right] - K_r\tilde{r}$$

$$\tag{6-36}$$

根据 6.2 节定义的车辆动力学方程，当车辆正常行驶时，前轮转角 δ 较小，这使得 $\sin\delta \approx 0$，可以忽略公式中带 $\sin\delta$ 的项，故对于任意轮胎 i，（$i=1,\cdots,4$），有：

$$\frac{\partial F_{xi}}{\partial v_x} = -\frac{K_{xi}\Phi_{xi}^2}{\Phi_i^2|\omega_i R_{ei}|}\left(1 + 2E_{1i}\Phi_i + 3\left(E_{1i}^2 + \frac{1}{12}\right)\Phi_i^2\right)$$

$$\exp\left(-\Phi_i - E_{1i}\Phi_i - \left(E_{1i}^2 + \frac{1}{12}\right)\Phi_i^3\right) - \frac{K_{xi}\bar{F}_i\Phi_{yi}^2}{\Phi_i^3|\omega_i R_{ei}|} < 0 \tag{6-37}$$

$$\frac{\partial F_{yi}}{\partial v_y} = -\frac{K_{yi}\Phi_{yi}^2}{\Phi_i^2 \mid \omega_i R_{ei} \mid}\left(1 + 2E_{1i}\Phi_i + 3\left(E_{1i}^2 + \frac{1}{12}\right)\Phi_i^2\right)$$

$$\exp\left(-\Phi_i - E_{1i}\Phi_i - \left(E_{1i}^2 + \frac{1}{12}\right)\Phi_i^3\right) - \frac{K_y \overline{F}_i \Phi_{yi}^2}{\Phi_i^3 \mid \omega_i R_{ei} \mid} < 0 \qquad (6-38)$$

同理，可以证明 $\left\|\dfrac{\partial F_{xi}}{\partial v_x}\right\|$ 和 $\left\|\dfrac{\partial F_{yi}}{\partial v_y}\right\|$ 有界。

因此，存在正整数 $c_j(j=1,\ \cdots,\ 9)$，使得如下不等式成立：

$$\frac{1}{m}\tilde{v}_x\left[\frac{\partial f_x(\bar{v},\ p)}{\partial v_x}\tilde{v}_x + \frac{\partial f_x(\bar{v},\ p)}{\partial v_y}\tilde{v}_y + \frac{\partial f_x(\bar{v},\ p)}{\partial r}\tilde{r}\right] \leqslant c_2 \mid \tilde{v}_x \mid \mid \tilde{v}_y \mid - c_1 \tilde{v}_x^2 + c_3 \mid \tilde{v}_x \mid \mid \tilde{r} \mid$$

$$\frac{1}{m}\tilde{v}_y\left[\frac{\partial f_y(\bar{v},\ p)}{\partial v_x}\tilde{v}_x + \frac{\partial f_y(\bar{v},\ p)}{\partial v_y}\tilde{v}_y + \frac{\partial f_y(\bar{v},\ p)}{\partial r}\tilde{r}\right] \leqslant c_4 \mid \tilde{v}_x \mid \mid \tilde{v}_y \mid - c_5 \tilde{v}_y^2 + c_6 \mid \tilde{v}_y \mid \mid \tilde{r} \mid$$

$$\tilde{r}\left[\frac{\partial f_r(\bar{v},\ p)}{\partial v_x}\tilde{v}_x + \frac{\partial f_r(\bar{v},\ p)}{\partial v_y}\tilde{v}_y + \frac{\partial f_r(\bar{v},\ p)}{\partial r}\tilde{r}\right] \leqslant c_7 \mid \tilde{v}_x \mid \mid \tilde{v}_y \mid + c_8 \mid \tilde{r} \mid \mid \tilde{v}_y \mid + c_9 \tilde{r}^2$$

$$(6-39)$$

定义观测误差系统的 Lyapunov 函数为：

$$V = \frac{1}{2}\tilde{v}(t)^T \tilde{v}(t) = \frac{1}{2}\tilde{v}_x^2 + \frac{1}{2}\tilde{v}_y^2 + \frac{1}{2}\tilde{r}^2 \qquad (6-40)$$

当 $u(t)=0$ 时，利用式 (6-36) 求得 Lyapunov 函数关于时间 t 的导数为：

$$\dot{V} = \tilde{v}_x \dot{\tilde{v}}_x + \tilde{v}_y \dot{\tilde{v}}_y + \tilde{r}\dot{\tilde{r}}$$

$$= r\tilde{v}_x\tilde{v}_y + \frac{1}{m}\left[\frac{\partial f_x(\bar{v},p)}{\partial v_x}\tilde{v}_x^2 + \frac{\partial f_x(\bar{v},p)}{\partial v_y}\tilde{v}_x\tilde{v}_y + \frac{\partial f_x(\bar{v},p)}{\partial r}\tilde{v}_x\tilde{r}\right] - \sum_{i=1}^{4}K_i\tilde{v}_x^2$$

$$= -r\tilde{v}_x\tilde{v}_y + \left(\frac{1}{m} - K_y\right)\left[\frac{\partial f_y(\bar{v},p)}{\partial v_x}\tilde{v}_x\tilde{v}_y + \frac{\partial f_y(\bar{v},p)}{\partial v_y}\tilde{v}_y^2 + \frac{\partial f_y(\bar{v},p)}{\partial r}\tilde{v}_y\tilde{r}\right]$$

$$= \frac{1}{J_z}\left[\frac{\partial M_z(\bar{v},p)}{\partial v_x}\tilde{v}_x\tilde{r} + \frac{\partial M_z(\bar{v},p)}{\partial v_y}\tilde{v}_y\tilde{r} + \frac{\partial M_z(\bar{v},p)}{\partial r}\tilde{r}^2\right] - K_r\tilde{r}^2 \qquad (6-41)$$

将式 (6-39) 代入式 (6-41) 中，经过不等式放缩可得：

$$\dot{V} \leqslant -(c_1 + 4K_x)\tilde{v}_x^2 + c_2 \mid \tilde{v}_x \mid \mid \tilde{v}_y \mid + c_3 \mid \tilde{v}_x \mid \mid \tilde{r} \mid + c_4(1 - mK_y) \mid \tilde{v}_x \mid \mid \tilde{v}_y \mid -$$

$$c_5(1 - mK_y)\tilde{v}_y^2 + c_6(1 - mK_y) \mid \tilde{v}_y \mid \mid \tilde{r} \mid + c_7 \mid \tilde{r} \mid \mid \tilde{v}_x \mid + c_8 \mid \tilde{r} \mid \mid \tilde{v}_y \mid - (Kr - c_9)\tilde{r}^2$$

$$= -(c_1 + 4K_x)\tilde{v}_x^2 - c_5(1 - mK_y)\tilde{v}_y^2 - (K_r - c_9)\tilde{r}^2 + \qquad (6-42)$$

$$[c_2 + c_4(1 - mK_y)] \mid \tilde{v}_x \mid \mid \tilde{v}_y \mid + (c_3 + c_7) \mid \tilde{v}_x \mid \mid \tilde{r} \mid + [c_6(1 - mK_y) + c_8] \mid \tilde{v}_y \mid \mid \tilde{r} \mid$$

由 Young 不等式可知：

$$|\tilde{v}_x||\tilde{v}_y| \leqslant \frac{1}{4k_1}\tilde{v}_x^2 + k_1\tilde{v}_y^2$$

$$|\tilde{v}_x||\tilde{r}| \leqslant \frac{1}{4k_2}\tilde{v}_x^2 + k_2 r^2 \tag{6-43}$$

$$|\tilde{v}_y||\tilde{r}| \leqslant \frac{1}{4k_3}\tilde{v}_y^2 + k_3\tilde{v}_y^2$$

将式（6-43）代入式（6-42），经过进一步整理得：

$$\dot{V} \leqslant -\left(c_1 + 4K_x - \frac{c_2 + c_4(1-mK_y)}{4k_1} - \frac{c_3 + c_7}{4k_2}\right)\tilde{v}_x^2 -$$

$$\left(K_r - c_9 - (c_3 + c_7)k_2 - \frac{c_6 - (1-mK_y) + c_8}{4k_3}\right)\tilde{r}^2 - \tag{6-44}$$

$$(c_5(1-mK_y) - (c_2 + c_4(1-mK_y))k_1 - (c_6(1-mK_y) + c_8)k_3)\tilde{v}_y^2$$

如果存在正常数 $\varepsilon_1 > 0$，$\varepsilon_2 > 0$，$\varepsilon_3 > 0$，所构建的误差系统的 Lyapunov 函数关于时间 t 的导数可以表示为：

$$\dot{V} \leqslant -\varepsilon_1\tilde{v}_x^2 - \varepsilon_2\tilde{v}_y^2 - \varepsilon_3\tilde{r}^2 \leqslant -\bar{\varepsilon}v \tag{6-45}$$

其中，

$$\left(c_1 + 4K_x - \frac{c_2 + c_4(1-mK_y)}{4k_1} - \frac{c_3 + c_7}{4k_2}\right) \geqslant \varepsilon_1$$

$$(c_5(1-mK_y) - (c_2 + c_4(1-mK_y))k_1 - (c_6(1-mK_y) + c_8)k_3) \geqslant \varepsilon_2$$

$$K_r - c_9 - (c_3 + c_7)k_2 - \frac{c_6 - (1-mK_y) + c_8}{4k_3} \geqslant \varepsilon_3 \tag{6-46}$$

$$c_2 + c_4(1-mK_y) > 0$$

$$c_6(1-mK_y) > 0$$

$$\varepsilon = \max\{\varepsilon_1, \ \varepsilon_2, \ \varepsilon_3\}$$

则 $\dot{V} < 0$，误差系统是渐近稳定的。选择常数 c_4、c_5、c_6 及 k_1、k_2，满足 $c_5 - c_4\kappa_1 - c_6\kappa_3 > 0$ 时，观测器增益应满足如下条件：

$$K_x \geqslant \frac{c_2 + c_4(1-mK_y)}{4k_1} + \frac{c_3 + c_7}{4k_2} - c_1$$

$$K_y \leqslant \min\left\{\frac{c_4 - c_2}{mc_4}, \ \frac{c_4 - c_2}{mc_4}, \ \frac{c_8 k_3 + c_3 k_1 + c_5 - c_4 k_1 - c_6 k_3}{(c_5 - c_4 k_1 - c_6 k_3)m}\right\} \tag{6-47}$$

$$K_r \geqslant c_9 + (c_3 + c_7)k_2 + \frac{c_6 - (1-mK_y) + c_8}{4k_3} + \varepsilon_3$$

当 $u(t) = 0$ 时，所构建的误差系统的 Lyapunov 函数关于时间 t 的导数可以表示为：

$$\dot{V} \le -\varepsilon_1 \tilde{v}_x^2 - \varepsilon_2 \tilde{v}_y^2 - \varepsilon_3 \tilde{r}^2 + \tilde{v}_x u < -\varepsilon \|\tilde{v}\|^2 + \|\tilde{v}\| |u| \qquad (6-48)$$

式中，$\varepsilon = \max\{\varepsilon_1, \varepsilon_2, \varepsilon_3\}$。因此，当输入 $u(t) \in L\infty$ 时，观测器误差系统是输入 - 状态稳定 (ISS) 的。

由于 $V = \frac{1}{2}\tilde{v}^T$，$\tilde{v} = \frac{1}{2}\tilde{v}^2$，同时在式（6-48）两边乘以 $e^{2\varepsilon t}$，并在 $\begin{bmatrix} 0 & t \end{bmatrix}$ 内积分可得：

$$\|\tilde{v}(t)\|^2 \le \|\tilde{v}(t_0)\| e^{-2\varepsilon t} + \frac{1}{2\varepsilon}(\sup_{0 \le \tau \le t} |u(\tau)|) \qquad (6-49)$$

当 $t \to \infty$ 时，非线性观测器的稳态误差上界为：

$$\|\tilde{v}(\infty)\| \le \frac{1}{2\varepsilon}(\sup_{0 \le \tau \le t} |u(\tau)|) \qquad (6-50)$$

根据以上分析，可得出如下结论：

对于连续时间非线性时不变被观测系统，设计如式（6-27）~式（6-29）所示的观测器，基于式（6-32）~式（6-34）所描述的观测器误差系统，存在常数 $k_1 > 0$，$k_2 > 0$，$k_3 > 0$，在观测器增益满足式（6-47）的条件下：

1）当输入 $u(t) = 0$ 时，误差系统是渐近稳定的。

2）当叠加输入 $u(t)$ 幅值有界时，即 $u(t) \in L\infty$ 时，观测误差系统是输入 - 状态稳定的，并且稳态误差上界满足式（6-50）所示条件。

6.3.4 仿真实例

考虑使用车辆动力学软件 veDYNA 进行车辆仿真实验，来验证 6.3 节所提出的非线性全维车速观测器估计算法的实际效果。因为车辆动力学软件 veDYNA 建立的车辆模型不仅可以充分体现轮胎和整车的动力学特性，还可以体现车辆内部构造中悬架、发动机、传动系统的动力学特性以及车辆与外部路面环境信息对车辆运行状况的影响，所以我们可以将非线性全维车速观测器的估计结果与 veDYNA 的运行结果，分别在车辆运行的常规和极限工况条件下进行比较研究。整个仿真的结构如图 6-4 所示。

图 6-4 中 Uni-Tire 轮胎模型为观测器提供车身的纵向及侧向受力信息，对车辆速度估计准确性有重要影响，因此首先采用参数辨识方法对 Uni-Tire 轮胎模型进行参数匹配，然后对非线性全维观测器进行效果验证。

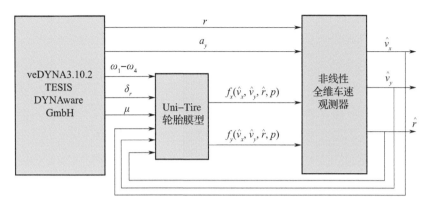

图 6-4 汽车非线性全维观测器仿真结构图

利用专门针对离线概念和实时应用研究而开发的快速车辆动力学仿真软件 veDYNA 提供的多体动力学车辆模型为观测器设计提供原始数据,在车辆运行的非线性区域进行了双移线工况仿真研究。具体设置如下:干燥的沥青路面($\mu = 1$),车速为 105 km/h,仿真时间为 23 s。方向盘转角及车辆在大地坐标系下的运行轨迹如图 6-5 所示。

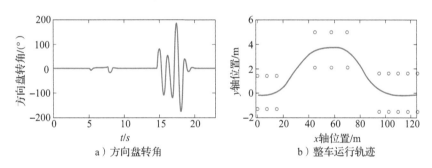

a)方向盘转角   b)整车运行轨迹

图 6-5 方向盘转角及整车运行轨迹

轮胎是连接车辆与路面的唯一部件,在车辆行驶过程中,除空气阻力以外,车辆所受的外力都直接作用在轮胎上。因此,为得到由式(6-27)~式(6-29)表示的车辆纵向速度、侧向速度及横摆角速度观测器,准确地获得轮胎力信息是其前提和基础。然而轮胎力无法直接由传感器测量得到,选用适当的轮胎模型是非常必要的,Uni-Tire 轮胎模型是进行汽车稳定性控制研究时较为常用的轮胎力学模型。该模型具有理论边界好、运算速度快、仿真精度高的特点,特别适合进行复杂和极限工况轮胎力学的实时仿真。

但 Uni-Tire 轮胎模型中的特性参数 $s_1 \sim s_8$,$l_1 \sim l_6$ 未知,同时为与 veDYNA 中提供的基于 TM-Easy 轮胎模型的轮胎力保持一致,为保证观测器所需信息的准确性，需要对轮胎特性参数进行辨识，从而获得构造观测器所需的轮胎力信息。Uni-Tire 模型中的参数 E_1、K_x、K_y、μ_x、μ_y 均是与轮胎垂直载荷有关的参数，因此，取轮胎标称载荷的 20%～160%，即 $F_z = [800, 2700, 4600, 6400]$ 作为轮胎的垂直载荷进行实验，记录轮胎纵向滑移率与纵向力、侧向滑移率与侧向力的实验数据作为辨识数据，如图 6－6 所示。根据以上介绍的 Uni-Tire 轮胎模型，选取由纵滑－侧偏联合工况下的 Uni-Tire 轮胎模型的输出值与实验数值差的平方和作为目标函数，数值优化算法辨识过程借助 MATLAB 优化工具箱进行。为验证轮胎力辨识效果，在垂直载荷为 $F_z = 3200\mathrm{N}$ 条件下，对辨识结果进行验证，如图 6－7 所示。其中，虚线代表 TM-Easy 轮胎模型得到的轮胎力，实线代表经参数辨识后由 Uni-Tire 轮胎模型得到的轮胎力，S_x 表示纵向滑移率，F_x 表示纵向轮胎力，S_y 表示侧向滑移率，F_y 表示侧向轮胎力。从图 6－7 可以看出，两曲线的斜率即轮胎的侧偏刚度较为接近，同时轮胎力的幅值偏差较小，二者均可以满足要求，为质心侧偏角估计提供轮胎力来源。

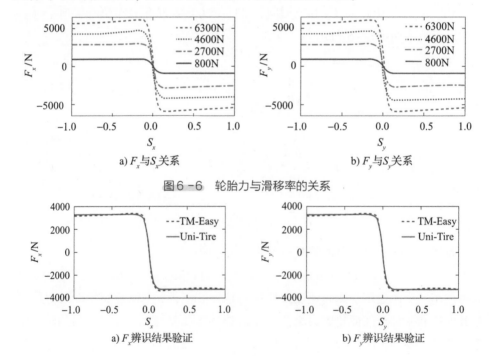

图6－6 轮胎力与滑移率的关系

图6－7 轮胎力辨识结果验证

得到轮胎力后，在满足式（6－47）的前提下，经过大量实验将非线性观测器的增益分别取为 $K_i = 0.01(i = 1, \cdots, 4)$，$K_y = \dfrac{1}{m}$，$K_r = 45$，其中 m 代表整车质量，构造由式（6-27）~式（6-29）描述的观测器。为验证校正项所起的作用，将 $K_i=0(i=1，\cdots，4)$，$K_y=0$，$K_r=0$ 与 $K_i=0.01(i=1，\cdots，4)$，$K_y=\dfrac{1}{m}$，$K_r=45$ 时的估计百分比误差进行对比，如图6-8所示，图中虚线代表观测器增益为零时的估计误差，实线代表观测器增益不为零时的估计误差。从图6-8可以看出，校正项不为零时估计误差远小于校正项为零时的估计误差，这充分说明校正项对估计结果进行了校正，使得估计结果与车辆运行结果更加接近。图6-9所示为车辆的纵向速度、侧向速度、横摆角速度以及由此得到的质心侧偏角的估计结果。结合图6-8、图6-9可以看出，非线性观测器得出的估计结果与红旗 CA7180A3E 型轿车的仿真结果之间偏差较小，即使在质心侧偏角较大时，估计结果仍可达到令人满意的效果[16]。同时，从图6-9还可以看出，车辆运行过程中质心侧偏角超过了4°，说明车辆已经处于非线性工况，进入了车辆运行的极限区域。这一点可由车辆的侧向加速度和质心侧偏角相图充分说明，如图6-10所示。通过对极限工况下的汽车运行状况研究表明，当汽车的侧向加速度超过 $0.4g$ 时，轮胎处于附着极限，轮胎力达到饱和状态。从图6-10所示的侧向加速度曲线中，可以看出汽车的侧向加速度已经超过 $0.4g$，说明轮胎已经处于附着极限。同时，通过对质心侧偏角相图的研究表明：当质

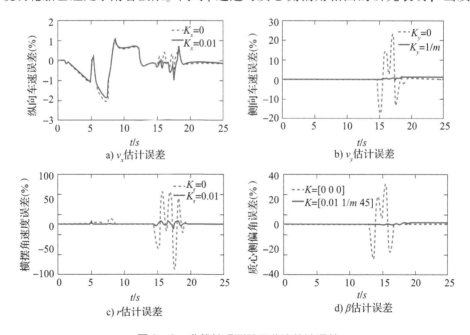

图6-8 非线性观测器百分比估计误差

心侧偏角的绝对值超出 4°后，若质心侧偏角速度在 ±10 之间的区域变化，则认为汽车已经超出稳定边界，处于极限区域。从质心侧偏角相图可以看出，车辆已经超出稳定边界，随时有失稳的危险，但此时质心侧偏角估计结果仍然与车辆运行结果较为接近，误差较小，这充分说明本节所采用的非线性估计方法的准确性。另外，从图 6-8 中可以看出，本节采用的非线性估计方法得到的估计误差均在 5% 以内，能够满足工程应用需求，可进一步进行实验研究。

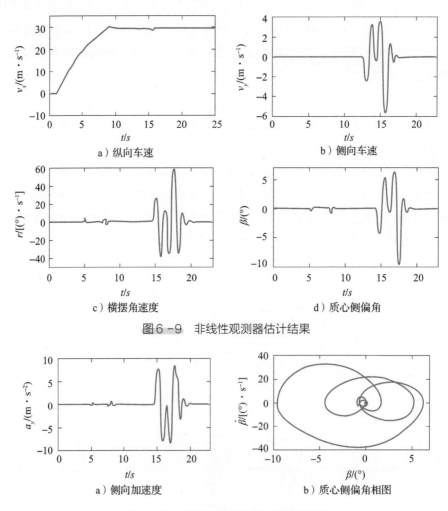

图 6-9 非线性观测器估计结果

图 6-10 侧向加速度及质心侧偏角相图

本节提出的车辆质心侧偏角非线性全维观测器设计方法，可解决车辆稳定性控制中对控制量的准确性、可靠性及实时性要求问题。通过构建 Uni-Tire 轮胎模型为质心侧偏角估计提供轮胎力信息，并利用 ISS 稳定性理论，对非线性观测器的稳定性进行了分析，并由此得到了观测器增益应满足的条件。在此基础上针对红旗 CA7180A3E 型轿车在极限工况下对非线性全维观测器的估计结果进行了离线仿真研究，结果表明，该方法可靠性较高、实时性较好，能够满足工程应用的要求，可以进一步进行实车应用研究。

6.4　轮胎 – 路面附着系数估计

6.4.1　基于动力学的估计器设计

在设计无迹卡尔曼滤波（Unscented Kalman Filter，UKF）算法估计器之前，需要建立路面附着系数估计系统的数学模型，包括确立状态方程和测量方程、选取输入信号和测量信号等。首先对量产车上安装的传感器及测量信号进行汇总：

1）方向盘转角 δ_{sw} 可以由光电编码器测量得到，并且在已知转向传动比 I_{sw} 的条件下，可以计算得到前轮转角 $\delta_f = \delta_{sw}/I_{sw}$。

2）车轮转动角速度可以通过轮速传感器测量得到。

3）纵向加速度和侧向加速度可以通过加速度传感器测量得到。

4）横摆角速度可以通过陀螺仪测量得到。

5）纵向车速和侧向车速可以通过 GPS 测量得到。

基于 MF 轮胎模型、三自由度车辆动力学模型和传感器测量信号，选取四个轮胎的附着系数作为估计系统的状态变量，记为：

$$x = \begin{bmatrix} \mu_{fl} & \mu_{fr} & \mu_{rl} & \mu_{rr} \end{bmatrix}^{\mathrm{T}} \tag{6-51}$$

选取前轮转角作为估计系统的输入信号，记为 $u = \delta_f$；选取传感器测量得到的纵向加速度、侧向加速度和横摆角加速度作为估计系统的观测变量，记为：

$$y = \begin{bmatrix} a_x & a_y & \dot{r} \end{bmatrix}^{\mathrm{T}} \tag{6-52}$$

考虑实际工况中路面附着系数在短时间内可以看作慢变量，因此本文估计系统可以表示成以下形式：

$$\begin{cases} \dot{x} = f(x, u) + w(t) \\ \dot{y} = h(x, u) + v(t) \end{cases} \tag{6-53}$$

式中，估计系统的状态方程为 $f(x, u) = I_{4 \times 4} \cdot x$，$I_{4 \times 4}$ 为 4 阶单位矩阵；测量方程 $h(x, u)$ 为：

$$\begin{cases} a_x = ((F_{xfl} + F_{xfr}) \cos\delta_f - (F_{yfl} + F_{yfr}) \sin\delta_f + F_{xrl} + F_{xrr})/m \\ a_y = ((F_{xfl} + F_{xfr}) \sin\delta_f + (F_{yfl} + F_{yfr}) \cos\delta_f + F_{yrl} + F_{yrr})/m \qquad (6-54) \\ \dot{r} = M_z/I_z \end{cases}$$

将以上公式离散化得到非线性差分方程的形式:

$$\begin{cases} x_{k+1} = f(x_k,\ u_k) + w_k \\ y_k = h(x_k,\ u_k) + v_k \end{cases} \qquad (6-55)$$

式中,离散化后的状态方程为 $f(x_k,\ u_k) = e^{I_{4\times4}\cdot T}\cdot x_k$; T 为采样时间; w_k 和 v_k 分别为过程噪声和测量噪声。其均值和协方差矩阵满足:

$$\begin{cases} E[w_k] = q_k, \quad \mathrm{Cov}(w_k,\ w_j) = E\{[w_k - q_k][w_j - q_k]^T\} = Q_k\delta_{kj} \\ E[v_k] = r_k, \quad \mathrm{Cov}(v_k,\ v_j) = E\{[v_k - r_k][v_j - r_k]^T\} = R_k\delta_{kj} \end{cases} \quad (6-56)$$

著名学者 Julier 等提出近似非线性函数的均值和方差远比近似非线性函数本身更容易,因此提出了基于确定性采样核心思想的 UKF 算法,通过将无迹变换(Unscented Transform, UT)与标准卡尔曼滤波体系相结合,来解决非线性系统的状态估计问题。相比扩展卡尔曼滤波(Extended Kalman filter, EKF)算法,UKF 算法不需要计算雅可比矩阵,且其估计精度可以达到非线性函数线性化后的二阶泰勒展开式[17]。

UKF 算法的核心思想是:采用 UT 变换策略,选取一组 $2n+1$ 个(n 为状态变量维度)Sigma 采样点来描述随机变量的高斯分布,然后将采样点经过非线性函数传递得到一组样本值,再结合加权统计线性回归技术,使用样本值的统计特性来近似非线性函数的后验均值和方差[18]。

UT 变换:假设 $y = f(x)$ 是一个非线性函数,x 为 n 维随机变量,统计学特性的均值记为 $\bar{x}$,方差记为 P_x。UT 变换通过一定的采样策略获得一组 Sigma 采样点 $\{\chi_i\}$,$i = 0,\ 1,\ \cdots,\ 2n$,假设这组采样点的均值权重为 W_i^m,方差权重为 W_i^c,通过非线性函数传递得到 $y_i = f(\chi_i)$,根据加权统计线性回归技术可以近似得到 y_i 的统计特性,公式如下:

$$\begin{cases} \bar{y} = \sum_{i=0}^{2n} W_i^m y_i \\ P_{yy} = \sum_{i=0}^{2n} W_i^c (y_i - \bar{y})(y_i - \bar{y})^T \qquad (6-57) \\ P_{xy} = \sum_{i=0}^{2n} W_i^c (\chi_i - \bar{x})(y_i - \bar{y})^T \end{cases}$$

采样策略：采样策略选取不同，得到的 Sigma 采样点以及均值权重和方差权重也不尽相同，这将导致 UT 变换得到的近似精度存在差异，但总体上可以达到非线性函数线性化后的二阶泰勒展开式。采样策略的选取应保证 Sigma 采样点仍具有原随机变量的必要统计特性，所以应满足：

$$\begin{cases} \sum_{i=0}^{2n} W_i^m - 1 = 0, \sum_{i=0}^{2n} W_i^c - 1 = 0 \\ \sum_{i=0}^{2n} W_i^m \chi_i - \bar{x} = 0 \\ \sum_{i=0}^{2n} W_i^c (\chi_i - \bar{x})(\chi_i - \bar{x})^T - P_x = 0 \end{cases} \tag{6-58}$$

本文将选用比例修正对称采样，是在对称采样的基础上引入比例修正算法。这种采样策略能够保证协方差的半正定性，并且能够解决采样的非局部效应问题。

第 k 时刻 $2n+1$ 个 Sigma 采样点 $\chi_{i,k}$ 如以下公式所示：

$$\chi_{i,k} = \begin{cases} \bar{x}_k, \ i=0 \\ \bar{x}_k + (\sqrt{(n+\lambda)P_{x,k}})_i, \ i=1, \cdots, n \\ \bar{x}_k - (\sqrt{(n+\lambda)P_{x,k}})_i, \ i=n+1, \cdots, 2n \end{cases} \tag{6-59}$$

相应的均值权重 W_i^m 和方差权重 W_i^c 为：

$$W_i^m = \begin{cases} \lambda/(n+\lambda), \ i=0 \\ 1/2(n+\lambda), \ i=1, 2, \cdots, n \end{cases} \tag{6-60}$$

$$W_i^c = \begin{cases} \lambda/(n+\lambda) + 1 + \tau - \sigma^2, \ i=0 \\ 1/2(n+\lambda), \ i=1, 2, \cdots, n \end{cases} \tag{6-61}$$

式中，λ 表示随机变量均值 $\bar{x}$ 和 Sigma 采样点之间距离的比例因子，直接反映了高阶矩对近似结果的影响程度，并且满足公式 $\lambda = \sigma^2(n+\eta) - n$；$(\sqrt{(n+\lambda)P_{x,k}})_i$ 表示为矩阵经过 Cholesky 分解得到的平方根矩阵的第 i 行或列；σ 为比例缩放因子 $(0 \le \sigma \le 1)$，Sigma 采样点的范围值可以通过调整 σ 的大小来改变，一般设置为很小的正数；τ 用来反映历史状态信息的高阶特性，通常取 $\tau=2$；比例因子 η 在 x 为单变量时取 $\eta=0$，x 为多变量时取 $\eta=3-n$。

UKF 算法的具体流程如下。

(1) 初始化过程

首先设置 UKF 算法的初始化参数，包括：估计系统的状态变量初始值为 x_0

（可以设置为 $0 \leqslant x \leqslant 1$ 之间任意值）；估计误差协方差矩阵初始值为 P_0。

（2）时间更新过程

假设 $k-1$ 时刻得到的状态估计值为 $\hat{x}_{k-1}^+$ 和估计误差协方差为 $P_{x,k-1}^+$，以及权重为 W_i^m 和 W_i^c 的 Sigma 采样点 χ_{k-1}^i。采样点经过过程方程的传递，得到 $\xi_{k|k-1}^i = f(\chi_{k-1}^i, u_{k-1})$，再通过加权求和得到 k 时刻先验估计值 $\hat{x}_{k|k-1}^-$ 和误差协方差 $P_{x,k|k-1}^-$。

$$\hat{x}_{k|k-1}^- = \sum_{i=0}^{2n} W_i^m \xi_{k|k-1}^i$$

$$P_{x,k|k-1}^- = \sum_{i=0}^{2n} W_i^c (\xi_{k|k-1}^i - \hat{x}_{k|k-1}) (\xi_{k|k-1}^i - \hat{x}_{k|k-1})^T + Q_{k-1} \tag{6-62}$$

（3）测量更新过程

根据此时状态变量 x 的均值和协方差的最好估计分别为 $\hat{x}_{k|k-1}^-$ 和 $P_{x,k|k-1}^-$，因此有以下公式：

$$\hat{y}_{k|k-1} = \sum_{i=0}^{2n} W_i^m \gamma_{k|k-1}^i$$

$$P_{y,k} = \sum_{i=0}^{2n} W_i^c (\gamma_{k|k-1}^i - \hat{y}_{k|k-1}) (\gamma_{k|k-1}^i - \hat{y}_{k|k-1})^T + R_k \tag{6-63}$$

$$P_{xy,k} = \sum_{i=0}^{2n} W_i^c (\xi_{k|k-1}^i - \hat{x}_{k|k-1}) (\gamma_{k|k-1}^i - \hat{y}_{k|k-1})^T$$

以上公式表示再次选取一组 Sigma 采样点 $\zeta_{k|k-1}^i$，然后将采样点经过非线性测量方程传递，即 $\gamma_{k|k-1}^i = h(\zeta_{k|k-1}^i, u_k)$，再通过加权求和得到 k 时刻测量值估计结果 $\hat{y}_{k|k-1}$ 和协方差矩阵的过程。

最后可以计算得到 UKF 增益矩阵 $\boldsymbol{K}_k$，并结合在 k 时刻得到的传感器测量值 y_k，进一步推导出 k 时刻状态变量的后验状态估计值 $\hat{x}_k^+$ 和估计误差协方差 $P_{x,k}^+$。

$$K_k = P_{xy,k} P_{y,k}^{-1}$$

$$\hat{x}_k^+ = \hat{x}_{k|k-1}^- + \boldsymbol{K}_k (y_k - \hat{y}_{k|k-1})$$

$$P_{x,k}^+ = P_{x,k|k-1}^- - \boldsymbol{K}_k P_{y,k} \boldsymbol{K}_k^T \tag{6-64}$$

随着时间的推进，k 值不断增加，迭代完成整个估计算法。

6.4.2　基于视觉图像的估计器设计

现阶段越来越多的乘用车开始配置摄像头等设备来获取道路信息和周围车辆信息，这为路面附着系数识别方法研究带来了新的机遇。基于图像信息识别路面类型属于 Cause-Based 方法，其优势在于能够提前感知前方路面状况，因此具备一定的预测能力，使得智能驾驶车辆能够在路面发生突变的情况下提前调整控制策略，提升对危险工况的应对能力。本节基于轻量化卷积神经网络的路面类型在线识别过程，如图 6-11 所示，共包含 5 个步骤。

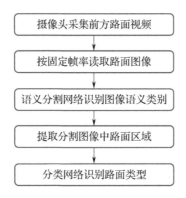

图 6-11　路面类型识别技术路线图

在线识别系统部署之前首先需要完成对神经网络模型的离线训练过程，这部分的主要研究内容包括选取合适的轻量化卷积神经网络模型、制作路面图像数据集，以及完成对网络模型的训练与评估。通过以上步骤，最终可以得到训练完成的语义分割网络和分类网络。

（1）轻量化卷积神经网络模型选取

为了能够将路面附着系数识别算法应用到有限计算力的智能驾驶系统中，本节选用 ShuffleNet V2 轻量化卷积神经网络模型作为图像分类网络的基础结构，并根据实验情况进行结构上的微调。

在 ShuffleNet V2 文献中[19]，分析了现有的计算复杂度的评价指标"每秒浮点运算次数"（Floating-point operations per second, FLOP）与模型计算速度并不完全等价，而是一种间接度量标准，给出了高效 CNN 网络设计的四项准则：

①使用相同的输入输出通道数来最小化内存访问成本（Memory Access Cost, MAC）。

②过多的分组卷积会使 MAC 增加。

③网络分支增多会降低并行度。

④使用 Element-wise 操作对计算速度的影响不容忽视。

为了更好地应用于嵌入式硬件系统，需要平衡模型复杂度及其计算花费和模型精度的关系[20]，因此 ShuffleNet V2 网络模型在 ShuffleNet V1 网络模型的基础上基于上述高效 CNN 网络的设计准则进行优化得到。

其瓶颈模块的具体设计结构如下：通过 Channel Split 操作将原本的基本单元（图 6 - 12a），改进为更符合以上准则③的结构（图 6 - 12c），使整个输入通道被拆分为两个分支，一个分支做恒等映射，另一分支则经过三个卷积运算的同时保证输出通道数与输入通道数相同，符合准则①。此外，将两个 1 × 1 分

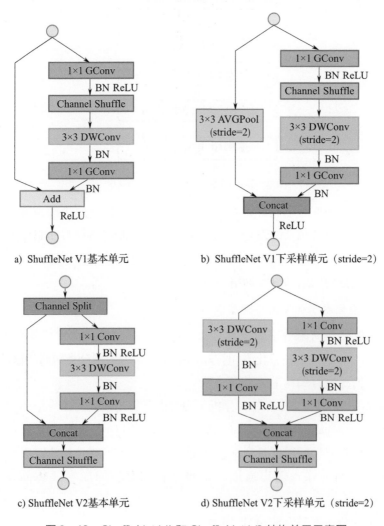

a) ShuffleNet V1 基本单元   b) ShuffleNet V1 下采样单元（stride=2）

c) ShuffleNet V2 基本单元   d) ShuffleNet V2 下采样单元（stride=2）

图 6 - 12　ShuffleNet V1 和 ShuffleNet V2 结构单元示意图

组卷积操作改为 1×1 卷积，更加符合准则②。Channel Split 操作可以视为将原通道拆分成了两组，在卷积运算之后对两组分支进行了拼接 Concat 操作，并保证了和原通道数相同，之后采用通道重排操作实现两分支间的信息交流。最终可以发现 ShuffleNet V1 中原有的 "Add" 操作不再使用，激活函数和深度卷积等 Element-wise 操作仅在一个分支中存在，更加符合准则④。而对于 ShuffleNet V1 的原有下采样单元（图 6-12b），不再采用 Channel Split 操作，而是将输出通道数翻倍，并将原有的平均池化层（AVG Pool）改为卷积的形式（图 6-12d）。

最终由 Input Image、3×3 卷积层、最大池化层（MaxPool）、基本单元（stride=1）、下采样单元（stride=2）、1×1 卷积层、全局池化层（GlobalPool）和全连接层等结构组成 ShuffleNet V2 总体框架，其结构见表 6-3，并给出了四种不同比例缩放系数的通道倍数设置方案，分别为 0.5×、1×、1.5× 和 2×。

表 6-3 ShuffleNet V2 网络总体结构

Layer	Output size	KSize	Stride	Repeat	Output channels			
					0.5×	1×	1.5×	2×
Image	224×224				3	3	3	3
Conv1	112×112	3×3	2	1	24	24	24	24
MaxPool	56×56	3×3	2					
Stage2	28×28		2	1	48	116	176	224
	28×28		1	3				
Stage3	14×14		2	1	96	232	352	488
	14×14		1	7				
Stage4	7×7		2	1	192	464	704	976
	7×7		1	3				
Conv5	7×7	1×1	1	1	1024	1024	1024	2048
GlobalPool	1×1	7×7						
FC					1000	1000	1000	1000
FLOPs					41M	146M	299M	591M
#of Weights					1.4M	2.3M	3.5M	7.4M

（2）建立路面图像信息库

经过长时间的路面图像数据采集实验，收集包含不同季节、不同天气状况（晴天、阴天、雨天、雪天）和不同时间段（白天、傍晚、夜晚）的实车数据，并筛选出特征较为明显的图片，按照归属类别进行整理，得到了 8 种路面类型的图像样本库，基本包含了日常生活中常见的路面类型，分别为砖铺路、松雪、压实雪、冰膜、干沥青、湿沥青、干水泥和湿水泥如图 6-13 所示。

a）砖铺路　　　　　　　　　b）松雪

c）压实雪　　　　　　　　　d）冰膜

e）干沥青　　　　　　　　　f）湿沥青

g）干水泥　　　　　　　　　h）湿水泥

图6-13　不同类型路面图像示例

经过初步筛选的路面图像数据集对于深度网络的学习需求来说仍然是不够的，样本数量较少，容易使训练陷入过拟合的窘境[21]，并且不同类型的路面图像样本数量并不均衡，为此需要采用有效的数据扩充方法来扩充训练样本数量，同时增加训练样本的多样性，提升模型的适应能力。

（3）路面图像处理

图像的语义分割是指将输入图像中的每个像素分配一个语义类别，以实现像素级别的密集分类。相较于目标检测算法中的对象识别方框，语义分割算法更擅于检测具有同类像素特征的物体形状轮廓，因此通过语义分割算法便可以提取得到整个原始图像中的路面区域部分。整个语义分割网络结构如图6-14所示，主要包括输入图像、ShuffleNet V2 特征提取器、编码器头（Dense Prediction Cell，DPC 或基础的 DeepLab V3）、解码器（双线性插值上采样模块）和语义分割预测输出五部分。

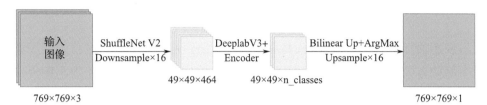

图 6-14 语义分割网络结构示意图

（4）路面图像分类网络训练与评估

在 Anaconda 的 Spyder 编程软件中搭建好简化后的 ShuffleNet V2 网络模型，网络输入图像尺寸为 224×224 像素，模型通道缩放比例设置为 $1 \times$，批处理大小设置为 batch_size $= 64$，使用 Adam 自适应梯度下降优化算法，基础学习率为 0.0001，开始训练网络，并按照迭代次数 epoch 保存模型和训练结果。选择 softmax_cross_entropy 损失函数，公式如下：

$$z_j^l = w_{j \cdot}^l \cdot x^{l-1} + b^l \tag{6-65}$$

$$y_i = \frac{e^{x_i}}{\sum_{k=1}^{T} e^{x_k}} \tag{6-66}$$

6.4.3 动力学信息与视觉图像融合估计

针对路面附着系数估计应同时满足预测性和准确性的需求，提出了视觉图像与动力学响应信息相融合的路面附着系数估计方法。

（1）路面类型与附着系数对应关系

本节参考 GB/T33195—2016《道路交通事故车辆速度鉴定》中的汽车纵滑附着系数参考值表和冰雪路面的汽车纵滑附着系数参考值表[22]，考虑到路面附着系数与路面磨损、轮胎磨损以及空气温度湿度等影响因素有关，适当扩大不同路面类型所对应的附着系数范围值，并分为高速行驶和低速行驶两种情况，建立了不同行驶车速下路面类型与附着系数范围值对照表（表6-4）。

表 6-4 不同路面类型与附着系数范围值对照表

路面类型	附着系数（48km/h 以下）	附着系数（48km/h 以上）
干沥青	0.55~0.8	0.45~0.7
湿沥青	0.45~0.7	0.4~0.6
干水泥	0.55~0.8	0.5~0.75
湿水泥	0.45~0.75	0.45~0.65
砖铺路	0.5~0.8	0.45~0.7
松雪	0.2~0.45	0.2~0.35
压实雪	0.1~0.25	0.1~0.2
冰膜	0.1~0.2	0.1~0.15

（2）路面图像与动力学响应信息时空同步

在车辆行驶过程中，摄像头将采集前方道路图像信息，而车载传感器采集的车辆动力学信息是轮胎与路面接触印迹处的响应信息，图 6 - 15 为车辆传感信息采集过程示意图。

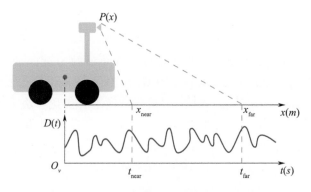

图 6 - 15　车辆传感信息采集过程示意图

图像信息与动力学响应信息的时空同步方案为：路面图像采集频率为 10Hz，动力学信息采集频率为 100Hz，惯导输出 UTC 时间作为时间戳信息，并记录各个时刻的行驶里程信息。以某一时刻 t_k（位置为 x_k）为例，采集的车辆动力学响应信息为 $D(t_k)$，查找此时刻之前同时满足以下条件的图像信息 P_i：

1）在 t_k 时刻之前已完成路面类型识别，即：

$$P'_i \leqslant x_k \tag{6-67}$$

2）此时刻车辆位置 x_k 在 P_i 图像中的路面区域内，即：

$$P_i + 5 \leqslant x_k \leqslant P_i + 50 \tag{6-68}$$

经过筛选最终得到了 t_k 时刻车辆动力学信息 $D(t_k)$ 和一系列满足条件的路面类型识别结果 P'_i，将同时作为后续融合算法的输入信息。

（3）融合策略

建立图像信息与动力学信息相融合的路面附着系数识别系统，整个系统实现流程如图 6 - 16 所示。

1）初始化过程。车辆启动，开始记录行驶时间和行驶里程信息，加载预训练好的语义分割网络、路面区域提取模块和预训练好的分类网络。加载 UKF 附着系数估计模块，初始化 UKF 算法参数。建立路面类型和附着系数范围值对应关系 map 表，将附着系数范围值的下限记为 a、上限记为 b，取其平均值作为不同路面类型图像对应附着系数的先验值 μ_P，即 $\mu_P = (a+b)/2$。

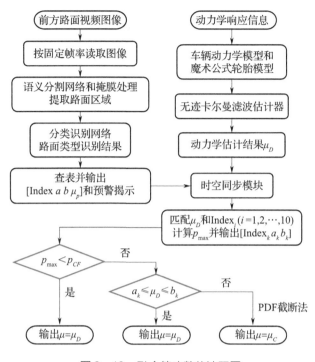

图 6 - 16　融合策略整体流程图

2）分别获取路面图像识别结果和动力学估计结果。车辆行驶过程中以 0.1s 采样时间间隔读取摄像头采集的单帧图片，经过 t_{cnn} 处理时间后，得到路面类型识别结果 Index，结合当前行驶车速信息通过查表获取附着系数范围值和图像识别结果先验值，以矩阵 $\left[\,\text{Index}\ a\ b\ \mu_p\,\right]$ 形式保存数据。检测当前时刻和前一时刻的 Index 值，如果前一时刻为干燥路面，当前时刻为湿滑路面，则系统发出湿滑路面预警提示；如果前一时刻为高附着路面，当前时刻为冰雪低附着路面，则系统发出冰雪路面预警提示。UKF 估计算法的采样时间设置为 0.01s，通过读取动力学信息并快速响应得到附着系数估计值 μ_D。

3）对两种方法的结果进行融合。以 t_k 时刻（位置为 x_k）为例，根据时空同步方案查找 t_k 时刻之前最为邻近的 10 个路面图像样本点，位置为 $P'_i\,(i=1,2,\cdots,10)$，路面类型识别结果为 Index_i，其中 i 数值越大的样本与 t_k 时间间隔越短，拍摄图像时的位置离 x_k 越近，图像识别结果可信度越高。预设权值系数 $w_{P,i}$，i 越大，$w_{P,i}$ 越大，并且满足以下公式：

$$\sum_{i=1}^{10} w_{P,i} = 1 \tag{6-69}$$

检测 10 个样本点中相同 Index 值的加权求和概率值，其中 $j = 0, 1, \cdots,$ 7，有

$$p(\text{Index} = j) = \sum_{\text{Index}_i = j} w_{P,i} \qquad (6-70)$$

通过比较找到其中的最大概率值 p_{max} 和其对应的 Index 值，表示最为可信的路面类型识别结果。最终得到 t_k 时刻用于融合算法的图像识别结果 $[\text{Index}_k \quad a_k \quad b_k]$，预设图像识别置信度门限值 p_{CF}，确立如下的融合规则：

①若 $p_{max} < p_{CF}$，说明路面特征并不明显，或路面图像数据库中并未建立此类图像样本集，此时输出最终的附着系数结果以动力学估计为准，即 $\mu = \mu_D$。保存此刻的一组路面图像和先验值 $\mu_p = \mu_D$，更新图像样本库以用于分类网络训练过程。

②若 $(p_{max} \geq p_{CF}) \cap (a_k \leq \mu_D \leq b_k)$，说明路面图像特征明显，路面类型识别结果置信度较高，并且与动力学估计结果相一致，此时输出最终的附着系数结果为 $\mu = \mu_D$，并更新图像识别结果的先验值 $\mu_p = \mu_D$。

③若 $(p_{max} \geq p_{CF}) \cap ((\mu_D < a_k) \cup (\mu_D > b_k))$，说明路面类型识别结果置信度较高，但与动力学估计结果不一致，此时输出最终的附着系数结果以图像识别为准，附着系数范围 (a_k, b_k) 将作为约束条件用于校正动力学估计结果，校正后的附着系数估计值为此时的最终结果，记为 $\mu = \mu_C$。

6.4.4　仿真实例

本小节通过设计仿真实验，验证融合规则中的第二、三种情况，即当路面图像识别结果置信度较高时，若查表得到的附着系数范围值与动力学估计结果一致，则直接输出动力学估计结果；若两种方法结果不一致，则将图像识别得到的附着系数范围值作为 UKF 算法的约束条件，采用概率密度函数截断法校正 UKF 算法的估计结果。

在 CarSim 中设置如下工况：纵向控制设置为初始车速 80km/h 的开环节气门控制，同时设置节气门开度和制动轮缸压力，使得仿真车辆在前 5s 内匀速行驶，5~11s 内减速行驶，11~21s 内匀速行驶，21~30s 内加速行驶，档位控制设置为自动档，无转向控制。仿真车辆的纵向速度变化曲线如图 6-17 所示。

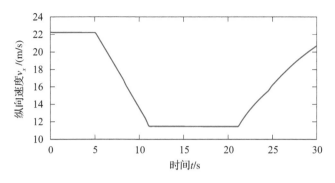

图 6 - 17　驱动制动工况下纵向速度

在 CarSim 中设置路面附着系数：前 260m 为 0.6，260 ~ 360m 为 0.3，360m 之后切换回 0.6。假设与其相对应的图像识别结果为前 260m 为干沥青路面，260 ~ 360m 为松雪路面，360m 之后仍为干沥青路面。通过查找不同路面类型与附着系数范围值对照表（表 6 - 4），得到如图 6 - 18 所示的路面图像识别结果所对应的附着系数范围值（a_k，b_k），其中 10s 和 22.5s 左右时刻附着系数范围值的变化是由车速变化所引起的。

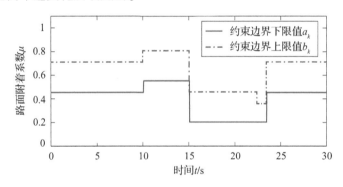

图 6 - 18　路面图像识别结果所对应的附着系数范围值

仿真实验结果如图 6 - 19 所示，图中蓝色实线为 CarSim 中路面附着系数给定值，紫红色点画线为未考虑约束条件的 UKF 估计值，绿色点线为考虑了约束条件的 UKF 算法校正后的估计值，记为 C-UKF 估计值。

从图 6 - 19 中可见，前 5s 内车辆匀速行驶时，UKF 估计结果并不准确，此时的附着系数估计以路面图像识别结果为准，将图 6 - 18 中的附着系数范围值作为 UKF 算法的约束条件，通过使用概率密度函数截断法得到满足约束条件后的 C-UKF 估计值，约为 0.575。在 5 ~ 11s 内车辆减速行驶，UKF 估计结果与图像识别结果一致，直接输出 UKF 估计值，约为 0.597。在 11 ~ 21s 内车辆匀速行驶，并在 15s 左右时 CarSim 给定的附着系数由 0.6 切换到 0.3，此阶段 UKF

估计结果并不准确，而 C-UKF 估计结果从 0.675 快速响应切换到 0.325。在 21s
之后车辆加速行驶，UKF 估计结果与图像识别得到的附着系数范围相一致，直
接输出 UKF 估计结果。

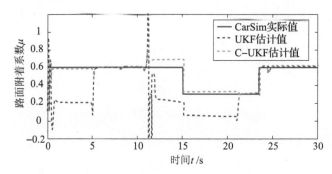

图 6 - 19　驱动制动工况下图像与动力学融合估计结果

　　同样，在 CarSim 中设计蛇行工况实验，纵向速度为 80km/h，转向控制为
"On Center Steer Test"，无制动控制，仿真时间为 60s，仿真车辆的侧向速度变
化曲线如图 6 - 20 所示。路面附着系数在前 360m 为 0.6，360 ～ 600m 之间为
0.3，600m 之后切换回 0.6，并假设得到如图 6 - 21 所示的路面图像识别结果所
对应的附着系数范围值。

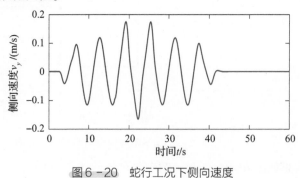

图 6 - 20　蛇行工况下侧向速度

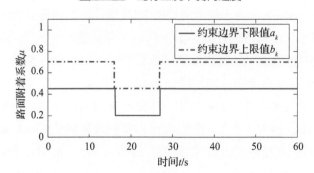

图 6 - 21　路面图像识别结果所对应的附着系数范围值

　　仿真实验结果如图 6-22 所示，从图中可见，当车辆匀速直线行驶或者侧向速度较小时，考虑约束条件后的 C-UKF 融合估计值相对 UKF 估计值更准确，与纵向驱动制动工况下的实验结果基本一致，最终匀速行驶时估计误差约为 0.025。

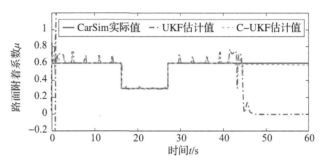

图 6-22　蛇行工况下图像与动力学融合估计结果

　　通过以上的实验结果分析可以发现，当车辆行驶过程中满足一定的激励条件时（如加减速、转向等），UKF 算法得到的附着系数估计值精度较高，当与图像识别结果相一致时可直接输出 UKF 估计值作为最终结果。当车辆行驶过程中不满足激励条件或者不稳定行驶时，UKF 估计算法并不总是能够得到较准确的附着系数估计结果，此时可通过图像识别得到一个具有较高置信度的路面类型识别结果，查找不同路面类型与附着系数范围值对照 map 表，获取用于校正 UKF 算法的约束条件，使用概率密度函数截断法最终可以得到相对准确的 C-UKF 附着系数估计结果。

本章小结

　　本章主要阐述了车辆行驶状态估计相关内容，首先简要介绍了研究背景意义，获取车辆的行驶状态参数对于改善汽车的驱动性、制动性以及操纵稳定性至关重要，针对现有车辆行驶状态估计相关内容，给出了车辆纵向速度、侧向速度与路面附着系数的估计系统，实现了车辆行驶过程中车辆纵向速度、侧向速度的快速可靠估计与对路面附着系数的提前预测与准确估计，并对路面突变等情况快速响应，提升了估计算法的适应能力。

　　对于车辆速度的估计，设计了基于车辆动力学模型与 Uni-Tire 轮胎模型的估计系统，利用车载传感器测量得到的轮速、侧向加速度、横摆角速度等车辆状态信息构造非线性全维观测器的校正项，利用 Uni-Tire 轮胎模型计算得到的加速度替代传感器的测量信息，提出了非线性全维观测器方法对车辆纵向速度、侧向速度进行估计。在非线性全维状态观测器稳定的条件下，同时基于 ISS 理论对观测器的稳定性进行分析，在此基础上得到了非线性全维车速观测器增益满足的条件。

对于路面附着系数的估计，设计了基于车辆动力学响应信息与视觉图像信息的路面附着系数实时融合估计系统，首先建立了三自由度车辆动力学模型和魔术公式轮胎模型，然后在此基础上采用 UKF 算法设计路面附着系数估计器，并设计轻量化卷积神经网络实现分类识别任务，预测前方路面状态，引用语义分割网络对输入图像按照语义类别进行像素级的分割，并制作掩膜提取分割图像中的路面区域，消除了背景信息对分类识别任务的影响。最后将路面区域图像分为训练集和验证集，完成轻量化卷积神经网络的训练与评估。采用概率密度函数法解决带有约束的无迹卡尔曼滤波估计问题，将路面图像识别结果以约束条件的形式融入到动力学估计算法当中，充分发挥两种方法的优势。

参考文献

[1] WANG Y, HU J, WANG F, et al. Tire road friction coefficient estimation: Review and research perspectives [J]. Chinese Journal of Mechanical Engineering, 2022, 35 (1): 1-11.

[2] 李克强. 智能电动汽车的感知、决策与控制关键基础问题及对策研究 [J]. 科技导报, 2017, 35 (14): 85-88.

[3] LI Z, WANG P, LIU H, et al. Coordinated longitudinal and lateral vehicle stability control based on the combined-slip tire model in the MPC framework [J]. Mechanical Systems and Signal Processing, 2021, 161: 107947.

[4] LIN W, HE H, SUN F. Vehicle state estimation based on minimum model error criterion combining with extended Kalman filter [J]. Journal of the Franklin Institute, 2016, 353 (4): 834-856.

[5] CHEN Y, STOUT C, JOSHI A, et al. Driver-assistance lateral motion control for in-wheel-motor-driven electric ground vehicles subject to small torque variation [J]. IEEE Transactions on Vehicular Technology, 2018, 67 (8): 6838-6850.

[6] YANG S, LU Y, LI S. An overview on vehicle dynamics [J]. International Journal of Dynamics and Control, 2013, 1: 385-395.

［7］ 余志生. 汽车理论 ［M］. 5 版. 北京：机械工业出版社，2009.

［8］ KIM S J, KIM K S, YOON Y S. Development of a tire model based on an analysis of tire strain obtained by an intelligent tire system ［J］. International Journal of Automotive Technology, 2015, 16: 865 – 875.

［9］ PACEJKA H B. Tire and vehicle dynamics ［M］. 3rd ed. Oxford: Butterworth Heinemann, 2012.

［10］ 陈虹. 智能时代的汽车控制 ［J］. 自动化学报，2020，46（7）：1313 – 1332

［11］ GUO H, CAO D, CHEN H, et al. Vehicle dynamic state estimation: State of the art schemes and perspectives ［J］. IEEE/CAA Journal of Automatica Sinica, 2018, 5（2）: 418 – 431.

［12］ GUO K H, LEI R. A unified semi-empirical tire model with higher accuracy and less parameters ［C］//Proceedings of SAE International Congress and Exposition. Detroit, USA: SAE International, 1999.

［13］ ZHAO Z, et al. Optimal control of mode transition for four-wheel-drive hybrid electric vehicle with dry dual-clutch transmission ［J］. Mechanical Systems and Signal Processing, 2018（105）: 68 – 89.

［14］ HIEMER M, VIETINGHOFF A, KIENCKE U. Determination of the vehicle body side slip angle with non-linear observer strategies ［C］//Proceedings of SAE 2000 World Congress. Detroit, USA: SAE International, 2005.

［15］ ZHAO L H, LIU Z Y, CHEN H. Vehicle state and friction force estimation using nonlinear observer strategies ［C］//Proceedings of the 27th Chinese Control Conference. Kunming, China: IEEE, 2008: 667 – 671.

［16］ GUO H Y, CHEN H, SONG T H. Tire-road forces estimation based on sliding mode observer ［C］//Proceedings of the 2009 IEEE International Conference on Mechatronics and Automation. Changchun, China: IEEE, 2009: 4577 – 4582.

［17］ SCHWEPPE H, ZIMMERMANN A, GRILL D. Flexible on-board stream processing for automotive sensor data ［J］. IEEE Transactions on Industrial Informatics, 2009, 6（1）: 81 – 92.

［18］ 西蒙. 最优状态估计：卡尔曼，H∞ 及非线性滤波 ［M］. 张勇刚，等译. 北京：国防工业出版社，2013.

［19］ MA N, ZHANG X, ZHENG H T, et al. Shufflenet v2: Practical guidelines for efficient cnn architecture design ［C］//Proceedings of the European conference on computer vision（ECCV）. Berlin: Springer, 2018: 116 – 131.

[20] ZHANG Y, YU J, CHEN Y, et al. Real-time strawberry detection using deep neural networks on embedded system (rtsd-net): An edge AI application [J]. Computers and Electronics in Agriculture, 2022, 192: 106586.

[21] JMOUR N, ZAYEN S, ABDELKRIM A. Convolutional neural networks for image classification [C] //2018 International Conference on Advanced Systems and Electric Technologies (IC_ ASET). New York: IEEE, 2018: 397 –402.

[22] 龚标. 典型交通事故形态车辆行驶速度技术鉴定 [M]. 北京: 中国标准出版社, 2006.

第7章
智能车辆多车协同编队控制

7.1 概述

重型载货车辆在公路运输建设中占有不可忽视的地位，在 2018 年国内的总销量约为 114 万辆[1]，同比增长 2%，其保有量仅占全部机动车数量的 7.8%，但是其产生的氮氧化物及颗粒物废气排放分别占到了总量的 57.3% 和 77.8%[2]。据工信部统计数据，截止到 2017 年，国内重型载货汽车（> 3.5t）保有量为 2341 万辆，总数不足机动车总数的 10%，但其能源消耗却占据了机动车总燃油消耗的 49.2%[3]。因此，提升高速公路交通运输能源利用效率、减少能源消耗，对于未来中国的道路交通建设具有重要意义。

5G 通信、物联网、车联网、自动驾驶等技术的高速发展推进了智能交通的信息化进程，如图 7 - 1 所示。建设智能交通系统的目的在于通过建立车与人、车与车的信息交换，从而监控交通、保障行驶安全、提升出行舒适度。而近年来 5G 等通信技术的高速发展加速了这一建设进程，使得智能交通系统的落地建设成为可能[4 - 5]。

图 7 -1　智能交通建设示意图

车联网、5G 通信等技术的快速发展实现了人 – 车 – 路之间更有效的信息交换，推动了道路交通系统的现代化建设。智能交通的高速发展为解决减少运载车辆的燃油消耗、提升经济性这一问题提供了新的思路。美国能源部的重型货车研究工作室的研究表明，一辆满载的标准重型载货汽车以 100 km/h 的速度行驶于高速公路时，其所消耗能源的 53% 将被用于克服空气阻力[6]，因此降低重型货车在行驶过程中的有效空气阻力将显著降低其燃油消耗，提升燃油经济性。

在现代交通方式快速智能化的大背景下，基于车联网进行车间信息实时传输，高速公路货车编队控制行驶技术逐渐被提出[7-8]。如图 7 – 2 所示，货车编队控制通过多辆货车编队行驶，使得跟随车能进入前方车辆的气流尾流区之内，利用领航车的气流屏蔽作用降低整体的平均空气阻力，进而提升燃油经济性[9-10]。

图 7 – 2　货车编队行驶示意图

货车编队控制行驶在提升道路交通运输燃油经济性的同时，通过规划整体合理的行驶方案，编队在长途行进过程中能有效减少一部分制动操作，使得整个行进过程更加平缓。此外，货车编队行驶的方式也能有效提升道路的潜在容量，减少不必要的道路交通拥堵以及安全事故，缓解道路交通压力，提升道路交通利用率。随着汽车电子技术以及网联技术的不断发展，货车编队控制得到了研究领域越来越多的关注，本章重点研究货车编队控制器设计方法。

7.1 节主要介绍了本章的研究内容，阐明了智能多车协同编队的必要性。

7.2 节结合高速公路货车队列行驶的实际情况对车辆系统进行建模，结合货车高速行驶时的动力学特性建立模型，以发动机的转矩特性 Map 及燃油特性 Map 为基础建立了发动机的燃油消耗模型，同时考虑到队列行驶车间距离的变化建立了高速公路货车队列行驶的空气动力学模型。

7.3 节基于非线性模型预测控制理论设计跟随车控制器，将前车下一步的动态考虑到控制器目标函数设计中，同时结合车辆执行机构的机械特性及道路法规建立优化过程中的约束条件，以保证前后车动力学一致性，并以行驶安全为目标建立优化问题，最后进行了上坡和下坡两组仿真实验对控制器有效性进行了验证。

7.4 节针对编队中车辆数目不断增加的情况，建立李雅普诺夫函数并设计控制器参考输入，将前后车的动态考虑进来，保证了编队整体的稳定性。基于三步法控制理论设计分布式控制器，符合编队车辆行驶对跟踪性能及安全性的要求，并通过理论分析验证了控制系统满足队列稳定性。

7.2　车辆编队系统建模

高速公路货车队列行驶车辆主要在高速状态下运行，此时车辆的动力学特性对自身及队列整体的影响至关重要。由于高速公路大部分路段道路曲率较小，并考虑现阶段高速公路货车队列行驶理论研究及实际情况，本章在进行高速公路货车队列行驶控制研究时，不考虑车辆的侧向动力学特性，假设车辆在高速公路上直线行驶时不进行转向操作。

7.2.1　车辆动力学模型

货车的动力学特性非常复杂，很多高自由度的动力学模型被建立用于较为准确地描述货车的实际运行状态，但这并不利于控制系统的设计和研究。货车的发动机所产生的驱动转矩通过克服车轮上所有的阻力从而推动货车向前运动。在不考虑货车前后轴的轴荷转移的前提下，队列中货车的车辆动力学模型可简化成单自由度的模型。为了便于对货车动力学的分析及控制，根据牛顿第二定律分析货车的纵向动力学，可以得到货车行驶时发动机做功需要克服的所有阻力功，即可获得货车行驶时的受力分析图。

质量为 m 的货车以速度 v 在坡度为 α 的道路上行驶时的受力分析如图 7 - 3 所示，所受的力主要包括四部分：发动机牵引力（F_{engine}）、空气阻力（F_{airdrag}）、滚动阻力（F_{roll}），坡度阻力（F_{gravity}）[11]。

1）发动机牵引力（F_{engine}）：是指货车发动机产生的转矩经传动系统作用于驱动

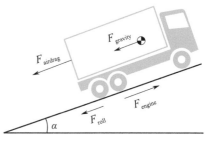

图 7 - 3　货车受力分析图

轮的转矩而产生的力。作用于驱动轮的发动机牵引力如下所示：

$$F_{\text{engine}} = \frac{T_t}{r} \tag{7-1}$$

式中，T_t 为发动机的输出转矩经传动系统作用于车轮的转矩，主要与发动机转矩及传动系参数有关，单位为 N·m；r 为车轮半径，单位为 m。

$$T_t = T_{tq} i_g i_0 \eta_t \tag{7-2}$$

式中，T_{tq} 为发动机输出转矩，单位为 N·m；i_g 为变速器的传动比；i_0 为主减速器的传动比；η_t 为传动系统的机械效率。

将式（7-2）代入到式（7-1）中，整理可得到作用在驱动轮的发动机牵引力具体表达式：

$$F_{\text{engine}} = \frac{T_{tq} i_g i_0 \eta_t}{r} \tag{7-3}$$

2）空气阻力（F_{airdrag}）：考虑到本章主要研究货车行驶的纵向动力学，受货车的侧向动力学影响较小，所以这里的空气阻力（F_{airdrag}）主要是指货车正常行驶过程中，空气作用力在货车运动方向的分力。作用于货车的空气阻力与其运动速度的平方成正比，具体表达式如下：

$$F_{\text{airdrag}} = \frac{1}{2} A C_d \rho \left(v + v_\omega \right)^2 \tag{7-4}$$

式中，A 为货车行驶时的迎风面积，单位为 m^2；C_d 为空气阻力系数；ρ 为空气密度，单位为 kg/m^3，本章取 $\rho = 1.206$；v 为车速，单位为 m/s；v_ω 为风速，单位为 m/s。

在本章的建模过程中，为了简化计算，便于下文控制器的设计，不将风速大小考虑在内，因此式（7-4）可简化为：

$$F_{\text{airdrag}} = \frac{1}{2} A C_d \rho v^2 \tag{7-5}$$

3）滚动阻力（F_{roll}）：当货车在水平道路上等速行驶时，车轮滚动，轮胎与道路路面接触时产生的与轮胎滚动方向相反的切向力，即为轮胎滚动阻力。货车行驶的滚动阻力可写成如下形式：

$$F_{\text{roll}} = \mu m g \cos\alpha \tag{7-6}$$

式中，μ 为滚动阻力系数，其主要与轮胎的构造、材料、气压以及路面的摩擦系数等因素有关。其具体表达式如下：

$$\mu = \mu_c + \mu_v v \tag{7-7}$$

式中，μ_c 和 μ_v 是滚动阻力系数的相关参数，本章主要研究高速公路货车队列行驶控制，所以选取滚动阻力参数时，设定为高速公路正常行驶货车路面及轮胎条件，在高精度仿真软件 TruckSim 查找合适参数，本章取 $\mu_c = 0.0041$，$\mu_v = 0.0000256$；v 是车速，单位为 m/s。

4）坡度阻力（F_{gravity}）：货车行驶时所受到的重力沿道路方向向下的分力，即为坡度阻力，可表示成如下形式：

$$F_{\text{gravity}} = mg\sin\alpha \qquad (7-8)$$

综上所述，根据牛顿第二定律，整理可得表征车辆纵向动力学的方程式：

$$
\begin{aligned}
m\dot{v} &= F_{\text{engine}} - F_{\text{airdrag}} - F_{\text{roll}} - F_{\text{gravity}} \\
&= \frac{T_{tq}i_g i_0 \eta_t}{r} - \frac{1}{2}AC_d\rho v^2 - \mu mg\cos\alpha - mg\sin\alpha
\end{aligned}
\qquad (7-9)
$$

7.2.2　发动机燃油消耗模型

发动机是货车的动力源，将燃油的化学能转换为机械能从而产生推动车辆前进的动力。发动机内部的一系列动态过程较为复杂，鉴于本章的研究内容，暂不研究发动机内部的动态过程，只考虑发动机输入输出之间的关系。

为精确分析货车行驶过程中的燃油消耗，建立货车发动机燃油消耗的数值模型，其主要表征的是发动机输出转矩、发动机转速及发动机在单位时间内的燃油消耗量之间的函数关系。通过提取下文仿真实验车型在高精度货车仿真软件 TruckSim 中相对应的发动机转矩特性三维 Map 及燃油特性三维 Map，建立发动机燃油消耗的数值模型。提取的发动机转矩特性三维 Map 主要表征的是发动机的转速、节气门开度以及发动机输出转矩之间的数值关系，如图 7-4 所示。

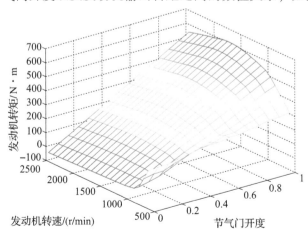

图 7-4　发动机转矩特性三维 Map

燃油特性三维 Map 主要表征的是发动机的转速、节气门开度以及燃油消耗率之间的数值关系，如图 7-5 所示。由于本章所要建立的发动机燃油消耗模型是关于发动机转矩、发动机转速及发动机燃油消耗率之间关系的，因此提取两张发动机特性 Map 中的已知数据点，见表 7-1 和表 7-2。两张表表头中的 n 是发动机转速，单位为 r/min；T 是发动机转矩，单位为 N·m；t 是节气门开度；f_e 是燃油消耗率，单位 kg/s。

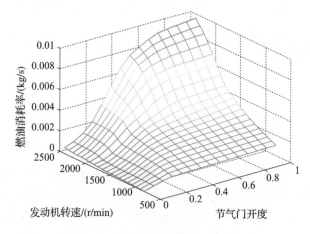

图 7-5　发动机燃油特性三维 Map

表 7-1　发动机转矩特性 Map 已知数据点

$n/(\text{r/min})$	t									
	0	0.1	0.3	0.4	0.5	0.6	0.7	0.8	0.9	1
	$T/\text{N·m}$									
500	250	250	250	250	250	250	250	250	250	250
800	0	23.9	111.4	159.1	190.9	238.6	286.4	334.1	373.9	413.6
1000	-15.9	37.5	144.2	197.5	250.9	304.2	357.6	411	464.3	517.7
1200	-19.1	38.2	152.7	210	267.3	324.5	381.8	439.1	496.4	553.6
1400	-22.3	38.6	160.4	221.3	282.2	343.1	404	464.9	525.8	586.7
⋮	⋮	⋮	⋮	⋮	⋮	⋮	⋮	⋮	⋮	⋮
3150	-63.6	-63.6	-63.6	-63.6	-63.6	-63.6	-63.6	-63.6	-63.6	-63.6

表 7 – 2　发动机燃油特性 Map 已知数据点

$n/(\text{r/min})$	t						
	0	0.2	0.4	0.52	0.6	0.8	1
	$f_e/(\text{kg/s})$						
600	8.00×10^{-5}	0.00037	0.00048	0.00055	0.00059	0.0007	0.00082
900	0.00016	0.00091	0.00109	0.00112	0.00115	0.00121	0.00127
1200	0.0002	0.00119	0.00178	0.00184	0.00188	0.00197	0.00207
1500	0.00025	0.0013	0.00239	0.00257	0.00264	0.00282	0.003
1800	0.00038	0.00136	0.0031	0.00365	0.0041	0.0043	0.00439
⋮	⋮	⋮	⋮	⋮	⋮	⋮	⋮
2500	0.00076	0.00211	0.00642	0.00816	0.00867	0.0094	0.00966

　　两张表中均包含发动机节气门开度这一项，通过 MATLAB 分别对两张 Map 的已知数据点进行处理，调用 MATLAB 中的 interp1 函数对表格中数据进行分项插值，将两张表格中发动机节气门这一项进行一一对应，从而将节气门开度这一项消去合并成关于发动机转速、发动机转矩及发动机燃油消耗率的数据表格，即本章所要建立的发动机燃油消耗数值模型的数据表格，见表 7 – 3。

表 7 – 3　发动机转矩 – 燃油消耗率 – 发动机转速

$T/\text{N} \cdot \text{m}$	$n/(\text{r/min})$				
	800	1200	1600	2000	2400
	$f_e/(\text{kg/s})$				
0	0.00013	0.000277	0.000332	0.000689	0.000894
50	0.000737	0.000643	0.000653	0.001301	0.001533
100	0.000847	0.001229	0.001325	0.002275	0.002754
150	0.000875	0.001577	0.001973	0.003363	0.004623
200	0.00091	0.001761	0.002402	0.004124	0.006543
250	0.000938	0.001821	0.002639	0.005145	0.007776
300	0.000973	0.001861	0.002778	0.00585	0.008445
350	0.001	0.001903	0.002895	0.006119	0.009035
400	0.001031	0.001943	0.003015	0.00622	0.009297
450	0.001063	0.001979	0.003128	0.006254	0.009431
500	0.001095	0.002023	0.003242	0.006282	0.009557
550	0.001126	0.002067	0.003361	0.00631	0.009686
600	0.001158	0.002111	0.003481	0.006339	0.009815

在得到表 7-3 关于发动机转矩、发动机燃油消耗率及发动机转速数据的基础上，借助 MATLAB 中非线性曲线拟合工具 sftool，发动机的燃油消耗率（f_{fuelrate}）可以表示成发动机转速（n）和输出转矩（T）的归一化函数，即：

$$f_{\text{fuelrate}}(n, T) = p_{00} + p_{10}n + p_{01}T + p_{20}n^2 + p_{11}nT$$
$$+ p_{02}T^2 + p_{21}n^2T + p_{12}nT^2 + p_{03}T^3 \tag{7-10}$$

式中，p_{00}、p_{10}、p_{01}、p_{20}、p_{11}、p_{02}、p_{21}、p_{12}、p_{03} 均为拟合系数，见表 7-4。

表 7-4　发动机燃油消耗模型拟合参数

参数	取值	参数	取值
p_{00}	0.002892	p_{02}	-0.00047
p_{10}	0.00209	p_{21}	0.000282
p_{01}	0.001245	p_{12}	-0.0003
p_{20}	0.000571	p_{03}	$-7.29e-05$
p_{11}	0.00097		

借助 MATLAB 非线性曲线拟合工具箱 sftool 得出的拟合参数精度，可以通过其拟合结果中的 Goodness of fit 来表示，见表 7-5。

表 7-5　Goodness of fit

参数	取值
SSE	1.207×10^{-5}
R^2	0.996
RMSE	0.0003767

其中，R^2 为确定系数，数学上亦称为可决系数，用来表示拟合的准确度，其取值范围在 0~1 之间，其数值越接近 1，说明拟合函数对已知数据点的还原程度越好；SSE 为误差平方和、RMSE 为均方根误差，两者数值越接近 0，说明拟合参数选取越准确。综上所述，将表 7-4 中的拟合参数代入式（7-10），即可得到发动机燃油消耗的归一化数值模型：

$$f_{\text{fuelrate}}(n, T) = 0.002892 + 0.00209n + 0.001245T$$
$$+ 0.000571n^2 + 0.00097nT - 0.00047T^2 \tag{7-11}$$
$$+ 0.000282n^2T - 0.003nT^2 - 7.29e^{-5}T^3$$

绘制出基于此模型的发动机燃油消耗三维 Map，并绘制其向下投影的发动机万有特性曲线，分别如图 7-6 和图 7-7 所示。

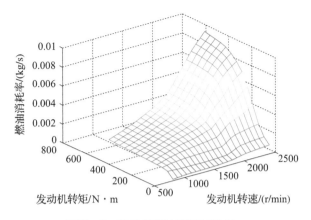

图 7-6　发动机燃油消耗三维 Map

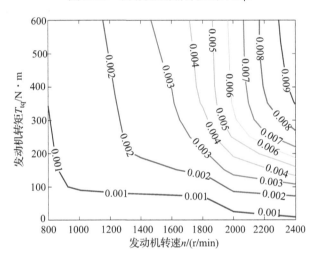

图 7-7　发动机万有特性曲线

7.2.3　队列行驶车辆空气动力学建模

货车在高速公路上高速行驶时，发动机所消耗的大部分燃油被用于克服空气阻力。如图 7-8 所示，货车表面颜色越深的地方表示承受的空气阻力越大，由于货车的迎风面积较大，高速行驶时的空气阻力要远大于普通乘用车。但是高速公路货车队列行驶时，队列中的后车将进入前车的尾流区，随着两车车间距的减小，后车的行驶状态气动特性参数将随之发生变化，空气阻力系数减小。图 7-9 所示为车辆队列行驶时的车身前后空气流线图。鉴于以上分析，显然，在队列中车辆车型完全一致的情况下，领航车辆与跟随车辆所承受的空气阻力不能都按照式（7-5）进行计算，随着前后车车间距的变化，后车的空气阻力系数不再像前车一样为定值，而是在前车对气流屏障作用的影响下随气动特性的变化而变化。为了准确描述高速公路货车队列行驶时队列中车辆的空气阻力受力情况，建立队列行驶车辆的空气动力学模型。

图7-8 高速行驶货车阻力受力分布

图7-9 队列空气流线

由于前后车车间距的变化是使后车空气阻力系数发生变化的主要因素，因此引入以前后车车间距为变量的空气阻力函数：

$$C_D(d_i) = C_{D0}\left(1 - \frac{C_{D1}}{C_{D2} + d_i}\right) \qquad (7-12)$$

式中，C_{D0}、C_{D1} 及 C_{D2} 为空气阻力经验系数[14]，本章取 $C_{D0} = 0.75$，$C_{D1} = 8.125449263$，$C_{D2} = 24.74382353$；d_i 为第 i 辆车与前车的距离，$i = 1, 2, 3\cdots$，当 $i = 1$ 时，$d_i = \infty$。也就是说，计算领航车所承受的空气阻力时默认车间距为无穷大，此时空气阻力系数变为 $C_D(d_i) = C_{D0}$，与式（7-5）中的 C_d 相同，即当 $i = 1$ 时式（7-12）与式（7-5）等同。将式（7-12）替换式（7-5）中的空气阻力系数，整理可得高速公路队列行驶车辆的空气动力学模型：

$$F_{\text{airdrag},i} = \frac{1}{2}\rho A C_D(d_i) v^2 \qquad (7-13)$$

式（7-13）中的各项参数已在上一节详细描述，这里不再赘述。

选取两辆车型完全一致的货车进行高速公路直线正常行驶仿真实验，验证所建立的队列行驶时车辆的空气动力学模型，观察前后车车间距变化时，后车所承受空气阻力的变化情况，仿真结果如图7-10所示。从图中可以看出，车间距在25m以内时，后车所承受的空气阻力随车间距的变化更为明显。

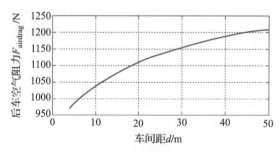
图7-10 空气阻力随车间距变化曲线

7.3　基于非线性模型预测控制的编队控制器设计

货车编队行驶作为一种先进的交通运输方式，在学术领域已经有大量的研究工作，本章将模型预测控制理论应用于货车编队的跟随车控制器设计中，分析并讨论了很多现有研究中存在的编队车辆动力学不一致的问题，将编队中车辆相邻前车下一步的动态考虑进来，同时兼顾了现实存在的执行器约束条件，提出了一种货车编队跟随车控制器设计方案，以保证在货车编队安全行驶的前提下队列中相邻车的动力学一致性。

7.3.1　考虑高速公路燃油经济性的最优速度规划

货车编队行驶的首要目标是保证相邻车的速度一致，同时保证车与车之间的安全期望间距，通过队列中前方车辆对气流的屏障作用实现提升队列整体燃油经济性的目的。货车编队行驶控制是一个带有约束条件的多目标优化问题，不仅要考虑到优化过程中的多个控制目标，也需要考虑到现实存在的发动机驱动力、制动轮缸压力极限的限制以及道路法规的速度限制。在货车编队控制的研究领域，存在的一个问题就是当队列中的跟随车辆若以跟踪前车当前状态为优化目标，优化决策出控制量经执行机构作用于跟随车，则在此动作的执行过程中，相邻前车也在不停决策并执行新的动作，使前车的状态在下一时刻发生转变，这样的结果就是跟随车的状态较前车始终存在一定偏差，无法保证动力学的一致性，导致累积误差逐渐增大，使队列难以保持编队行驶。在队列行驶过程中，相邻车的动力学一致在提升队列整体安全性的同时，也可以使队列中车与车之间应用更小的车间距策略，使得队列整体的燃油经济性得到进一步提升。因此，保证车辆编队的动力学一致性至关重要。如图 7 - 11 所示，模型预测控制是一种实时求解优化的算法，在每一个计算周期内，包括模型预测、滚动优化、反馈校正三个环节。该算法能有效处理带有约束的多控制变量优化问题，并通过权重的选取优化控制目标中存在的矛盾，具有易于设计、抗干扰能力强、对数学模型的精度要求低等优点，其在理论和工业实践中已得到了广泛应用。模型预测控制算法的控制思想契合了本章所考虑的控制需求，因此本章选用模型预测控制方法进行控制器设计。

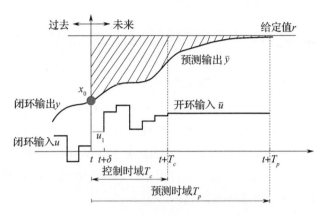

图 7-11 模型预测控制的基本原理图

7.3.2 货车编队行驶控制系统设计

(1) 控制器整体设计方案

在控制器设计过程中，货车队列由车型、质量、载重等完全相同的两辆货车组成，编队跟随车控制器设计整体框图如图 7-12 所示。为了解决上节提到的车辆编队中始终存在的偏差问题，本节将基于车辆纵向动力学方程，结合前车当前状态信息预测前车下一时刻的速度变化，并将这一信息融入到参考输入之中，跟随车控制器选取跟随车辆纵向动力学方程作为预测模型，选取车辆行驶速度以及位移 $x = [v\ S]$ 作为状态量，选取纵向驱动力/制动力 $u = F_{engine}/F_{brake}$ 作为控制量。控制器在车辆执行机构约束以及高速公路道路法规的限制下，结合当前跟随车自身的状态信息、相邻前车当前时刻以及预测下一时刻的状态信息决策优化控制量，同时根据决策控制量的正负，结合车辆传动系统参数将其转化为驱动力/制动轮缸压力作用于被控车辆，使车辆行驶速度发生改变。考虑到编队在不同的行驶速度时，车间距的变化对整体的燃油经济性具有显著影响，因此本节选用基于跟随车当前行驶速度进行计算的恒定车头时距（Constant Time Headway，CTH）的车间距策略。该控制策略在车辆编队以及自适应巡航控制研究领域应用广泛，在有效减小计算量的同时也比较符合驾驶员的心理预期。由于道路坡度对车辆纵向动力学的影响至关重要，直接影响了优化问题的求解过程，因此本节在每一个计算周期对道路坡度系数进行实时采样。

根据我国 2017 年修订的《中华人民共和国道路交通安全法实施条例》，货车在高速公路的行驶速度应控制在 60~100km/h，结合本节在仿真验证过程中选用车型的档位切换规律，在上述限速内该车辆模型不需要进行档位切换，因此在控制器设计过程中未考虑档位切换控制，同时本节的控制器设计方法忽略了车身参数不确定性、飞轮的转动惯量、车间通信延迟的影响。由于本节的研究工作是基于车辆纵向动力学进行考虑的，考虑到在高速公路行驶环境下道路的曲率变化很小，因此忽略侧向风对车辆行驶状态的干扰。

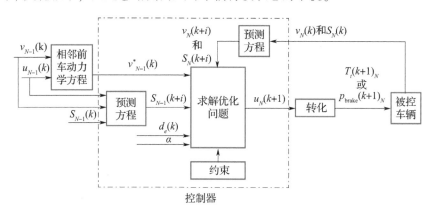

图 7 -12　跟随车控制器设计整体框图

（2）预测模型

在 7.2 节建立的车辆纵向动力学模型的基础上，选取控制量 U 为驱动力 F_{engine} 或制动力 F_{brake}，选取车辆当前行驶速度及位置为状态量 $x = [v\ S]$，建立车辆纵向动力学的状态空间表达式如下：

$$\dot{x}(t) = f(u(t),\ x(t)) \qquad (7-14)$$

采用欧拉公式对上述连续状态空间方程进行离散化处理，可得预测模型的状态空间表达式如下：

$$\dot{x}(k) = f(u(k),\ x(k)) \qquad (7-15)$$

状态方程中 $f(u(k),\ x(k))$ 的具体形式可通过以下公式表示：

$$\begin{cases} m\dfrac{v(k+1) - v(k)}{T} = U(k) - \mu Mg\cos\theta - Mg\sin\theta - \dfrac{1}{2}\rho AC_D(d_i)v(k)^2 \\[2mm] S(k+1) = S(k) + v(k)T \end{cases}$$

$$(7-16)$$

式中，$S(k)$ 为每一时刻跟随车的位移；$v(k)$ 为每一时刻车辆行驶速度；T 为采样间隔。

根据模型预测控制理论的基本思想，在第 k 时刻，基于当前时刻车辆的行驶速度 $v(k)$ 以及优化独立变量 $U(k)$，通过不断迭代计算可以推导出在未来 P

步的预测时域内，状态变化会是 $x(k+P) = F(x(k)，u(k)，u(k+1)，\cdots，u(k+N)，\cdots，u(k+P))$。定义控制时域长度为 N，预测时域长度为 P，二者需要满足 $N \leqslant P$ 的关系，即当预测时域的长度大于控制时域时，应保持控制输入的值不变直到预测时域终点，即 $u(k+N) = u(k+N+1) =，\cdots，= u(k+P)$。

（3）非线性约束优化问题描述

为了消除跟随车与前车之间的速度偏差，在每一个控制周期内，基于前车当前时刻的控制量 $u_{N-1}(k)$ 以及前车当前时刻的速度 $v_{N-1}(k)$，并结合在上一节推导出的车辆纵向动力学方程，可以在每一时刻基于预测时长 ΔH 推导出下一时刻前车车速 $v_{N-1}^*(k)$ 的变化，并将其作为控制器参考输入的一部分：

$$v_{N-1}^*(k) = (U_{N-1}(k) - \mu Mg\cos\theta - Mg\sin\theta - \frac{1}{2}\rho AC_D v_N - 1(k)^2)\Delta H$$

$$(7-17)$$

本节提出的控制器设计方法，其控制目标主要分为三个部分，分别是控制跟随车跟踪输入的参考速度值、控制跟随车与前车保持期望安全车间距以及保证控制量变化的平滑性。首先要保证对给定参考速度的跟踪，将前车未来动态变化考虑在目标中，有利于消除前后车之间的稳态误差，使前后车的速度尽可能在每一时刻保持一致，进而使得前后车动力学保持一致：

$$\min_{U_N(k)} J_1 = \sum_{n=1}^{N} (v(k+n) - v_{N-1}^*(k))^2 \qquad (7-18)$$

其次是要保证在跟随车行进过程中，与前车之间保证实施期望的车间距策略，前后车之间的车间距过小将成为行驶中的一个重要不安全因素，过大的行驶车间距将导致编队气流屏障效果失效，使货车编队的节油效果失去意义。根据《中华人民共和国道路交通安全法实施条例》，大型货车在高速公路行进过程中，应与前方车辆保持时速的千米数减去 20 得出的车间距，可以看出根据此条例无法实现高速公路的货车编队行驶。因此，本节选用的车间距策略是在研究领域应用广泛的恒定车头时距（CTH），其具体计算方法为跟随车当前车速 $v_N(k)$ 乘以时间延迟系数 τ 减去跟随车车身长度 L：

$$d_e(k) = v_N(k)\tau - L \qquad (7-19)$$

控制器的第二个控制目标可以表示为最小化当前的车间距与期望安全车间距的偏差：

$$\min_{U_N(k)} J_2 = \sum_{n=1}^{N} (d_N(k) - d_e(k))^2 \qquad (7-20)$$

控制器的第三个目标是保证控制动作的平顺性，平缓的控制动作能有效避免频繁加减速现象的产生，延长车辆执行器的使用寿命。此优化目标主要由控制输入构成：

$$\min_{U_N(k)} J_3 = \sum_{n=1}^{N} (U_N(k))^2 \tag{7-21}$$

从高速公路货车队列行驶的实际角度考虑，优化过程中的 J_1、J_2、J_3 这三个优化目标之间实际上是存在一定矛盾之处的，因为当跟随车控制器控制跟随车与前方车速保持一致时，必然会对距离的控制做出牺牲，相反，为了尽可能保证期望的相对距离，也势必引起前后车之间的速度偏差。因此，为了缓解存在一定冲突的优化目标，本节引入了权重分配的办法来平衡编队控制不同的需求，通过 Γ_v、Γ_d、Γ_u 三个权重系数来界定优化目标的优先级和重要程度，以保证能使控制器决策出合适的控制输入。在对优化目标求解的过程中，控制输入需要满足约束条件的限制，本节所考虑的约束主要为执行器约束、状态约束以及道路安全约束。首先，控制器决策的控制量需要满足执行器的限制，本节所选取的控制量为驱动力 F_{engine}/制动力 F_{brake}，因此受限于发动机所能提供的最大驱动力以及制动轮缸所能提供的最大制动压力，其具体数值取决于发动机以及制动轮缸的固有物理属性：

$$U_{\min} \le U_N(k) \le U_{\max} \tag{7-22}$$

同时，在车辆行驶过程中，需要基于参考速度值对跟随车的行驶速度设立速度安全约束，其中，l_u 为车速的下限约束系数，参考速度值 v_{N-1}^* 与其的乘积构成了跟随车速度约束的下限，l_v 为车速的上限约束系数，参考速度值 v_{N-1}^* 与其的乘积构成了跟随车速度约束的上限：

$$l_u v_{N-1}^* \le v_N(k) \le l_v v_{N-1}^*(k) \tag{7-23}$$

此外，为了保证货车编队行驶过程的安全，需要保证每一时刻的行驶车间距大于此时的期望安全车间距，此做法的目的在于保证不因某一时刻过大的控制量变化而导致编队行驶发生安全事故：

$$d_e(k) \le d_N(k) \tag{7-24}$$

综上所述，带有约束条件限制的控制器非线性优化问题可以表示为

$$\begin{cases} \min_{U(k)} J = \Gamma_v J_1 + \Gamma_d J_2 + \Gamma_u J_3 \\ x(k+1) = f(x(k), U(k)) \\ v_{\min} \le v(k+n) \le v_{\max} \\ U_{\min} \le U(k+n) \le U_{\max} \\ d_e(k) \le d_N(k) \end{cases} \tag{7-25}$$

根据模型预测控制的基本思想，控制器会在每一个控制周期求解上述优化问题，同时结合滚动优化的作用机制，为了消除预测的系统理想状态变化与系统实际状态变化之间的误差，以及外部干扰、模型失配等因素的影响，控制器仅将通过优化问题得到的控制序列第一个元素作用于被控对象，并在下一控制周期重复上述优化求解过程。

本节设计的非线性 MPC 控制器的优化过程是一个求解非线性多元函数最小值的过程，MATLAB 软件优化工具箱可针对性解决此类优化问题。仿真实验中，对于该优化问题的求解，首先根据上节中对等式和不等式约束条件的分析建立约束 m 文件 nonlcon，主函数中采用 MATLAB 优化求解工具箱内的 fmincon 函数完成控制器的优化决策，最终在 Simulink 环境下采用 MATLAB-function 模块完成对所设计函数的调用，在仿真过程中进行实时求解。在控制器优化求解过程中，每一时刻由于车辆状态、道路环境等信息的实时变化，在小部分极端情况下，优化问题必将存在无解的情况。针对此种情况，控制器仅因为无解而不进行任何动作将对车辆的行驶安全性造成重大影响，故本节采用使控制器保持上一时刻控制输出的解决办法，使得车辆在短时间内保持稳定的行驶状态，保证行驶的安全性。

7.3.3　仿真实例

为了进一步验证本节所提出控制算法的有效性，本节在 Simulink-TruckSim 联合仿真环境之下搭建编队闭环控制系统，控制系统闭环仿真模型如图 7 - 13 所示。本节在 TruckSim 车辆动力学仿真软件环境下建立货车数学模型并完成道路仿真实验的设计，在 Simulink 环境下建立货车编队跟随车控制器，结合所选车型参数以及 TruckSim 内已有数据建立控制量转化模块。控制器每一时刻根据决策控制输入的正负，对其进行转化，如为正则根据车辆传动系统参数将其转化为发动机输入力矩，如为负则基于制动系统非线性对应关系 Map，通过查表的方式实时将控制量转化为制动主缸压力，最终通过 TruckSim 软件外部接口将经转化后的控制量输入给车辆模型，并实时读取当前道路信息以及车辆行驶状态。由于 TruckSim 软件所提供的仿真环境并不能全面反映多车跟驰行驶情况下空气动力学动态特征发生的改变，因此本节结合对跟随车空气阻力受力情况的分析，单独建立跟随车空气阻力模块，该模块以当前相邻两车的行驶车速以及车间距为输入，通过经验公式计算得出跟随车当前应受空气阻力，使得本仿真实验设计得出的测试结果具有较高的实践参考意义。

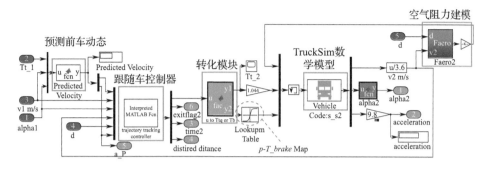

图 7-13　货车编队跟随车控制系统闭环仿真

由于当车辆队列中的跟随车数目不断增加时，跟随车控制器的设计结构基本相同，因此本节将首先基于两车编队情况对编队跟随车的设计方法进行探讨，为了给本节所设计的跟随车控制器提供一个实际价值较高的跟踪参考目标，编队中领航车控制器将结合车辆发动机万有特性曲线，基于滚动优化的机制进行优化求解控制量，并作用于跟随车，使得编队整体在行进过程中能遵循一个最佳的行驶方案，其中领航车控制器具体设计方法参照文献［13］。

（1）工况 1

第一组仿真道路工况长度为 2520m，路况包括平直路况和带有坡度变化的上坡路况，如图 7-14 所示。本节参照普通重型货车在高速公路的行驶状况，两车初始车速均设为 80km/h，初始车间距设为 8.5m，车间距时延系数设为 0.86。

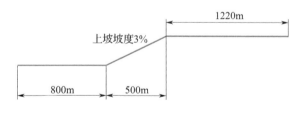

图 7-14　工况 1 仿真实验道路设计

编队在工况 1 仿真条件下的仿真实验结果如图 7-15 所示，跟随车控制器输出经转化模块转换为对应力矩输入信号，并被作用给跟随车，其变化过程如图 7-15a 中蓝色虚线所示。在仿真的初始阶段，为了使跟随车能与前车保持期望安全距离并跟踪前车车速，跟随车控制器进行了一系列控制决策控制车辆采取加速或制动操作，经过短时间的调整，跟随车到达稳定状态，控制器控制量平稳输出。在仿真的第 30s 和 50s 时刻，道路坡度发生变化，前车控制器根据当前车辆行驶状态的变化采取了不同的控制输出，跟随车控制器由于在参考输入中已将前车未来一小段时间内的动态变化考虑在内，控制器输出未发生过大的波动，在整个仿真过程中跟随车控制器输出变化整体较为平稳，满足在设计过程中对控制目标平顺性的要求。前后车之间的速度和车间距变化如图 7-15b 和图 7-15c 所示，可以看出跟随车在对前车车速的跟踪过程中，除在初始阶段有少量超调（超调量<2%），整体上看基本实现了使跟随车车速与前车车速保持一致的目标，且在车辆速度到达稳态时，误差为 0。在仿真运行的开始，两车的实际行驶车间距与控制器所决策的期望安全车间距存在较大偏差，在跟随车控制器的作用下，两车之间的车间距逐渐缩短，最终达到平稳状态。可以注意到前后两车的车间距始终和期望车间距之间存在一定误差，导致此现象的原因在于控制器的优化目标中，保持期望车速跟踪和控制实时车间距两个优化目标存在一定矛盾冲突。本节在设计过程中采用了权重分配的办法，优先考虑对参考速度的跟踪，虽然两车车间距不能完全和期望值吻合，但是两车车间距始终大于安全距离，且误差小于 0.5m，可以满足货车编队行驶的需求。从图 7-15d 中可以看出，在行驶过程中，跟随车所受空气阻力相比于前车减少了约 300N，相比于单辆车行驶，编队行驶的方式可以减少约 25%，有效提升了车辆道路交通的燃油经济性。

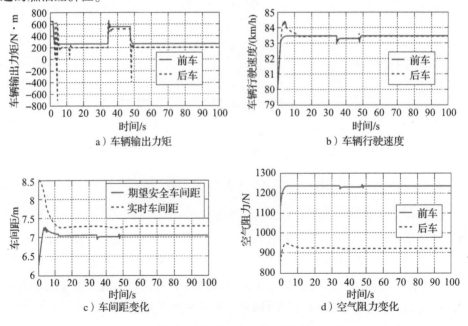

图 7-15　工况 1 仿真实验结果

通过以上分析可知，在存在上坡和平直路况的仿真工况下，本节所设计的非线性 MPC 控制器基本实现了设计的控制目标，控制器在优化决策过程中的控制输入满足了对安全性和平顺性的要求。

（2）工况 2

第二组仿真实验设计了一组长度为 1520m 且包含下坡及平直两种不同路况的仿真道路，如图 7-16 所示。本实验中两车起始车速设置为 90km/h，由于本次仿真实验中两车起始车速有所增加，且仿真路况中含有下坡情形，设置初始车间距为 10m，考虑车速较大的情况增加了编队对安全性的需求，因此设置车间距策略延时系数为 0.81。

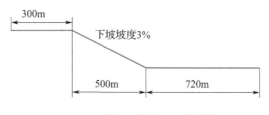

图 7-16　工况 2 仿真实验道路设计

第二组工况下的仿真结果如图 7-17 所示，在仿真的初始平直路况阶段，前车车速迅速增加至 91.5km/h，实际车间距和期望安全车间距存在约 2m 的偏差。跟随车控制器为了实现目标函数中对跟踪性能和安全性的设计，进行决策优化，控制车辆采取加速和减速动作，控制输入虽然存在一定波动，但整体变化相对平稳，在保持对前车车速的跟踪效果的过程中，于第 2s 存在一定超调，但超调量小于 2%，并不会对队列行驶的安全性造成威胁，符合本节提出的控制需求，且在控制器作用下逐步回调至与前车车速基本保持一致，同时控制器对两车的实时车间距在 10s 内进行了调整并达到稳态，且车间距小于安全车间距，符合设计过程中对安全性的要求。

在随后的仿真实验中，车辆经历了下坡以及最后的平直路况，其中在下坡路况的行驶过程中，由于车辆受到重力分量的作用，从图 7-17a 可以看出，跟随车为了保持与前车的动力学一致性，且保证安全的期望车间距，采取了一部分制动操作。控制输入在整个过程中未出现过大的波动，较为平顺，即便是在道路坡度变化的过渡区，控制输入也未产生局部超调，体现了本控制算法具有一定的鲁棒性。从图 7-17b 中可以看出，在后续的路况中，跟随车的跟踪性能良好，保证了对前车车速的跟踪。由于跟随车控制器的参考输入已将前车未来动态考虑在内，因此在后半部分编队相对稳定的行驶过程中，前后车车速变化基本保持了动态一致。从图 7-17c 中可以看出，编队中两车的车间距变化相对平缓，在下坡和后续的平直路段由于两车车速变化并不大，因此控制保持了原已稳定的车间距数值，整个仿真过程中的车间实时距离并没有完全达到期望值，其原因已在上一节进行了讨论，在此不再赘述。由于车间距并没有小于期望值，达到稳态时也一直存在着约 0.2m 的稳态误差，且与期望值之间误差仅为 0.2m，因此不会对编队行驶的安全造成影响，符合编队行驶控制的需求。从图 7-17d 中可以看出，在工况 2 的整个仿真过程中，跟随车所受空气阻力相比于前车减少了约 400N，其燃油消耗得到减少，且从中可见编队行驶在较高车速的情况下可以发挥更强的节能效益，提升燃油经济性。

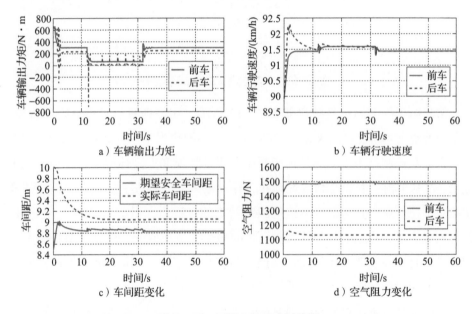

a）车辆输出力矩

b）车辆行驶速度

c）车间距变化

d）空气阻力变化

图 7-17　工况 2 仿真实验结果

在工况 2 下的道路仿真实验中，从仿真结果可以看出，控制器基本完成了既定的控制目标，同时编队行驶在较高车速下进一步提升了整体的燃油经济性。相比于工况 1 的仿真情形，在较高车速行驶的情况下，控制器仍能保证跟随车相对于前车的跟踪性能，且实时控制两车之间的车间距，保证了行驶中对安全性和平顺性的要求。

7.4　基于自适应三步法的分布式货车编队控制器设计

　　结合 7.2 节对车辆纵向动力学建立的数学模型，基于多车编队车车通信拓步结构，本节提出了一种分布式自适应车辆编队控制器设计方法。本节通过获取的本车相邻前后车道路交通信息，在跟随过程中将前后车动态变化考虑进来，建立李雅普诺夫函数进行分析并设计本车控制器的参考输入。随后基于三步法控制理论，设计本车的分布式控制器，控制律通过类稳态控制、参考前馈控制及误差反馈控制三个角度保证了控制器的跟踪性能。最终本节通过理论分析证明了该控制方法满足队列稳定性的要求，并通过 TruckSim-Simulink 联合仿真环境搭建 5 车编队，对控制器有效性进行了验证。

7.4.1　编队控制需求分析

　　高速公路货车编队中车辆数量逐渐增多时，可以进一步充分利用领航车对前方气流的屏障作用，进一步提升道路交通运输的燃油经济性以及高速公路的潜在容量。随着通信技术以及汽车电子技术的不断进步，实现多车编队行驶控制是货车编队研究领域的必然趋势。然而相比于控制两车队列的控制问题，控制由多车组成编队进行协同行进需要控制器能同时兼顾前后车的动态变化，平衡与前后车的安全距离，同时保证应有的跟踪性能且控制算法应满足队列稳定性需求，因此设计多车编队控制器存在更多挑战。为了使所设计的控制器能有效保证货车编队行驶对速度一致和安全性的要求，本节将李雅普诺夫函数法和三步法应用于控制器的设计过程中，通过建立李雅普诺夫函数并进行分析，保证了动态系统的渐近稳定性。本节将该方法应用于控制器参考输入的设计过程中，保证了车辆编队整体的动态稳定性。三步法控制理论能有效保证跟随车对参考输入的跟踪效果，进而有效保证队列行驶的有效性，本节的跟随车分布式控制器将基于三步法理论进行设计。

7.4.2　分布式货车编队控制器设计及稳定性分析

1. 预备理论基础

（1）三步法基本控制原理

三步法的控制思想来源于早已在工程中广泛应用的前馈结合 PID 反馈的控

制方法，该方法最早由吉林大学陈虹教授提出[14]。三步法控制理论主要用于解决跟踪控制问题，控制器设计通过类稳态控制、前馈控制、误差反馈控制三步完成，每一个控制步骤的作用各不相同，从三个维度有效保证了控制器对参考输入的跟踪性能。三步法控制器的基本原理如图 7 – 18 所示。第一步为类稳态控制，此步控制律的设计思想来源于工程中使用广泛的 Map 查表的控制方法，通过对系统状态方程进行求导，得出使系统达到稳态的控制律，该控制律基于系统当前测量输出，对系统状态进行调节；第二步为前馈控制，由于在控制系统运行过程中，为了提高系统的响应速度，且消除参数变化、外部干扰的影响，有必要结合参考输入信号设计前馈控制率，该步控制律会及时根据当前参考输入信号的变化，对系统状态进行调整；第三步为误差反馈控制，为了消除模型适配以及系统的稳态误差，在前两步控制律的设计基础之上引入误差反馈控制，进一步保证了系统对参考输入的跟踪性能。

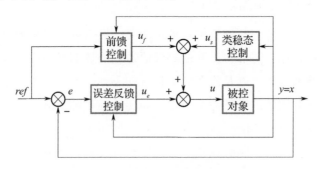

图 7 –18　三步法控制器基本原理

（2）编队控制稳定性评价方法

Swaroop 等人于 1996 年针对车辆编队行驶过程中的安全性需求进行了系统分析，提出了编队控制需要满足的队列稳定性评价标准（String Stability）[15]，为随后多车编队控制研究提供了理论分析基础。该评价方法目前已成为编队控制研究领域的重要参考标准[16-17]。队列稳定性的要求可以阐述为若一个车辆队列在行驶过程中可以保持队列稳定性，则针对一个有界的初始状态集，编队中车与车之间的最大间距误差将能保持一致有界。

当队列中车辆数量不断增多时，控制器很难保证严格意义上的队列稳定性要求，因此通过对该评价标准适当放宽，且结合车辆编队行驶的安全性要求，可以得到一个相对宽松的队列稳定性标准，即一个多车组成编队向前行进时，当队列中的一辆车出现干扰并对车间距的保持造成影响，这一影响在随后的车辆中应呈几何式衰减，且在编队到达稳态时所有跟随车能保持在期望车间距[18-19]。如式（7-26）所示，该理论的数学表达形式为编队中相邻前后车之间，前车的车间距实际值与期望值之间偏差大于后车的距离偏差。从其数学表达形式可以看出，队列稳定性的要求在于前方车辆所产生的期望距离误差在向编队后方车辆传播的过程中逐渐减小。

$$\left\| \frac{e_{p_{i+1}}}{e_{p_i}} \right\| < 1 \qquad (7-26)$$

（3）通信拓扑结构简介

车辆编队在行驶过程中，参考输入的结构主要取决于所采取的通信拓扑结构，编队车辆控制器会在每个控制周期根据所输入的参考信号进行优化决策，因此车间通信方式的选择将直接影响控制器对参考信号的跟踪性能以及队列稳定性。编队控制中主要应用的通信拓扑结构如图 7-19 所示，早期的编队控制研究中，受到通信技术的限制，跟随车控制器仅能获得可靠的前后车信息，通信方式主要采用 BD（Bidirectional）以及 PF（Predecessor Following）结构，随着 DSRC（Dedicated Short Range Communications）、VANET 等 V2V 技术的发展，相继出现了更多复杂的通信拓扑结构，如 PFL（Predecessor-Following Leader）结构、BDL（Bidirectional Leader）结构、TPF（Two Predecessor-Following）结构及 TPLF（Two Predecessor-Following Leader）结构等。但无论采用何种通信拓扑

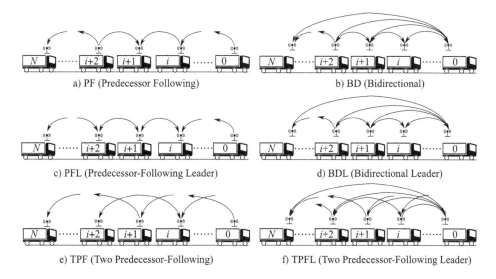

a) PF (Predecessor Following)

b) BD (Bidirectional)

c) PFL (Predecessor-Following Leader)

d) BDL (Bidirectional Leader)

e) TPF (Two Predecessor-Following)

f) TPFL (Two Predecessor-Following Leader)

图 7-19　车辆编队行驶不同通信拓扑结构

结构，都必须保证车辆编队的队列稳定性，因此在控制器的设计过程中产生了全局和局部两种思路。编队全局控制器会根据编队中车辆的整体动态进行决策，并将控制量输入给每个被控车辆，在一定程度上消除了车间通信结构的影响，但随着编队中车辆数量的不断增多，控制器的计算效率会受到显著影响。编队局部控制器将编队分为若干子系统，通过保证每一个子系统的稳定进而实现编队系统的整体稳定。

2. 分布式货车编队控制器设计

本节设计的自适应三步法分布式控制器整体控制框图如图 7 – 20 所示。该控制器以速度偏差作为参考输入，结合参考输入以及系统测量输出决策控制输入，控制输入根据控制目的的不同包括类稳态控制律、前馈控制律及误差反馈控制率三部分，满足车辆编队行驶对跟踪性能的要求。为了满足多车编队行驶对行驶安全性的需求，本章采取恒定车头时距（CTH）车间距策略，其具体计算方法见式（7 – 19）。

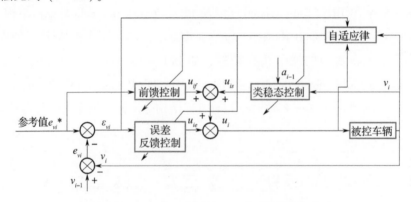

图 7 – 20　自适应三步法分布式控制器整体控制框图

（1）控制器参考输入设计

在 7.2 节对车辆纵向动力学分析的基础上，以期望车间距偏差以及速度偏差 e_{p_i}、e_{v_i} 作为状态量，以期望输出力矩 $u = T_q$ 作为控制量，建立非线性状态空间方程如下：

$$\begin{cases} \dot{e}_{p_i} = e_{v_i} - a_i h_i \\ \dot{e}_{v_i} = -\dfrac{i_g i_0 \eta}{MR} u_i + \dfrac{1}{2M} \rho A C_D v_i^2 + \mu g\cos\theta + g\sin\theta + a_{i-1} \end{cases} \tag{7 – 27}$$

在式（7 – 27）基础上，为了便于下一步的控制器设计以及对控制性能的理论分析，对式（7 – 27）进行参数化处理，令 $\theta_{i,1} = \dfrac{1}{2M}\rho AC_D$，$\theta_{i,2} = \mu g$，$\theta_{i,3} = g$，

$\theta_{i,4} = \dfrac{i_g i_0 \eta}{MR}$，则式（7 – 27）可以表示为：

$$\begin{cases} \dot{e}_{p_i} = e_{v_i} - a_i h_i \\ \dot{e}_{v_i} = \theta_{i,4} u_i + \theta_{i,1} u_i^2 + \theta_{i,2}\cos\theta + \theta_{i,3}\sin\theta + a_{i-1} \end{cases} \quad (7 - 28)$$

本节所设计的车辆编队控制器采取的通信拓扑结构如图 7 – 21 所示，为了减少控制器设计的复杂程度，本节采取 PFL（Predecessor – Following Leader）的通信方式，队列中每一辆车会获取到前后车的状态信息建立参考输入信号并进行控制决策，同时将自身车辆状态信息传递给相邻前后车。

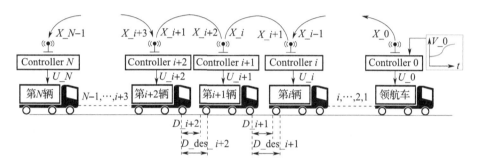

图 7 – 21　编队行驶车间通信拓扑结构示意图

考虑到本节所涉及的车辆非线性动力学模型以及控制问题，经典控制理论中的根轨迹法、奈奎斯特曲线法等稳定性判别法在此并不适用，因此，本节考虑在控制器设计过程中，将李雅普诺夫函数判别法应用进来，以保证控制系统的稳定性。

以下介绍李雅普诺夫定常系统大范围渐进稳定判别定理第二法。

对于定常系统，有

$$\dot{x} = f(x)，\quad t \geq 0 \quad (7 - 29)$$

式中，$f(0) = 0$。如果存在一个具有连续一阶导数的标量函数 $V(x)$，$V(x) = 0$，并且对于状态空间中 X 中的一切非零 x 满足如下条件：

1）$V(x)$ 为正定。

2）$\dot{V}(x)$ 为负定。

3）当 $\|x\| \to \infty$ 时，$V(x) \to \infty$。

首先对于车辆数目为 N 的车辆编队，针对每一辆车定义耦合变量：

$$z_i = \begin{cases} \gamma_i e_{p_i} - e_{p_{i+1}} & i = 1, \cdots, N-1 \\ \gamma_i e_{p_i} & i = N \end{cases} \quad (7-30)$$

式中，γ_i 为一介于 1 和 0 之间的可变控制器参数。

针对队列中的第 i 辆车定义李雅普诺夫函数：

$$\bar{V}_i = \frac{1}{2} z_i^2 \quad (7-31)$$

对其进行求导可得：

$$\dot{\bar{V}}_i = \begin{cases} z_i \left(\gamma_i e_{v_i} - \gamma_i a_i h_i - e_{v_{i+1}} + a_{i+1} h_{i+1} \right) & i = 1, \cdots, N-1 \\ z_i \left(\gamma_i e_{v_i} - \gamma_i a_i h_i \right) & i = N \end{cases} \quad (7-32)$$

为了使编队车辆以参考信号行驶时，保证控制系统能相对于平衡点渐进稳定，定义虚拟参考输入变量如下：

$$\dot{\bar{V}}_i = \begin{cases} -\dfrac{k_{i,1}}{\gamma_i} z_i + a_i h_i + \dfrac{1}{\gamma_i} \left(e_{v_{i+1}} - a_{i+1} h_{i+1} \right) & i = 1, \cdots, N-1 \\[2mm] -\dfrac{k_{i,1}}{\gamma_i} z_i + a_i h_i & i = N \end{cases} \quad (7-33)$$

为了使车辆编队在行驶过程中能结合当前状态采取合理的车间距策略，定义参数 h_i 的自适应律如下：

$$h_i = \begin{cases} \kappa_{h_i} \gamma_i z_i a_i & i = 1, \cdots, N-1 \\ \kappa_{h_i} \left(\gamma_i z_i a_i - z_{i-1} a_i \right) & i = N \end{cases} \quad (7-34)$$

针对由 N 辆车组成的车辆编队整体，整体李雅普诺夫函数为 $V_1 = \sum_{i=1}^{N} \bar{V}_i$，并将式（7-33）代入，对整体李雅普诺夫函数 V_1 求导可得：

$$\dot{V}_1 = \sum_{i=1}^{N} \dot{\bar{V}}_i = -\sum_{i=1}^{N} k_{i,1} z_i^2 \quad (7-35)$$

从函数 V_1 及其导数的形式可以看出，函数 V_1 为正定且其导数为负定，且对任意的状态点，其导数不恒为 0，且当 e_{v_i} 趋于无穷时，V_1 也将趋于无穷。根据李雅普诺夫第二定律，当编队车辆保持对式（7-33）所描述的参考信号进行跟踪时，系统可以实现相对于平衡点的大范围渐进稳定。

（2）分布式控制器设计

控制器第一部分为类稳态控制，设计思路来源于工程中的 Map 查表控制，由于控制律是基于当前对系统状态的测量值建立的，而当前系统并不一定达到稳定状态，故该控制律为类稳态控制。对于式（7-28）所描述的车辆运动学模型，根据编队车辆到达稳态的条件，系统状态量的一阶导数应为零，故令 $\dot{e}_{p_i}=0$，$\dot{e}_{v_i}=0$，可得类稳态控制律 $u_{i,s}$ 如下：

$$u_{i,s} = \frac{1}{\theta_{i,4}}(\theta_{i,1}v_i^2 + \theta_{i,2}\cos\theta + \theta_{i,3}\sin\theta + a_{i-1}) \tag{7-36}$$

对于复杂的被控系统，仅凭借类稳态控制律并不能保证系统一定能到达稳态，因此为了保证系统的响应速度，在三步法控制器设计中需要结合参考信号建立参考前馈控制，此时控制律变为 $u_i = u_{i,f} + u_{i,s}$，且令 $e_{v_i} = e_{v_i}^*$，得到参考前馈控制律 $u_{i,f}$ 如下：

$$u_{i,f} = \frac{1}{\theta_{i,4}}\dot{e}_{v_i}^* \tag{7-37}$$

控制器在实际情况下难免会受到模型参数误差、外部干扰等因素的影响，为了保证控制系统对参考输入信号的跟踪性能，并消除稳态误差，需在前两步的基础上建立误差反馈控制律，此时控制律变为 $u_i = u_{i,s} + u_{i,f} + u_{i,e}$。定义新误差信号 $\varepsilon_{v_i} = e_{v_i}^* - e_{v_i}$，将其代入式（7-35）中，编队整体李雅普诺夫函数将变为：

$$\dot{V}_1 = -\sum_{i=1}^{N}(-k_{i,1}z_i^2 - \gamma_i z_i \varepsilon_{v_i}) \tag{7-38}$$

对误差信号 ε_{v_i} 进行求导可得：

$$\dot{\varepsilon}_{v_i} = \dot{e}_{v_i}^* - \theta_{i,4}u_i - \theta_{i,1}v_i^2 - \theta_{i,2}\cos\theta - \theta_{i,3}\sin\theta - a_{i-1} \tag{7-39}$$

将 $u_{i,f}$、$u_{i,s}$ 代入 $\dot{\varepsilon}_{v_i}$ 中可得：

$$\dot{\varepsilon}_{v_i} = -\theta_{i,4}u_{i,e} \tag{7-40}$$

重新定义第二个李雅普诺夫函数 $V_2 = V_1 + \frac{1}{2}\sum_{i=1}^{N}(\varepsilon_{v_i})^2$，对其进行求导可得：

$$\dot{V}_2 = -\sum_{i=1}^{N}(-k_{i,1}z_i^2 - \gamma_i z_i \varepsilon_{v_i}) + \sum_{i=1}^{N}(\varepsilon_{v_i}\dot{\varepsilon}_{v_i}) \tag{7-41}$$

根据李雅普诺夫第二法的稳定性判别条件，为了保证编队系统的渐进稳定性，控制器的误差反馈控制律的形式选取如下：

$$u_{i,e} = \frac{1}{\theta_{i,4}}(k_{i,2}\varepsilon_{v_i} - \gamma_i z_i) \tag{7-42}$$

综上可以得出三步法控制器的控制律为：

$$u_i = \frac{1}{\theta_{i,4}}(\theta_{i,1}v_i^2 + \theta_{i,2}\cos\theta + \dot{\theta}_{i,3}\sin\theta + a_{i-1}) + \frac{1}{\theta_{i,4}}\dot{e}_{v_i}^* + \frac{1}{\theta_{i,4}}(k_{i,2}\varepsilon_{v_i} - \gamma_i z_i)$$

$$\tag{7-43}$$

(3) 队列稳定性分析

根据 LaSalle 不变集定理，设 Ω 是一个有界闭集，从 Ω 内出发的式（7-29）所描述系统的解 $x(t) \subset \Omega$，若 $\exists V(s):\Omega \rightarrow R$，具有一阶连续偏导，使得 $\dot{V}(t) \leqslant 0$。

$$E = \{x \mid \dot{V}(x) = 0, x \subset \Omega\} \tag{7-44}$$

$M \subset E$ 是最大不变集，则当 $t \rightarrow \infty$ 有 $x(t) \rightarrow M$，若 $M = 0$，则系统平衡点稳定。

在式（7-43）所描述的控制律作用下，式（7-28）所描述的系统可以实现对于平衡点处的大范围渐进稳定性，因此根据式（7-41）描述的李雅普诺夫函数并结合 LaSalle 不变集原理，可以得到 $z_i \rightarrow 0$，进而可以得到：

$$\begin{bmatrix} z_1 \\ z_2 \\ \vdots \\ z_N \end{bmatrix} = \begin{bmatrix} \gamma_1 & -1 & \cdots & 0 \\ 0 & \gamma_2 & \cdots & 0 \\ \vdots & \vdots & \ddots & 0 \\ 0 & 0 & \cdots & \gamma_N \end{bmatrix} \begin{bmatrix} e_{p_1} \\ e_{p_2} \\ \vdots \\ e_{p_N} \end{bmatrix} = \Lambda E_P \tag{7-45}$$

从上式可以看出矩阵 Λ 为满秩非零矩阵，因此由 $z_i \rightarrow 0$ 可以得到 $E_P \rightarrow 0$，则：

$$\gamma_i e_{p_i} - e_{p_{i+1}} \rightarrow 0 \Rightarrow \left\| \frac{e_{p_{i+1}}}{e_{p_i}} \right\| < 1 \tag{7-46}$$

综上分析，编队在行进过程中后方车辆实际车间距与期望车间距偏差数值小于前方车辆，因此本节基于 PFL（Predecessor-Following Leader）通信结构下的车辆编队控制系统在理论上能保证行驶过程中的队列稳定性。

7.4.3 仿真实例

为了验证本节所提出的分布式自适应三步法控制律，本节将在 TruckSim-Simulink 联合仿真的环境下搭建编队控制系统，如图 7-22 所示，车辆编队由 5 辆车组成，对于车型的选择与前两节相同，仿真模型的具体连线框图如图 7-23 所示。本次仿真实验是在 1000m 平直路况下进行的，考虑到多车编队行驶安全性需求，5 辆车初始车速设置为 16m/s，车与车之间初始车间距设置为 16m，经多次仿真实验调试，三步法控制器参数设置为：$k_{i,1} = 5$，$k_{i,2} = 100$。本次仿真实验中领航车的作用在于为后 4 辆跟随车提供跟踪目标，并通过车速不断变化验证三步法控制器的跟踪性能以及对车间距的控制效果，因此本节所述仿真实验中设计 PID 控制器控制领航车按照给定速度曲线进行行驶。

图 7 - 22　TruckSim 实时仿真实验

整体仿真实验结果如图 7 - 24 所示，编队车辆的速度变化以及车间距变化如图 7 - 24a、b 所示，5 辆车的车速变化基本保持了一致，在仿真的初始时刻，由于初始车间距与期望车间距存在较大偏差，跟随车的车速跟踪效果存在较大超调。但在随后的过程中，跟随车行驶速度变化总体较为平缓，每辆跟随车相比于相邻前车车速稍有滞后但小于 0.5s，在领航车速度发生变化之处，跟随车车速变化存在轻微波动，但在控制器作用下迅速趋于稳定，且未使前后车间距变化产生过大波动，总体上实现了编队车辆行驶的动力学一致性。在车辆编队的行驶过程中，跟随车控制器基于当前车速以及车间距策略自适应参数控制车间距尽可能保持期望值，从仿真实验结果可以看出，车间距的变化除在初始的调整阶段存在一定波动外整体较为平滑，满足车辆编队行驶的安全性需求。

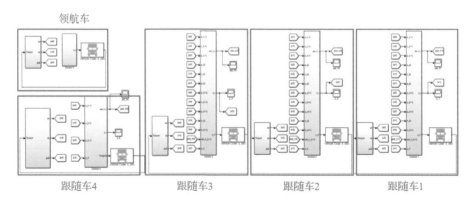

图 7 - 23　仿真实验连线框图

车辆编队行驶过程中的实际车间距与期望值之间的偏差变化如图 7.24c 所示。由于在初始阶段编队的车间距初始值与通过车间距策略计算得到的期望值之间存在较大偏差，因此在前 10s 的仿真过程中该偏差经历了较大波动，但在控制器控制输入的作用下，通过对车速的调整使得该偏差数值逐渐减小并最终缩短在 5m 内。在随后的仿真实验中，即便领航车车速发生突变，该偏差也仅存在小幅波动，并未造成过大影响，且从仿真结果中可以看出，每辆跟随车实际车间距与期望值之间的偏差均小于前方车辆，根据车辆编队控制队列稳定性的定义，该控制系统符合队列稳定性的需求。编队行驶过程中每辆车所受的空气阻力变化如图 7-24d 所示，车辆在高速行驶过程中通过编队行驶的方式有效减少了所受到的平均空气阻力，且随着车速的增加该效果也变得更为明显，在速度较低时减少约 300N，在车速较高时减少约 500N，有效提升了车辆行驶的燃油经济性。

　　综合上述对仿真结果的分析，可以看出本节提出的三步法控制器可以有效地控制货车编队向前平稳行驶，且在行驶过程中控制编队中的车辆行驶速度一致且保持稳定的安全车间距。从整体上看，该控制器在仿真实验过程中保证了跟随车对参考输入的跟踪效果及队列稳定性。

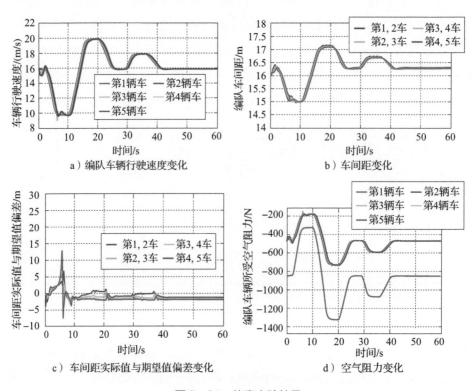

图 7-24　仿真实验结果

本章小结

高速公路货车编队行驶控制研究对于智能交通的建设至关重要，本章针对货车编队控制所面临的问题，从三个层次提出不同的控制器设计方案，实现了货车编队行驶保持期望车间距及保持队列中车辆动力学一致。本章研究工作总结如下：

1）针对车辆纵向行驶过程中不同的受力情况，本章分别进行了具体分析并建立数学模型，其中针对货车编队行驶过程中所受空气阻力不同于单个车行驶时的状态，进行了具体分析并建立了随车间距改变的空气阻力模型。为了能有效验证本章所设计控制器的有效性，结合真实高速公路道路场景，基于两车队列进行了仿真道路实验设计。

2）考虑到车辆编队在行驶过程中，前后车控制器在优化决策过程所引起的动力学不一致问题，本章基于车辆纵向动力学模型预测前车下一步的动态变化并将这一信息考虑在跟随车控制器参考输入之中，基于模型预测控制理论设计跟随车控制器，结合车辆执行机构的物理特性及道路交通法规的约束建立优化约束条件，结合货车队列行驶的控制需求建立优化求解问题。该控制器设计方法保证了前后车的动力学一致性及队列行驶的安全性，最终通过仿真实验基于两车队列对该控制器设计方法的有效性进行了验证，

3）针对货车编队中车辆数量不断增多的情况，本章分析了多车编队不同于两车编队的队列稳定性要求。在多车编队的通信结构之下，将前后车状态变化信息考虑进来，设计李雅普诺夫函数并建立参考输入信号，基于编队前后车之间的偏差状态方程设计三步法控制器，从三个角度保证了跟随车对参考信号的跟踪性能，并针对控制器参数设计自适应律，以保证控制器能克服真实系统中存在的参数不确定性以及道路交通环境变化。在仿真实验中，基于 5 车编队对所提出控制方法的有效性进行了验证。

参考文献

[1] 中国重卡汽车行业产销需求与投资预测分析报告 [R]. 深圳：前瞻产业研究院，2018.

[2] 国内外油气行业发展报告 [R]. 北京：中国石油集团经济技术研究院. 2018.

[3] 党瑛，赵昊，王剑渊，等. 重型卡车领域现状与发展趋势研究 [J]. 汽车实用技术，2018 (13)：212 - 214.

[4] 诸彤宇，王家川，陈智宏. 车联网技术初探 [J]. 公路交通科技（应用技术版），2011 (5)：266 - 268.

[5] 田大新. 车联网专用短程通信技术 [J]. 中兴通讯技术, 2015, 21 (6)：27-30.

[6] SALARI K. DOE's effort to reduce truck aerodynamic drag through joint experiments and computations [R]. SF, USA：Lawrence Livermore National Laboratory, 2009.

[7] OZKAN M F, MA Y. Distributed stochastic model predictive control for human-leading heavy-duty truck platoon [J]. IEEE Transactions on Intelligent Transportation Systems, 2022, 23 (9)：16059-16071.

[8] LONG H, KHALATBARISOLTANI A, HU X. MPC-based eco-platooning for homogeneous connected trucks under different communication topologies [C] //2022 IEEE Intelligent Vehicles Symposium (IV). New York：IEEE, 2022：241-246.

[9] OZKAN M F, MA Y. Fuel-economical distributed model predictive control for heavy-duty truck platoon [C] //2021 IEEE International Intelligent Transportation Systems Conference (ITSC). New York：IEEE, 2021：1919-1926.

[10] EARNHARDT C, GROELKE B, BOREK J, et al. Cooperative exchange-based platooning using predicted fuel-optimal operation of heavy-duty vehicles [J]. IEEE Transactions on Intelligent Transportation Systems, 2022, 23 (10)：17312-17324.

[11] 余志生. 汽车理论 [M]. 北京：机械工业出版社, 1999.

[12] WHUCHO A, SOVRAN G. Aerodynamics of road vehicles [J]. Annual Review of Fluid Mechanics, 1987, 25 (1)：485-537.

[13] 郭洪艳, 黄河, 尹震宇. 高速公路卡车队列行驶非线性滚动优化控制 [J]. 吉林大学学报, 2019 (2)：552-561.

[14] 刘奇芳. 非线性控制方法研究及其在汽车动力总成系统中的应用 [D]. 长春：吉林大学, 2014.

[15] SWAROOP D, HEDRICK J K. String stability of interconnected systems [J]. IEEE transactions on automatic control, 1996, 41 (3)：349-357.

[16] XIAO L, GAO F. Practical string stability of platoon of adaptive cruise control vehicles [J]. IEEE Transactions on Intelligent Transportation Systems, 2011, 12 (4)：1184-1194.

[17] PLOEG J, SHUKLA D P, VAN DE WOUW N, et al. Controller synthesis for string stability of vehicle platoons [J]. IEEE Transactions on Intelligent Transportation Systems, 2014, 15 (2)：854-865.

[18] GAO F, LI S E, ZHENG Y, et al. Robust control of heterogeneous vehicular platoon with uncertain dynamics and communication delay [J]. IET Intelligent Transport Systems, 2016, 10 (7)：503-513.

[19] GAO F, DANG D, LI S E. Control of a heterogeneous vehicular platoon with uniform communication delay [C] //2015 IEEE International Conference on Information and Automation. New York：IEEE, 2015：2419-2424.